Pädagogische Autorität

Waxmann Verlag GmbH
Steinfurter Straße 555, 48159 Münster
info@waxmann.com

Bernadette Frei

Pädagogische Autorität

Eine empirische Untersuchung bei
Schülerinnen, Schülern und Lehrpersonen
der 5., 6. und 8. Schulklasse

Waxmann Münster/New York
Berlin/München

Bibliografische Informationen Der Deutschen Bibliothek
Die Deutsche Bibliothek verzeichnet diese Publikation in
der Deutschen Nationalbibliografie; detaillierte bibliografische
Daten sind im Internet über http://dnb.ddb.de abrufbar.

Internationale Hochschulschriften, Bd. 404

Die Reihe für Habilitationen und sehr gute
und ausgezeichnete Dissertationen

ISSN 0932-4763
ISBN 3-8309-1239-0
© 2003 Waxmann Verlag GmbH, Münster

http://www.waxmann.com
E-Mail: info@waxmann.com

Umschlaggestaltung: Christian Averbeck, Münster
Satz: Stoddart Satz und Layout Service, Münster
Gedruckt auf alterungsbeständigem Papier, DIN 6738

Meinen Lehrerinnen und Lehrern,
meinen Schülerinnen und Schülern,

meinen Patenkindern Roman und Anja,
meiner Nichte Bettina

Inhalt

Dank

Die Untersuchung ‚Pädagogische Autorität' wurde dank vielfältiger Hilfe ermöglicht. Allen, die mich in irgendeiner Form unterstützt haben, danke ich an dieser Stelle herzlich.

Ich danke Herrn Prof. Dr. Walter Herzog für die Begleitung des Dissertationsprojekts. Auf dem Weg von der Planung und Durchführung der Untersuchung bis zur Dissertation wusste ich seine Präsenz und Unterstützung sehr zu schätzen. Mein Dank gilt auch Herrn Dr. Markus Neuenschwander für die statistische Beratung und den interessanten Gedankenaustausch.

Ich bedanke mich bei Frau Ruth Gisi, Bildungs- und Kulturdirektorin des Kantons Solothurn, für die Genehmigung des Projekts ‚Autorität in der Schule'. Frau Regina Kuratle, Leiterin der Abteilung Pädagogik des Kantons Solothurn, danke ich für die Unterstützung bei der Planung und Durchführung der Untersuchung. Frau Magdalena Bucher, Schulpräsidentin in Kerns, und Herr Aldo Bannwart, Schulleiter in Kerns, haben mir beim Vortest wertvolle Dienste geleistet, ihnen sei hiermit herzlich gedankt.

Mein Dank gebührt weiter allen Lehrkräften, die sich an der Untersuchung in irgendeiner Form beteiligt haben. Mit ihrer Zeit und ihrem Interesse haben sie zum Gelingen dieser Arbeit beigetragen. Die hohe Beteiligung hat mich bei der Arbeit motiviert und die Relevanz des Themas bestätigt. Ein besonderes Dankeschön gilt den Schülerinnen und Schülern, die mit viel Einsatz und Beharrlichkeit die Fragen beantwortet haben.

Es wäre unmöglich gewesen, innerhalb nützlicher Frist die Datenerhebung, Dateneingabe und Kodierungsarbeiten allein zu bewältigen. An dieser Stelle danke ich allen beteiligten Studierenden für ihre Mithilfe, insbesondere Francesa Gallo, Amira Latif und Sonja Markwalder.

Ich danke allen Arbeitenden der Abteilung Pädagogische Psychologie des Instituts für Pädagogik der Universität Bern für die Gastfreundschaft. Ein besonderer Dank geht an Frau Heidi Lehmann; sie hat sich um den finanziellen Bereich gekümmert und mich dadurch entlastet.

Ein Dankeschön gilt auch allen, die am Lehrerseminar St. Michael des Kantons Zug tätig sind und mich in irgendeiner Weise unterstützt haben.

In der Schlussphase war mir Frau Elsbeth Kälin mit dem Lektorieren der Texte eine grosse Hilfe. Ihr Mitdenken, ihr kritisches Fragen sowie ihre Ausdauer trugen wesentlich zum Beenden der Arbeit bei. Ihr gilt mein besonderer Dank.

Ein herzliches Dankeschön für die vielfältige Unterstützung gilt meinen Eltern, meinen Geschwistern und allen aus meinem Freundeskreis.

Last but not least danke ich dem Waxmann Verlag, besonders Frau Beate Plugge, für die unkomplizierte Zusammenarbeit.

Zürich, im November 2002   Bernadette Frei

1. Einleitung

Kaum ein Begriff ist schillernder und über Jahrhunderte so permanent dem Wandel unterworfen wie der der Autorität. Seine Bedeutung stand zu verschiedensten Zeiten im Gespräch, und die Frage, ob Autorität entbehrlich, unzeitgemäss oder unersetzlich sei, beschäftigten die Verantwortlichen immer wieder. Diese Arbeit geht davon aus, dass Autorität auch heute ihre Relevanz nicht eingebüsst hat. Ein Leben ohne Autorität ist undenkbar. Sie bestimmt das gemeinschaftliche Leben im Rechtsstaat, in der Familie wie in der Schule. Vielfältig in der Gestalt, kann sie als Moment der Bewegung oder der Starrheit im Bestehenden, als lebendige Ergriffenheit oder als Selbstverständlichkeit der Tradition in Erscheinung treten. Autorität, insbesondere Pädagogische Autorität, prägt die Lebensgeschichten von Kindern und Jugendlichen ebenso wie die der Eltern und Lehrpersonen, entweder belastend oder befreiend. Im Leben eines Kindes ist diese Autorität fundamental und von zentraler Bedeutung für die weiteren sozialen Erfahrungen. Als dynamisches Prinzip unterliegt sie besonders zwischen der Kindheit und Adoleszenz eingehenden Veränderungen.

Diese Arbeit präsentiert eine Untersuchung, die auf theoretischem und empirischem Weg verschiedene Aspekte von Autorität in Erfahrung bringt. Sie umfasst drei Teile: einen theoretischen, einen empirischen und einen dritten Teil, der die Ergebnisse bespricht. Vorausgehend wird in Kapitel 1 auf die Wichtigkeit des Themas hingewiesen. Zudem wird aufgezeigt, wie gesellschaftliche Wandlungsprozesse uns veranlassen, ‚Pädagogische Autorität‘ immer wieder aufs Neue zu thematisieren. Am Schluss des ersten Kapitels erfahren wir Weiteres über die Gliederung der Arbeit.

1.1 Relevanz des Themas

‚Pädagogische Autorität‘ ist von der Schule nicht wegzudenken. Als konstituierendes Element des Lehrberufs manifestiert sie sich in der sozialen Beziehung zwischen Lehrperson und Lernenden. Darin spielt die Lehrperson eine besondere Rolle, denn Kinder und Jugendliche sind während des Aufwachsens auf Unterstützung angewiesen und schätzen eine Lehrperson, die ihnen Orientierung bietet und mit Wohlwollen begegnet.

Der Ruf nach Autorität wird vor allem dann laut, wenn diese fehlt oder sich nicht erwartungsgemäss zeigt. Die Autorität wird auf die Probe gestellt, wenn Schülerinnen und Schüler mit ihrem Verhalten – beabsichtigt oder nicht – ihre Lehrperson beispielsweise durch Aggressivität, Unlust und Unmotiviertheit, Vandalismus, Lärm und Konflikte herausfordern (Frei, 1996; Gerwing, 1994;

Pieren & Schärer, 1994; Hirsch et al., 1990; vgl. Berg et al., 1998). Das schwierige Schülerinnen- und Schülerverhalten weist auf besondere Konstellationen pädagogischer Autorität, beziehungsweise Autoritätsverhältnisse, hin. Überschreiten die alltäglichen Auseinandersetzungen mit den Lernenden ein bestimmtes Mass, so dass das Konflikthafte verstärkt auftritt, kann dies als Indiz einer Autoritätsproblematik gedeutet werden. In solchen Momenten gewinnt das Thema Autorität an Brisanz. Forderungen nach Disziplin, Vorbildern, Besinnung auf die wesentlichen Aufgaben der Schule, nach einem bestimmten Umgang oder einem offenen Ohr für die Stimmen der Kinder und Jugendlichen werden erhoben (vgl. Tausch, 1999; Giesecke, 1998; Szaday et al.,1998).

Einschätzungen gehen auch in die Richtung, dass die Schule in den vergangenen Jahren und Jahrzehnten ihre Autorität teilweise eingebüsst habe. Wird von Autoritätsverlust gesprochen, ist in erster Linie zu fragen, was unter Autorität verstanden wird und wie und wo sich diese manifestiert. Ist es die Institution, der Auftrag, oder sind es die Repräsentanten/-innen der Öffentlichkeit, die Lehrerinnen und Lehrer? Rudow spricht mit Autoritätsverlust Letztere an: „In der hochzivilisierten westlichen Kultur wird der Lehrer kaum noch als der Weise bzw. Gebildete und demzufolge als eine Autorität angesehen. Im Gegenteil: Er wird einerseits oft als derjenige betrachtet, der Schuld trägt an den Defiziten einer Schülergeneration." (Rudow, 1999, S. 56). Das Thema ‚Autoritätsverlust und Schule' wird auch im Zusammenhang mit dem Berufsbild der Lehrerin/des Lehrers wahrgenommen. Die Erziehungsdirektoren haben die Notwendigkeit erkannt, das Image des Lehrberufs zu verbessern, damit die Lehrpersonen als Autoritätspersonen wieder mehr geachtet werden. Die Verantwortlichen sehen „im Kern die Verbesserung des Sozialprestiges des Lehrberufs, bessere Karriereperspektiven sowie Anstrengungen, um den Lehrpersonen wieder mehr Autorität gegenüber Schülern, Eltern und Behörden zu verschaffen" (Hagenbüchle, 2001).

Autorität wird hinterfragt und die Akzeptanz von Autoritätspersonen scheint immer geringer zu werden. Blickt man jedoch in die Geschichte, ist festzustellen, dass die Autoritätsproblematik nicht erst ein Kind unserer Zeit ist (vgl. Schmitt, 1999; Strzelewicz, 1961). Das 20. Jahrhundert wird gelegentlich als „das Jahrhundert sowohl des systematischen Autoritätsmissbrauchs wie auch des schleichenden Autoritätsverfalls beschrieben. Philosophen, Sozialwissenschaftler, Psychologen, Historiker sind unter verschiedenen Blickwinkeln den Wechselbeziehungen zwischen Gewaltausübung einerseits und Machtentzauberung andererseits nachgegangen" (Sennett, 1990). Sowohl Autoritätsmissbrauch wie auch -zerfall können als *Autoritätskrise* gedeutet werden. Autorinnen und Autoren beurteilen diese jedoch recht unterschiedlich. Arendt z.B. äussert sich zur Krise in den USA pessimistisch und schreibt 1957: „Die Krise ist so radikal, dass selbst die (...) äussersten Rettungsmittel nicht mehr helfen beziehungsweise unzulänglich sind" (Arendt, 1994, S. 200). Mit den äussersten Rettungsmitteln meint sie die römische Dreieinigkeit von Autorität – Tradition – Religion.

Eine weniger pessimistische Sichtweise legt Rebel dar. Autoritätskrisen sind kein Spezifikum des letzten Jahrhunderts, sondern charakteristisch für Zeiten des Umbruchs (vgl. Rebel, 1967). In solchen Epochen setzt regelmässig eine intensive Auseinandersetzung mit dem Autoritätsproblem ein. Platon und Aristoteles z.b. versuchten die Krise der Polis mit einer Neubegründung der politischen Autorität zu beheben. Auch die Krisen des römischen Weltreiches initiierten eine verstärkte Auseinandersetzung mit Autorität (vgl. Rebel, 1967). Rousseau, besorgt über den Kulturzerfall seiner Zeit, suchte zuerst eine politische Lösung des Autoritätsproblemes, wandte sich jedoch später der erzieherischen Autorität zu als Hoffnungsträgerin gegen den sittlichen Zerfall der Gesellschaft (Hager, 1989, S. 269). In dieser Auseinandersetzung entwickelte Rousseau ein neues pädagogisches Autoritätsverständnis (Rebel, 1967; vgl. Hättich et al., 1970; Schmitt, 1999).

> „Die kopernikanische Wende, die Rousseau einleitet, besteht darin, dass er ein der Erziehung immanentes Bezugssystem zu entwickeln sucht, bei dem es darum geht, aus Einsicht in das Spezifische der Erziehung auch eine eigene Autoritätsstruktur zu geben. Man hat Rousseau häufig in dem Sinne missverstanden, dass er jegliche Autorität ablehne. In Wirklichkeit bekämpft er lediglich die von aussen an das Kind herangetragene, erzwungene Autorität" (Rebel, 1967, S. 11-12).

Wie bei Rousseau zu sehen ist, rückt mit der Auseinandersetzung ein neues Autoritätsverständnis ins Zentrum. Darin verlaufen die Diskussionen vor allem zwischen den Polen Zwang und Freiheit.

> „Wo immer der Anspruch auf Autoritätsanerkennung erhoben wird, steht er in einem Spannungsfeld von Zwang und Freiheit, dessen kleinste Verschiebung von den Befürwortern einer mehr traditionellen Auffassung von Autorität als bedrohliches Krisenzeichen gewertet wird" (Rebel, 1967, S.4).

Die Thematisierung von „Autorität" ist nicht stetig. In den 60er Jahren z.B. nahmen im deutschsprachigen Raum die Veröffentlichungen zum Thema ‚Autorität' rasant zu, um ab 1975 wieder auf das frühere Niveau abzusinken (vgl. Reichwein, 1989, S. 326). In der betreffenden Zeitspanne setzten sowohl die antiautoritäre Erziehung (Neill, 1972, 1998) als auch die Antipädagogik provokative Impulse (Braunmühl, 1980; Miller, 1979; vgl. Oelkers & Lehmann 1990). Seit dem Scheitern der Utopie einer autoritätsfreien (auch herrschaftsfreien) Gesellschaft besteht innerhalb der Erziehungswissenschaft und -praxis der Konsens, dass Autorität für Erziehung und Unterricht notwendig, jedoch auch begründungsbedürftig sei (Reichwein, 1989; Laabs, 1987; Scheuerl, 1970). – In einer Zeit starken gesellschaftlichen Wandels wie der heutigen ist es nur folgerichtig, dass auch von Seiten der Schule das Autoritätsthema einer eingehenden Reflexion und Untersuchung unterzogen wird.

1.2 Wandlungsprozesse der Moderne und Pädagogische Autorität

Im Folgenden werden einige Aspekte des soziokulturellen Wandlungsprozesses beleuchtet. Dabei geben die Zeitvergleiche von Ziehe (1996) interessante Impulse. Er führt den Autoritätsverlust auf eine gravierende Veränderung des gesamtkulturellen Hintergrundes zurück und nennt dazu folgende Punkte:

- die Aufstörung des Bildungskanons, also von tradierten inhaltlichen Selbstverständlichkeiten
- die erheblichen Veränderungen des Generationenverhältnisses, die auch die Vermittlungsmonopole von Schule ausser Kraft setzen
- veränderte Wahrnehmungs- und Erlebnismassstäbe

Dadurch ist in vielen Bereichen die Selbstverständlichkeit von Schule brüchig geworden. Ein Wandel, der sich auf inhaltlicher Ebene wie auch wahrnehmungs- und erlebnismässig vollzieht, wirkt sich auf die Arbeit der Lehrperson aus. Die Lehrperson leistet in erster Linie Beziehungs- und Kulturarbeit (vgl. Ziehe, 1996, S. 86-89). Als Beziehungsarbeiterin versucht die Lehrperson den Verlust des Gehaltenseins in einem Bedeutungshintergrund (in einer Selbstverständlichkeit) durch gute Beziehungen zu den Lernenden zu ersetzen. Ziehe zeigt auf, wie früher – im Gegensatz zu heute – die Autorität der Lehrperson in einem Bedeutungshintergrund eingebunden war.

> „Das Netz von Bedeutungen, das im „Text" der früheren Schule herauszulesen war, war eines von Autoritätsverhältnissen. An unserem Beispiel in einer Art strukturalistischer Sichtweise gezeigt: Nicht der Lehrer „erzeugte" Autorität in der früheren Schule, sondern der Lehrer wurde zunächst einmal vor dem über- und vorgeordneten Bedeutungshintergrund „Autorität" wahrgenommen. Insoweit profitierte der frühere Lehrer von diesem kulturell präsenten Vorverständnis (Ziehe, 1996, S. 80-81).
> Natürlich mussten die Lehrer für ihre Autoritätsvorstellungen etwas tun. Sie mussten aber die Autoritätsbedeutungen mitnichten erst produzieren. Solange sie dem Normalitätsentwurf entsprechen konnten, bot ihnen die symbolische Wirklichkeit „gratis" eine Autoritätsplattform" (Ziehe, 1996, S. 81).

In der Beziehungsarbeit macht die Lehrperson eine verlorengegangene Stütze der Autoritätsverhältnisse, nämlich einen verlorengegangenen Bedeutungshintergrund, wett. Als Kulturarbeiterin muss sie aus eigener Kraft Möglichkeiten für Sinn- und Motivfindung erst einmal erlebbar machen. Sie kann nicht mehr auf „die frühere Gratisproduktion an kulturell präsentem Sinn und Motiven" (Ziehe, 1996, S. 89) bauen. Die Lehrperson ist dadurch zur Kulturarbeiterin geworden. Sie muss für sich selbst und die Lernenden einen Bedeutungszusammenhang herstellen. Damit ist auch die Legitimitätsfrage omnipräsent.

„Die Legitimitätsfrage ist immer nur situativ ausser Kraft gesetzt, sie ist latent allgegenwärtig: „Warum machen wir das hier überhaupt?", das kann jeden Moment kommen" (Ziehe, 1996, S.89).

Ziehe illustriert damit den Alltag von Lehrkräften in veränderten Bedingungen des Schulehaltens. Um diese Veränderung des kulturellen Hintergrundes besser verstehen zu können, wird im Folgenden weiter auf den soziostrukturellen Wandlungsprozess eingegangen, der auch als Modernisierungsprozess gedeutet werden kann. Herzog nennt „Modernisierung" einen vielfältigen Prozess der *Individualisierung* sowie *Egalisierung, Pluralisierung* und *Dynamisierung* von Gesellschaft (Herzog et al., 1997, S. 20). Nachstehend wird versucht, diese Bewegkräfte im Hinblick auf pädagogische Autoritätsverhältnisse zu beleuchten.

Individualisierung
Unsere Gesellschaft fällt durch ein starkes Streben nach Individualisierung auf, das auch pädagogische Autoritätsverhältnisse prägt. Der einzelne Mensch versteht sich vermehrt als autonome Person, die das Leben nach persönlicher Art und Weise gestaltet. Selbstbestimmung, gemeint als Selbstverwirklichung, Mündigkeit und Identitätsfindung, sind wichtige Leitbegriffe (vgl. Menze, 1989). Im Gegensatz zu früheren Zeiten können sich heutige Menschen aller Schichten mit Selbstbestimmung und Identitätssuche beschäftigen (vgl. Giddens, 1991). Durch die Individualisierung gewinnt der Mensch einerseits schöpferische Qualitäten, andererseits ist diese Tendenz ein gesellschaftlicher „Zwang zum Selbstzwang", der letztlich auch Vereinzelung und Isolierung bedeuten kann (Büchner, 1989, S. 150). Damit wächst der einzelne Mensch nicht mehr selbstverständlich in Gemeinschaften hinein. Er fühlt sich weniger in Sippe und Gemeinschaften eingebunden und entscheidet daher selber, welche Ausrichtung das Leben haben soll und zu welchen Kollektiven er gehören will. Durch die Individualisierung wird Fremdbestimmung durch autoritäres Denken immer weniger angenommen.

„Autoritäres Denken wird immer weniger akzeptiert. Individualwerte wie Selbständigkeit und „Selbstverwirklichung" gewinnen – so vor allem in der Erziehung – deutlich an Bedeutung" (Herzog et al., 1997, S. 24).

Die Individualwerte fordern ein neues Autoritätsverständnis, das die Starrheit des Autoritären aufbricht. Kinder sind heute durch das Aufwachsen in Kleinfamilien gewohnt, als Individuen und nicht als Kindergruppe wahrgenommen zu werden (Herzog et al., 1997, S. 381). Das heisst, Kinder erleben in der Familie eine individuelle Erziehung – auch individuelle Autoritätsbeziehungen – und stehen bei Schuleintritt einem neuen Prinzip, dem Klassenprinzip, gegenüber. In der Schule sind trotz grosser Bemühungen in Methodik und Didaktik der Individualisierung Grenzen gesetzt; auf das Unterrichten in Gruppen kann schwerlich verzichtet werden. „Wie aber geht man mit einer Gruppe um, die nie gelernt hat, als Gruppe zu funktionieren?" (Herzog et al., 1997, S. 381). Dies weist auf eine weitere

Schwierigkeit hin: Auch wenn individuelle Ansprüche eingefordert werden, heisst dies noch lange nicht, dass die Umsetzung, also die Erfüllung, auch möglich wird. Lernende leben in einem sozialen Umfeld, das auch Grenzen beinhaltet (z.b. Schulregeln, persönliche und materielle Ressourcen, Arbeitsmarkt).

> „Es wächst die Kluft zwischen dem, was unsere innere Bildwelt tagtäglich als Anspruch und als Verlangen einfordert, und den realen Lebenssituationen" (Ziehe, 1996, S. 93).

Lehrpersonen sind mit den aus dieser Kluft resultierenden Spannungen konfrontiert. Durch die Individualerziehung stellen Schülerinnen und Schüler viele Ansprüche, wie: immer persönlich angesprochen zu werden, im Mittelpunkt zu sein, selbst zu entscheiden, nur ihre Wünsche zu verwirklichen usw. Diese können in einer Gemeinschaft nur begrenzt eingelöst werden. Als Folge davon hat die Lehrerin, der Lehrer mit Reaktionen (Affekten) zu rechnen und einiges auszuhalten und auszubalancieren.

Eng verbunden mit der Individualisierung zeigt sich auch eine Egalisierungstendenz. Als Folge davon findet eine Angleichung zwischen den Generationen statt.

Egalisierung

In den letzten vierzig Jahren hat sich die Stellung des Kindes in der Familie verändert (Geulen, 1989; Preuss-Lausitz et al., 1983; Rosenbaum, 1982). Seine Position ist vielschichtiger und widersprüchlicher geworden: z.B. zugleich gleichberechtigter Partner und unmündiges Kind zu sein, heisst auch widersprechenden Erwartungen gerecht werden zu müssen.

> „In manchen Situationen wird vom Kind Gehorsam erwartet, in anderen soll und darf es mit den Eltern verhandeln und in wieder anderen wird ihm völlige Entscheidungsfreiheit zugestanden. Eine für alle Situationen gültige Verhaltensmaxime, wie sie der Gehorsam für das Kind der bürgerlich-patriarchalen Familie darstellte, wird es für heutige Kinder aufgrund dieser Erfahrungen nicht mehr geben" (Neuhäuser, 1993, S. 9).

Verschiedene Beziehungs- und Interaktionsmuster prägen das Verständnis der Kinder von Autorität beziehungsweise Autoritätsbeziehungen. Neuhäuser zeigt in ihrer Untersuchung wie Kinder sowohl mit Vorstellungen von Gleichheit und Partnerschaft als auch mit alten Orientierungen wie Gehorsam und Unterordnung leben (Neuhäuser, 1993, S. 244). Somit ist zu fragen, wie ein Autoritätsverhältnis gestaltet werden kann, in dem Gleichheit und Ungleichheit Raum finden.

Für Arendt bringt das Streben nach Gleichheit einerseits grosse Vorteile in menschlicher und erzieherischer Hinsicht, andererseits ist es ein wichtiger Faktor, der die Erziehungskrise (Autoritätskrise) ungewöhnlich verschärft hat.

> „Was also die Krise in der Erziehung in Amerika so ungewöhnlich verschärft, ist die politische Verfassung des Landes, die ohnehin dahin drängt, den Unterschied zwischen Jungen und Alten, zwischen Begabten und Unbegabten, schliesslich zwischen Kindern und Erwachsenen, vor allem aber zwischen Schülern und Lehrern nach Möglichkeit auszugleichen und zu verwischen. Dass ein solcher Ausgleich nur auf Kosten der Autorität des Lehrers und auf Kosten der Begabten unter den Schülern wirklich zustande kommen kann, ist offenbar" (Arendt, 1994, S. 261).

Auch Ziehe (1996) bemerkt eine Angleichung zwischen den Generationen. Früher war die Trennungsmauer zwischen Erwachsenen und Jugendlichen ungleich höher und dichter, wobei die Schule das Monopol in der Vermittlung zwischen Erwachsenenwelt und Jugend einnahm. Die Vermittlungsfunktion in diesem Sinne erübrigt sich zusehends.

> „Der Zugang zu den Erwachsenenerfahrungen wird immer breiter, zum Teil in einem Ausmasse, dass die Kategorien „Erwachsener"/„Jugendlicher" sich verwischen" (Ziehe, 1996, S. 142).

Für junge Menschen kann diese Entwicklung als Einschränkung und als Entzauberung gedeutet werden, im Sinne von: man kennt bereits alles und hofft eher von Einigem, was man schon erfahren hat, künftig verschont zu werden (Ziehe, 1996, S. 142). Für junge Menschen kann sich im traditionellen Verständnis beim Übergang zur Erwachsenenwelt keine *neue Welt* auftun (vgl. Postman, 1990).

Mead stellt ebenfalls fest, dass der einst gesicherte Glaube an die Autorität des Wissenden erschüttert ist (Mead, 1971, S. 14, und 110). Durch die veränderte Lebenswelt (Medien, Geschwindigkeit, Mobilität) ist eine Angleichungstendenz zwischen Lehrperson und Lernenden zu beobachten. Laut Ziehe fällt der Lehrerin, dem Lehrer die Legitimation zur Autorität selten in der reinen inhaltlichen Kompetenz zu, sondern sie liegt im hohen Masse im Identifikationsgehalt der Lehrpersönlichkeit; d.h. wie oben beschrieben, legitimiert die Lehrperson ihre Autorität durch die Kultur- und Beziehungsarbeit (Ziehe, 1996, S. 89). Dass dies ein anstrengendes, alltägliches Unterfangen ist, versteht sich.

Um einen Begriff von Autorität zu gewinnen, fordert Arendt klare Grenzen zwischen Jungen und Erwachsenen und ein entsprechendes Verhalten:

> „Wir müssen das Gebiet der Erziehung von anderen, vor allem den politischen öffentlichen Lebensgebieten entschieden scheiden, um aus ihm selbst einen Begriff von Autorität und Verhalten zum Vergangenen zu gewinnen, der dieser Sache angemessen ist, aber allgemein gerade keine Gültigkeit hat, eine allgemeine Gültigkeit in der Welt der Erwachsenen nicht beanspruchen darf. Technisch folgt hieraus vor allem, dass man klare Grenzen zieht zwischen den Jungen und den Erwachsenen, dass man nicht versucht, Erwachsene zu erziehen, und nicht versucht, Kinder zu behandeln, als ob sie Erwachsene wären" (Arendt, 1994, S. 276).

Mit Arendts Forderung stellt sich die Frage, wie Ungleichheit und die daraus folgenden Grenzen definiert werden können. Die veränderte Lebenswelt mit der Angleichungstendenz zwischen den Generationen erfordert eine neue Lösung der Autoritätsproblematik.

Pluralisierung

Gesellschaftliche Individualisierung und kulturelle Pluralisierung gehören unmittelbar zusammen und können als zwei Seiten einer Medaille gesehen werden. „Einer Gesellschaft, die sich individualisiert, entspricht einer Kultur, die sich pluralisiert" (Herzog et al., 1997, S. 31). Unsere Schulen sind bereits von der kulturellen Pluralisierung betroffen. Der Anteil anderer Nationen und Kulturen zeigt dies deutlich in der Zusammensetzung der Schulklassen (Herzog et al., 1997, S. 34; vgl. Statistisches Jahrbuch der Schweiz, 1998). Realität lässt sich nicht mehr auf eine Sichtweise reduzieren, sondern breitet sich in einer Vielfalt von Perspektiven aus. Die Lebensstile zeigen sich vielfältiger; d.h., die Lebensweise und deren subjektive und kulturelle Bewertungsmassstäbe sind komplexer geworden. In der Schule treffen sich Lernende mit verschiedensten Erfahrungen und Erwartungen. Junge Menschen erleben heute schon früh eine *Vielzahl von Alltagen*. Ziehe beschreibt die Pluralisierung der Lebenswelt folgendermassen:

> „Ein Jugendlicher lebt, parallel zur Familienrealität, gleichzeitig in einer Peergroup-Realität, einer Beziehungsrealität, einer erweiterten Sozialrealität, und – dies übergreifend – in einer symbolischen Bedeutungswelt und in einer Medienwelt. Und all dies ist keineswegs mehr eindeutig hierarchisierbar. Das funktional Dringendste, also zum Beispiel die Schule für den Schüler, ist für ihn nicht unbedingt dasjenige, dem er die meiste Bedeutsamkeit zuspricht" (Ziehe, 1996, S. 143).

Der Pluralismus zeigt sich sowohl im Alltagsverständnis der Lernenden als auch in der Sache, d.h. in der Stoffvermittlung, was sich unmittelbar auf die Lehrerinnen und Lehrer auswirkt. Luhmann beschreibt den tiefgreifenden Wandel wie folgt:

> „Die Umstellung des Wissenschaftssystems von einem ontologischen auf ein konstruktivistisches und von einem einheitstheoretischen (prinzipientheoretischen) auf ein differenztheoretisches Selbstverständnis, wie sie in den zweihundert Jahren seit Kant zu beobachten ist, berührt in sehr tiefgreifender Weise das Verhältnis von Wissenschaft und Gesellschaft. Man könnte sehr summarisch von einem Autoritätsverlust, ja von einem Autoritätsverzicht der Wissenschaft sprechen" (Luhmann, 1990, S. 627).

Mit anderen Worten: Wir erleben einen „Verlust der Autorität, die auf einem einzig möglichen Weltzugang basierte, und mit dem Verzicht darauf, Wissen aus seiner Quelle, aus dem Strom des Verkünders oder aus dem Anfang (arché, Grund) zu begründen" (Luhmann, 1990, S. 221-222). Durch die Differenzierung der Gesellschaft (Pluralisierung) gibt es keine singuläre Position des Wissens mehr. Wissen kann von verschiedenen Standpunkten aus produziert werden. Die Konsequenz daraus ist die Vervielfachung des Wissens und die Unmöglichkeit, in verschiedensten Wissensgebieten den Überblick zu gewinnen und zu bewahren. Für die Lehrperson heisst dies, dass es schwieriger wird, Autorität durch Wissen zu legitimieren.

Dynamisierung

Unsere Gesellschaft wird von einer weiteren Bewegkraft, der Dynamisierung (Beschleunigung), geprägt. Hatten frühere Gesellschaften ein zyklisches Verständnis von Zeit, so verstehen wir heute Zeit linear. „Die Zukunft liegt nicht in der Rückkehr zur Vergangenheit, sondern ist ein Schritt ins Offene" (Herzog et al., 1997, S. 35). Die moderne Gesellschaft erträgt keinen Abschlussgedanken und somit auch keine Autorität (Luhmann 1992, S. 42). Wenn Autorität als Fähigkeit verstanden wird, „Wirklichkeit" angemessen zu repräsentieren und andere davon zu überzeugen, so verliert Autorität „ihre Grundlage in unserer Zeit, was (auch) von (noch nicht voll erkannter) pädagogischer Bedeutung ist" (Herzog et al., 1997, S. 36). Der moderne Mensch sieht im Weg das eigentliche Ziel. Auf seinem Weg befindet er sich mitten in einem beschleunigten gesellschaftlichen Wandel. Das Wissen z.B. vermehrt sich einerseits explosionsartig und andererseits wird die Halbwertszeit für unser Wissen (der Zeitraum, in dem die Hälfte unseres Wissens „verfällt") immer kürzer (Herzog et al., 1997, S. 38). Diese allgemeine Beschleunigung wirkt sich auf die Tradierung von Wissen aus und verändert das Generationenverhältnis grundlegend.

Margaret Mead sieht in der Beschleunigung einen Nährboden für Generationenkonflikte oder gar ein Auseinanderbrechen von Beziehungen zwischen Jung und Alt. Die jungen Menschen einer Gesellschaft lernen nicht mehr im postfigurativen Sinne von den wohlbekannten Vorfahren, sondern von Ebenbürtigen (kofigurativ), welche mehr denn je die Eltern als ausschlaggebende Verhaltensvorbilder ablösen. Die Jugendlichen wissen und können in manchen Belangen sogar mehr als die erfahreneren Erwachsenen (Mead, 1971). Ziehe macht z.B. auf die Virtuosität in der visuellen Wahrnehmung aufmerksam, zu der Jugendliche unschwer Zugang finden. Die Jüngeren sind der mittleren und älteren Generation überlegen, „(...) wenn es darum geht, die Programme von Armbanduhren einzustellen, Zauberwürfel richtig zusammenzusetzen oder Computer-Sprachen zu lernen" (Ziehe, 1996, S. 145).

Für Mead zeigt sich die Verunsicherung im zentralen Problem der Bindung: „An welche Vergangenheit, Gegenwart oder Zukunft kann sich der idealistische junge Mensch binden?" (Mead, 1971, S. 9). In diesem Zusammenhang ist der einst so gesicherte Glaube an die Autorität des Wissenden erschüttert. Mead beschreibt die Situation folgendermassen:

„Unter einem bestimmten Gesichtspunkt betrachtet, erscheint die Situation, in der wir jetzt stecken, als eine Glaubenskrise: Die Menschen haben nicht nur den Glauben an die Religion, sondern auch den Glauben an politische Ideologien und an die Wissenschaft verloren und fühlen sich um jegliche Sicherheit gebracht. Meiner Meinung nach ist diese Glaubenskrise – zumindest partiell – auf die Tatsache zurückzuführen, dass es keine Älteren mehr gibt, die besser als die jungen Menschen selber darüber Bescheid wissen, welche Erfahrungen die Jugend heute macht" (Mead, 1971, S. 114).

Die Dynamisierung der Gesellschaft hat auch für die Schule Konsequenzen. Schule und Bildung sind auf Tradition (Tradierung) ausgerichtet, daher eher konservativ oder der Zeit hinterherhinkend. Dies steht im starken Gegensatz zur Moderne, die keine Tradition bilden kann und sich ständig selbst überholen muss. Die Schule tut sich deshalb schwer, junge Menschen auf das Leben in der Moderne oder Nachmoderne vorzubereiten. Früher gab es für junge Menschen den Zugang zur Erwachsenenwelt nur durch „das Nadelöhr Schule", im Konkreten durch die Auseinandersetzung mit der Lehrperson – als Statthalterin in der noch fernen Erwachsenenwelt (Ziehe, 1996, S. 83). Heute erscheint die eigentliche Vermittlungsfunktion der Lehrperson stark verändert:

„Der Lehrer hat zwar ein Fachwissen, aber keineswegs einen sozialen Wissens- und Erfahrungsvorsprung per se, in vielem wissen die Schüler mehr. Und die Quelle des Wissens und der Erfahrungsverarbeitung ist für die Schüler zumeist nicht die Schule, eher denn noch Alltagslernen, Gleichaltrigenkontakte, Medienrezeption. Inhaltlich gesehen, nicht formal, kommt jeder an der Schule vorbei (nicht unbedingt zu seinem Besten, aber eigentlich ohne sich abgewertet sehen zu müssen). Für den Lehrer stellt dies einen erheblichen Bedeutungsverlust dar" (Ziehe, 1996, S. 84).

Auch wenn sich die Gedanken Ziehes nicht in letzter Konsequenz bestätigen, ist hinsichtlich Autorität der veränderte Stellenwert der Schule zu bedenken.
Durch die sozio-kulturellen Veränderungen – wie durch die Bewegkräfte der Moderne – gilt es, auch Pädagogische Autorität im Kontext der Schule neu zu betrachten. Damit ist die Chance gegeben, sich auf Grundsätzliches von Pädagogischer Autorität zu besinnen. Die Zeichen der Zeit deuten darauf hin, dass Bereitschaft besteht, sich mit dem Thema auseinander zu setzen.

1.3 Gliederung der Arbeit

Wie am Anfang dieses Kapitels erwähnt, ist diese Arbeit in einen theoretischen, einen empirischen Teil und eine daraus folgende Diskussion gegliedert.
Kapitel 1 beginnt mit Überlegungen, die auf die Relevanz des Themas hinweisen. Zudem erfahren wir, wie gesellschaftliche Wandlungsprozesse uns immer

wieder von neuem bewegen, das Thema Pädagogische Autorität aufzugreifen. In Kapitel 2 erfolgt eine begriffliche Annäherung. Es werden unterschiedliche Verstehensweisen sowie eine systematische Bestimmung von Pädagogischer Autorität dargelegt. Kapitel 3 widmet sich explizit dem Untersuchungsgegenstand ‚Pädagogische Autorität'. Aus pädagogisch-genetischer und interaktionistischer Perspektive sowie ausgehend von der Sachebene wird aufgezeigt, dass Pädagogische Autorität wesentlich zum Aufwachsen der Kinder und Jugendlichen gehört. Kapitel 4 stellt das Kompetenzkonzept vor, welches einen weiteren Zugang zu Pädagogischer Autorität ermöglicht. Die Arbeitskreise der Lehrperson werden unter dem Gesichtspunkt der Autorität beleuchtet und in der Folge verschiedene Kompetenzbereiche herausgearbeitet.

Kapitel 5 erörtert die Fragestellungen und die Hypothesen der *empirischen Untersuchung*. Anschliessend (in Kapitel 6) wird der Rahmen der Studie wie Durchführung, Stichproben, Instrumentarien und deren Überprüfung beschrieben. Die Ergebnisse der Analyse werden in Kapitel 7 vorgelegt. Die Gliederung erfolgt thematisch. Es werden jeweils zuerst die Sichtweise der Schüler/-innen, dann diejenige der Lehrpersonen dargestellt; mit Ausnahme der Skala ‚Pädagogische Autorität' sind auch Vergleiche der beiden Perspektiven aufgeführt.

Das 8. Kapitel beinhaltet die Besprechung der Ergebnisse; sie sind in vier Schwerpunkte gegliedert. Abschnitt 8.1 behandelt die Resultate, welche die Lehrperson als Autorität direkt betreffen. Die beiden Voraussetzungen für Autorität, der Unterschied und die Legitimation, werden in Abschnitt 8.2 erörtert. In Abschnitt 8.3 sind die Ergebnisse zur Bereichstheorie, in Anlehnung an das Instrumentarium von Smetana & Bitz (1996), zu finden. Das Kapitel schliesst mit Abschnitt 8.4; dabei werden die wichtigsten Ergebnisse nochmals fokussiert.

2. Autorität

In diesem Kapitel steht der Autoritätsbegriff im Blickpunkt des Interesses. So werden in Abschnitt 2.1 verschiedene Begriffe hinsichtlich des Wortes *Autorität* erörtert. In Abschnitt 2.2 sind die Voraussetzungen aufgeführt, die Autorität konstituieren.

2.1 Verstehensweisen

Autorität zu definieren ist kein leichtes Unterfangen. In der Literatur sind eine Vielzahl von Beschreibungen sowie Begriffsklärungen zu finden, die in angemessener Weise zu systematisieren einige Abhandlungen ergeben würden. Denn der Begriff Autorität zeigt sich alles andere als in einem einheitlichen Bild. Reichwein bringt dies zum Ausdruck, wenn er von der *archaisch-komplexen* Bedeutung von Autorität spricht, die mythisch-religiöse, politische, pädagogische sowie juristisch-ökonomische Bereiche betreffen (Reichwein, 1989, S. 321). Der Begriff wurzelt nicht nur in verschiedenen zentralen Bereichen der Gesellschaft und des Menschseins, sondern wird ebenso durch soziokulturelle Zusammenhänge, Traditionen und Entwicklungen geprägt; d.h., die Auffassung von Autorität ist einem geschichtlichen und gesellschaftlichen Wandel unterworfen. Autorinnen und Autoren definieren den Autoritätsbegriff immer aus ihrer Zeit heraus. Geissler verweist hinsichtlich Autorität auf die Unterschiedlichkeit der Menschenbilder:

> „Als was Autorität dem jeweiligen Interpreten erscheint, hängt immer von einer bestimmten anthropologischen Grundkonzeption ab, gleich, ob diese explizit formuliert worden oder nur als latente Anthropologie („Menschenbild") vorhanden ist" (Geissler, 1970, S. 150).

Laut Roeder (1967) kann der Begriff Autorität geradezu als Prüfstein für die Weltanschauung und wissenschaftliche Methode des jeweiligen Autors oder der jeweiligen Autorin betrachtet werden. Zum Thema Weltanschauung schreibt Roeder 1967 Folgendes:

> „Dem Gläubigen ist menschliche Autorität ein Abglanz der Vaterherrschaft Gottes, in dem sie ihre letzte Begründung findet, dem Faschisten ein Beweis für die Naturnotwendigkeit eines Führers der Massen, dem Demokraten ein Produkt der Arbeitsteilung und politische Macht, die – auf Zeit delegiert – vor dem Forum der Kritik sich zu verantworten hat; dem analytischen Psychologen – z.B. in der Gestalt des Vaters – Widerstand und der Inbegriff von Normen, an denen sich der Charakter bildet; dem Vater

bedeutet sie sein Erwachsensein, seine Leistung in der ‚Welt' und für die Familie; dem Lehrer die Macht seines Amtes, die Würde und Bedeutung seines erzieherischen Auftrags, die Inhalte der geistigen und materiellen Welt, die in seinem Wissen für das Kind aufbewahrt sind, und schliesslich die Distanz zwischen den Generationen; für das Kind heisst Autorität: die Grossen, die Wissenden, aber auch die Normen der Gruppen der Gleichaltrigen, mit denen es in der Schule, auf der Strasse und auf dem Spielplatz zusammenlebt – Verbote, Widerstand und Hilfe" (Roeder, 1967, S. 250).

In der folgenden Auseinandersetzung mit Autorität heben formale und inhaltliche Verstehensweisen den Gegenwartsbezug hervor.

Heute sind vor allem zwei Verständnisrichtungen im Umlauf. Die erste eher traditionelle und populäre Verstehensweise konzentriert sich auf die Autoritätsperson und schreibt dieser bestimmte Eigenschaften zu, welche notwendigerweise Anerkennung bewirken. Man fragt nach dem „Wesen" pädagogischer Autorität, nach Autorität als persönliche oder gar charismatische Qualifikation des Einzelnen. Der Begriff wird auch heute noch oft mit dem Autoritätsträger oder der Autoritätsträgerin gleichgesetzt (vgl. Hobmair, 1996, S. 86), was wiederum zeigt, dass die andere Seite der Autoritätsbeziehung dieser Verstehensweise gerne in den Hintergrund gestellt wird, nämlich die anerkennende Person. Kurz gesagt: Man spricht von Autoritäten und meint damit Anerkannte. Autorität wird dann weitgehend daran gemessen, was aus der Anerkennung entspringt: Gehorsam, Gefolgschaft, Angleichung der eigenen Meinung, Aneignung der fremden Anschauung. Zu bedenken ist, dass solche Gefolgschaft im Denken und Handeln noch keine Rückschlüsse auf vorhandene Autorität zulässt (Wehle, 1973; Hättich, Hättich & Hohmann, 1970).

Eine zweite Verstehensweise verbreitete sich seit Mitte der 40er-Jahre. In Anlehnung an gleichsinnige sozialwissenschaftliche Forschungen steht nun das Autoritätsverhältnis als zwischenmenschliche Beziehung mehr im Mittelpunkt. Zweifellos trägt es zur Klärung des Autoritätsbegriffes bei, wenn man nur dort von eigentlicher Autorität spricht, wo einer Person zumindest von einer einzelnen Person auch Anerkennung entgegengebracht wird.

> „Diese *tatsächliche Autorität* dauert nur so lange, als zwischen dem Anerkennenden und dem Anerkannten eine solche Beziehung besteht, ja sie ist nichts anderes als diese *Beziehung* selbst" (Hättich, Hättich & Hohmann, 1970).

Reichwein (1989) stellt denn auch fest, dass heute in den Erziehungs- und Sozialwissenschaften Konsens darüber besteht, Autorität nicht als Eigenschaft von Personen zu bezeichnen, sondern als Qualität einer zwischenmenschlichen Beziehung (Reichwein, 1989, vgl. Volmer, 1990; Rebel, 1967). Myhre definiert Autorität ebenfalls als ein Verhältnis zwischen zwei Seiten, „wobei die eine Seite als richtungsbestimmende Instanz für die andere auftritt" (Myhre, 1991, S. 22). Aus interaktionistischer Sicht tragen Anerkennende und Anerkannte zur Qualität einer Beziehung resp. zu einer Autoritätsbeziehung bei (vgl. Watzlawick, Beavin & Jackson, 1993).

Für diese Arbeit werden beide Verstehensweisen verwendet:
* Autorität als Autoritätsperson
* Autorität als Qualität einer zwischenmenschlichen Beziehung, bezeichnet als Autoritätsverhältnis

In Folgenden sollen weitere verwandte Begriffe geklärt werden wie autoritär, autokratisch, antiautoritär und autoritativ. Dies soll anhand von drei Einstellungen zu Autorität geschehen (vgl. Myhre, 1991; Weber, 1974; Geissler, 1970).

1. Die autoritäre Einstellung
Das Adjektiv *autoritär* – auch autokratisch (Tausch & Tausch, 1971), früher auch autoritativ (Hättich, Hättich & Hohmann, 1970) – ist die Bezeichnung für einen Erziehungs- oder Führungsstil, wo bedingungslose Unterordnung gefordert wird und die Autorität personal motiviert ist (Herzog, 1991a, S. 420). Es ist die Beschreibung einer Autoritätsinstanz, welche überwiegend mit autoritären Mitteln wie Zwang, Drohung, Strafe, Gewalt arbeitet. Dazu Myhre:

> „Der Erzieher verhält sich durchgehend als ein Dominierender. Er ent-
> scheidet souverän darüber, was getan und was nicht getan werden soll. Nur
> selten werden die Vorschläge und Wünsche der Kinder und Jugendlichen
> beachtet. Ihr Verhalten wird ins Detail durch Verbote und Verordnungen
> reguliert" (Myhre, 1991, S. 23).

In diesem Zusammenhang ist die *autoritäre Persönlichkeit* zu nennen, ein Zerrbild, in dem Autorität mit dem Besitz oder nur mit der Ausübung von Macht verwechselt wird (Hättich, Hättich & Hohmann, 1970). Die autoritäre Persönlichkeit war immer wieder Gegenstand diverser Untersuchungen; dabei standen die Genese der auto-ritären Persönlichkeit und die Bedeutung für das familiäre und schulische Milieu im Mittelpunkt (Adorno, 1999; Horkheimer, 1968).

2. Die autoritätsablehnende Einstellung
Die autoritätsablehnende oder auch autoritätsnihilistische Einstellung hat im pädagogischen Bereich meistens nur in Form von Experimenten (Schulversuche) stattgefunden (Myhre, 1991; Reichwein, 1989). Diese Haltung ist in der pädagogischen Literatur oft als *antiautoritär* benannt worden. Laut Myhre ist diese Bezeichnung jedoch oft irreführend. Einige lehnen mit diesem Begriff Autorität grundsätzlich ab (Braunmühl 1980, vgl. Miller, 1979). Auch Alexander S. Neill (1972, 1998), der Begründer der Internatsschule Summerhill, äussert sich autoritätsablehnend:

„How can happiness be bestowed? My own answer is: abolish authority. Let the child be himself. Don't push him around. Don't teach him. Don't lecture him. Don't elevate him. Don't force him to do anything" (Neill, 1972, S. 260).

In der Praxis stellt sich die Ablehnung von Autorität – Myhre nennt diese Einstellung auch autoritätsverleugnende Einstellung – als unmöglich heraus. In der Erziehung ist es schwierig, jegliche Form von Autoritätsausübung zu umgehen (Myhre, 1991, S. 28). Andere meinen mit antiautoritär, dass Autorität mit *nicht-autoritären* Mitteln erworben wird. Hobmair bezeichnet z.B. Neill als grosse pädagogische Autorität, der seine Autorität mit nicht-autoritären Mitteln erworben hat (Hobmair, 1996, S. 86, 227). Mit dem Wort antiautoritär kann die grundsätzliche Ablehnung von Autorität und/oder die Ablehnung autoritären Verhaltens gemeint sein (vgl. Myhre, 1991, S. 28).

3. Das freiheitsorientierte Autoritätsverständnis

Das freiheitsorientierte Autoritätsverständnis hält an der Notwendigkeit der Autorität als positiven Faktor in der Erziehung fest. Dieses Verständnis baut weder auf Furcht und Zwang noch auf dem Gedanken der natürlichen Entwicklung oder freien Erziehung (permissive Erziehung), welche die Gefahr in sich birgt, das Kind zu überfordern (Herzog, 1991a, S. 421) oder auch Indoktrination und Manipulation zu verschleiern (vgl. Myhre, 1991, S. 28). In diesem Sinne wird in neuster Zeit das Wort *autoritativ* für einen Erziehungsstil verwendet, der zwar Autorität bejaht, jedoch sachlich begründet (Herzog, 1991a; Baumrind, 1989; vgl. Abschnitt 3.1).

Aus der Perspektive des freiheitsorientierten Autoritätsverständnisses grenzt sich pädagogische Autorität durch den interimistischen Charakter von allgemeiner Autorität ab. Sie zeichnet sich vor allem durch die zeitweilige Bereitschaft und Fähigkeit aus, Verantwortung für pädagogische Lenkung zu übernehmen mit dem Ziel Kinder und Jugendliche zur Mündigkeit zu führen. In diesem Sinne kann Autorität nicht dem Selbstzweck dienen (Geissler & Wollersheim, 1991, S. 915; Hättich, Hättich & Hohmann, 1970, S. 47).

2.2 Die Legitimation und der ‚Unterschied'

Wenn Autorität einem steten Wandel unterworfen ist, bleibt zu fragen, ob es in ihr auch etwas gibt, das durch die Zeit gleichbleibt. – Rebel (1967) spricht von zwei Voraussetzungen, welche für Autoritätsverhältnisse wesentlich sind (vgl. Hättich, Hättich & Hohmann, 1970, S. 49-50; Reichwein, 1989, S. 322).

Erstens, Autorität kommt auf Grund einer *Legitimation* zustande. Mit Legitimation ist die Rechtfertigung, die Berechtigung der Autorität gemeint. Wie diese sich konstituiert, ist vom geschichtlichen Wandel geprägt. Rebel schreibt dazu:

„Wer sie verleiht oder durch was sie erworben wird, ist dem geschichtlichen Wandel unterworfen: die Götter, die Offenbarung des persönlichen
Schöpfergottes, sittliche Normen, Tradition, Sitte und Brauchtum, die
Macht eines einzelnen, einer herrschenden Schicht oder des Volkes, überlegene Einsicht in menschliche Geschicke, grosses Wissen und Können,
Lebenserfahrung usw. Oft wirken viele Faktoren zusammen und schaffen
so ein buntes Muster verschieden mächtiger Autoritätsansprüche, die sich
gegenseitig bestärken oder in Frage stellen" (Rebel, 1967, S. 1).

Rebel hebt die Komplexität und die Vernetzung der Legitimation in Autoritätsverhältnissen hervor, die nicht immer leicht zu durchschauen (und zu benennen)
sind.

Als zweite Voraussetzung nennt Rebel die *Ungleichheit* (vgl. Reichwein, 1989).
Autorität kommt durch ein Verhältnis zwischen Ungleichen zustande wie Nach-
folge-, Beeinflussungs- oder Abhängigkeitsverhältnisse. Ein klassisches Beispiel ist
dafür das Eltern-Kind-Verhältnis: Indem Wissen und Können ungleich verteilt
sind, wird den Eltern Autorität zugesprochen. Auch Sennet spricht von Unterschieden – nämlich von Stärkeunterschieden, aus denen sich die persönliche
Autorität konstituiert.

„Die Autorität vermittelt, und das Subjekt gewinnt den Eindruck, dass die
Autorität aufgrund dieser Unterschiede etwas eigentümlich Unerreichbares
an sich hat. Sie verfügt über eine Kraft, eine Selbstsicherheit oder ein Ge-
heimnis, das für das betroffene Subjekt undurchschaubar ist. Dieser
Unterschied erzeugt Furcht und Respekt" (Sennett, 1990, S. 187).

Für Rebel erscheint die Frage nach der Art und Weise der Ungleichheit sehr
zentral.

„Um was für eine Ungleichheit handelt es sich? Muss sie als prinzipielle,
die Beziehungen der verschiedenen Gruppen der Gesellschaft zu einander
fixierende Ungleichheit gedacht werden, oder kann man sie als eine grundsätzliche veränderliche Grösse betrachten?" (Rebel, 1967, S. 2).

Für Rebel ist beachtenswert, ob im Autoritätsverhältnis der Unterschied dynamisch
verstanden wird oder nicht. Mit dem dynamischen Element erhält das Autoritätsverhältnis eine neue Qualität.

Im Zusammenhang mit der Legitimation und der Ungleichheit spielt die *innere
Anerkennung*, welche die Autoritätsabhängigen aufgrund bewusster Einsicht,
unreflektierter Zustimmung oder einer Mischung aus beiden als Beitrag erbringen,
eine wichtige Rolle. Zur inneren Anerkennung kann es aus unterschiedlichen
Gründen kommen. Zu nennen ist der *Gehorsam* (Böhm, 2000, S. 200; Geissler &
Wollersheim, 1991, S. 912; Reichwein, 1989, S. 322). Mit Gehorsam ist die
Spannweite zwischen bejahter Abhängigkeit (Horkheimer, 1968, S. 301) und

Zwang (vgl. Rebel, 1967) zu finden. Hoppe-Graff et al. (1998, S. 139) sehen im Begriff ‚Gehorsam' die Verbindlichkeit mit Normen und Konventionen. Weitere Gründe, wodurch innere Anerkennung zustande kommen kann, ist das *Ansehen* (Schröder, 1992; Laabs, 1987; Ziechmann, 1976; Hättich, Hättich & Hohmann, 1970, S. 38) oder die *Überzeugungskraft* der Autoritätsperson (The New Oxford Dictionary, 1998; The Concise Oxford Dictionary 1990; Reichwein, 1989, S. 322-323; Laabs, 1987). Und nicht zuletzt kann durch die *Fachkompetenz* der Autoritätsperson – wie das Wissen und das Können (Fend, 1998; Bromme, 1997; Weinert, 1996; Rombach & Krüger, 1977; vgl. Bochenski, 1974) – innere Anerkennung ermöglicht werden.

Beide Voraussetzungen für Autorität – die Legitimation und die Ungleichheit – hängen auf engste Weise zusammen; sie bedingen sich, wie wir am Beispiel des Eltern-Kind-Verhältnisses gesehen haben. Diese Voraussetzungen werden uns noch weiter beschäftigen, vor allem im Kapitel 3.

3. Pädagogische Autorität

Im 2. Kapitel sind zwei zentrale Voraussetzungen für Autorität erläutert worden: Autorität kommt auf Grund einer Legitimation zustande und Autorität enthält Ungleichheit. Diese beiden Kriterien werden nun im Hinblick auf pädagogische Autoritätsverhältnisse im Kontext der Schule betrachtet. Dabei stütze ich mich vorwiegend auf das Bildungs- und Erziehungsverständnis von Herzog (1991a).

Das pädagogische Autoritätsverhältnis kann idealtypisch aus drei Perspektiven betrachtet werden. Zum Ersten wird Autorität aus der *pädagogisch-genetischen* (erzieherisch-entwicklungspsychologischen) Perspektive beleuchtet. Als zweite Sichtweise drängt sich die *interaktionistische* auf, weil sich Autorität – wie wir in Kapitel 2 gesehen haben – immer in einem Beziehungsgeschehen manifestiert. Der *Sachaspekt* bildet den dritten Blickwinkel. Auch von dieser Seite werden klärende Impulse für das pädagogische Autoritätsverhältnis im Kontext der Schule erwartet.

3.1 Die pädagogisch-genetische Perspektive

Erziehungs- und Autoritätsverständnis hängen unmittelbar zusammen. So setzt jede pädagogische Bestimmung von Autorität einen Erziehungsbegriff voraus (Hättich, Hättich & Hohmann, 1970, S. 49; vgl. Schmidt, 1975, S. 10). Die Art und Weise wie Erziehung gedacht und gelebt wird, prägt das Autoritätsverhältnis zwischen Lehrperson und Schülerinnen und Schülern.

Lehrpersonen stehen jungen Menschen gegenüber, die auf dem Weg sind, sich und die Welt zu entdecken. In diesem Prozess des Aufwachsens und der Selbstwerdung sind die Schülerinnen und Schüler in verschiedensten Bereichen auf Hilfe oder Begleitung von Erwachsenen angewiesen. Durch den Erfahrungs- und Reifeunterschied ist die Lehrperson in der Lage, diese Hilfestellungen zu geben. Zwischen Lehrperson und Lernenden liegt ein Gefälle, eine grundlegende *Ungleichheit*, die Erziehung erst notwendig macht. Herzog beschreibt sie folgendermassen:

> „Kinder sind auf Erwachsene angewiesen und dadurch erzieherischem Einfluss zugänglich. In jedem Fall ist es die Unselbständigkeit des Menschen, die Erziehung möglich und notwendig macht. Die Erziehung basiert auf einem Reifegefälle zwischen Erzieher und Edukand" (Herzog, 1991a, S. 415).

Aus der Ungleichheit zwischen Unerwachsenen und Erwachsenen lässt sich die *Legitimation* von Pädagogischer Autorität ableiten. Autorität „(...) beruht auf einem Vorsprung des Wissens, des Könnens und der Erfahrung, auf grösserer Umsicht,

Sachkenntnis und grösserem Weitblick (...)" (Hobmair, 1996, S. 86; vgl. Schröder, 1992). Dieser Vorsprung berechtigt die Lehrperson, Verantwortung zu übernehmen (Arendt, 1994, S. 270).

> „Die Qualifikation des Lehrers besteht darin, dass er die Welt kennt und über sie belehren kann, aber seine Autorität beruht darauf, dass er für diese Welt die Verantwortung übernimmt" (Arendt, 1994, S. 270).

Für Arendt bedeutet Autorität die Übernahme von „Verantwortung für den Lauf der Dinge in der Welt" (Arendt, 1994, S. 271, vgl. Sennett, 1998, S. 153). *Pädagogische Verantwortung* kann jedoch auch als „Stellvertretung für das noch schwache Ich des Edukanden und Parteinahme für die Zukunft des Unmündigen" (Herzog, 1991a, S. 411) verstanden werden. Die Lehrperson fördert die sich erst abzeichnenden Möglichkeiten des jungen Menschen. Dies kann auch heissen, dem jungen Menschen zu helfen eine Ausrichtung zu finden (Herzog, 1991a, S. 415). Es geht um eine ‚Doppelseitigkeit der Verantwortung' nämlich gegenüber der Lebensordnung (Welt) und dem zur Mündigkeit heranwachsenden jungen Menschen (Hättich, Hättich & Hohmann, 1970, S. 53). Die pädagogische Autoritätsperson hat die Aufgabe, die durch diese beiden Pole verursachte Spannung auszuhalten. Aus der pädagogisch-genetischen Perspektive heisst Übernahme der Verantwortung auch, die Verantwortung mit den Lernenden zu teilen oder abzugeben, je nach Entwicklungsstand der Schülerinnen und Schüler, wenn Zeit und Situation dies erfordern.

Ein wesentliches Moment in der pädagogischen Verantwortung ist das *Wohlwollen*, welches die pädagogische Beziehung auszubalancieren vermag. Dazu Herzog:

> „Insofern die Gerechtigkeit Beziehungen zwischen Gleichen und die Wohltätigkeit Beziehungen zwischen Ungleichen reguliert, ist das Prinzip des Wohlwollens von wesentlicher Bedeutung für die Definition des *pädagogischen* Verhältnisses. Denn die Beziehung von Erzieher und Edukand ist ungleich. Im Begriff der *pädagogischen Verantwortung* findet diese Überlegung ihre Kristallisation (Kilchsperger 1985)" (Herzog, 1991a, S. 411).

Für Herzog erschliesst erst die Verantwortung – mit dem darinliegenden Wohlwollen – das Verhältnis zwischen Ungleichen. Das heisst, dass sich das Verhältnis zwischen Ungleichen, verstanden als Autoritätsverhältnis, erst durch die pädagogische Verantwortung legitimiert.

Pädagogische Autorität fordert ein *dynamisches Autoritätsverständnis*, in dem Wachstum, Veränderung und Neuorientierung möglich sind. Im Übergang vom 6./7. zum 12./13. Schuljahr findet eine fundamentale Reorganisation der Persönlichkeit statt. Die Schülerinnen und Schüler entwickeln ein reflektiertes Verhältnis zu sich und der Welt; sie organisieren ihre sozialen Beziehungen neu und nehmen von einer Totalidentifikation mit der Lehrperson Abstand (Fend, 2000, S. 350, 347; vgl. Neuenschwander, 1996; Kegan, 1986; Erikson, 1973). Darum ist pädagogische Autorität nicht auf

> „(...) ein einseitiges, gleichbleibendes und dauerndes Herrschaftsverhältnis ausgerichtet, sondern als abnehmende Grösse auf zunehmende Selbständigkeit und Selbstverantwortung des Adressaten hin konzipiert" (Wehle, 1973).

Oder mit den Worten Herzogs:

> „In dem Masse wie sich ein Kind verändert, bedarf die Reziprozität der Neuauslegung. Jeder Entwicklungsschritt ist ein Schritt in Richtung zu mehr Autonomie und Gleichheit. Daher muss der Erzieher die Fortschritte der kindlichen Entwicklung in Rechnung stellen, will er die edukative Kraft seines Handelns nicht beschneiden" (Herzog, 1991a, S. 411).

Aus entwicklungspsychologischer Sicht wird die Gestaltung des Autoritätsverhältnisses zur Gratwanderung. Die Lehrperson antwortet entweder durch Unterstützung oder Widerstand oder auch durch ihre Passivität auf die Entwicklungsschritte des Kindes. In jedem Moment stellt sich die Frage nach dem Mass von *Lenkung und Freiheit*. In diesem Spannungsfeld sieht Rebel[1] die Aufgabe der Erziehung darin, die Lenkung durch ein „grösstmögliches Mass an Freiheit zu ersetzen, wobei sich die Auffassung von Autorität dem jeweils gewonnenen Freiheitsmass anpassen muss" (Rebel, 1967, S. 15). Auch für Herzog bewegt sich das pädagogische Handeln zwischen zwei Polen:

> „Das pädagogische Handeln ist zwangsläufig eingespannt in die Pole zuschauender Passivität und eingreifender Aktivität. *Weder* Führen *noch* Wachsenlassen ist daher Litts Devise. Der Erzieher muss in seinem Handeln immer wieder den Ausgleich zwischen den beiden Extremen finden" (Herzog, 1991a, S. 424).

Durch die Pole „Lenkung und Freiheit" oder „eingreifender Aktivität" und „zuschauender Passivität" wird ersichtlich, wie empfindlich und anfällig das pädagogische Autoritätsverhältnis in seiner Grundkonstitution ist. Von Seiten der Autoritätsperson ist immer wieder zu eruieren, wo die Lernenden stehen, was sie bedürfen und wodurch das Autoritätsverhältnis neu eingepasst werden muss. Dass dies ein anspruchsvolles Unterfangen ist und nicht jederzeit gelingt, versteht sich von selbst. „Das pädagogische Verhältnis ist gerade unter entwicklungspsychologischer Perspektive ein fragiles und immer von der Gefahr des Scheiterns

---

1 Rebel (1967) stellt die beiden Begriffe Zwang und Freiheit einander gegenüber. Hier wird nur das Wortpaar Lenkung und Freiheit verwendet (Anmerkung der Autorin).

bedroht" (Herzog, 1991a, S. 415); und dies trifft ebenso für das pädagogische Autoritätsverhältnis zu. Dazu Hättich, Hättich & Hohmann:

„Autorität im pädagogischen Sinne ist äusserst krisenanfällig, schliesst geradezu die Krise mit ein" (Hättich, Hättich & Hohmann, 1970, S. 52).

Das erzieherische Autoritätsverhältnis fordert nicht nur mitten im Erziehungsprozess Anpassungs- und Veränderungsbereitschaft, sondern auch in der Zielsetzung. Geissler (1970) beschreibt dies mit folgenden Worten:

„Streng zu unterscheiden sind deshalb Autoritätsverhältnisse, in denen der Autoritätsträger darauf aus ist, dass Abhängigkeit (...) erhalten wird, von jenen, in denen aus einer zeitlich begrenzten vormundschaftlichen Absicht heraus Führungselemente jetzt dazu benutzt werden, sich selber nach und nach überflüssig zu machen, d.h. Kritikfähigkeit und Mündigkeit herzustellen. Ein Führer will nicht, dass seine Gefolgschaft ihm ebenbürtig wird. Ein Lehrer dagegen muss gerade darauf aus sein, dass er selber überflüssig, d.h. aber nichts anderes, als dass der Belehrte selbständig wird" (Geissler, 1970, S. 154).

Pädagogische Autorität strebt nach Geissler letztlich danach, das Autoritätsverhältnis aufzulösen. Dieser Absicht liegt ein Erziehungsverständnis zugrunde, das die Mündigkeit (Autonomie) des jungen Menschen zum Ziel hat. Dazu Geissler & Wollersheim:

„(...) betrachtet man diese Mündigkeit nicht einfach als gegeben oder sich naturwüchsig entfaltend, sondern immer von vorausgehender Bildung abhängig, dann kann Lehrerautorität eine partielle (vorübergehende, zeitweilige, vormundschaftliche) Funktion annehmen. Sie vermittelt dann als „Hilfe zur Selbsthilfe" Voraussetzungen von Mündigkeit, macht sich aber dadurch nach und nach überflüssig (= interimistischer Charakter der Erziehung)" (Geissler & Wollersheim, 1991, S. 913).

Herzog spricht von einem ähnlichen Prozess:

„Die Erziehung ist Einwirkung auf den Prozess der Subjektwerdung des Menschen. Insofern sie den Prozess der Bildung fördert, macht sie sich in dem Masse überflüssig, wie sie ihr Ziel erreicht" (Herzog, 1991a, S. 33).

Eine der grössten Herausforderungen der Erziehung – und somit auch des Autoritätsverhältnisses – besteht darin, sich in angemessenen Schritten und zur rechten Zeit entbehrlich zu machen. Die Lehrperson bedarf ein gerüttelt Mass an Sensibilität, Geschick und Zuversicht, um die Verantwortung zu übernehmen, aber auch, um diese zur rechten Zeit abgeben zu können.

In pädagogischen Autoritätsverhältnissen ist eine Differenzierung nicht nur in dynamischer Hinsicht gefragt, sondern auch bereichsspezifisch. Die von Turiel (1983) entwickelte Bereichstheorie zeigt auf, dass Kinder wie Jugendliche sehr differenziert nach verschiedenen Bereichen unterscheiden, ob eine Person Einfluss nehmen darf. Sie unterscheiden zwischen dem moralischen, dem sozialen konventionellen und dem persönlichen Bereich. Smetana & Bitz (1996, vgl. Smetana, 1995; Smetana & Asquith, 1994) haben die Bereichstheorie ausdifferenziert und belegen in ihrer Studie, wie bereichsspezifisch Schülerinnen und Schüler die Autorität von Lehrpersonen wahrnehmen. So akzeptieren die 10- bis 17-jährigen Schülerinnen und Schüler die Autorität der Lehrpersonen in den Bereichen ‚Moral‘, ‚Allgemeine Konventionen‘ und ‚Vernünftiges Handeln‘ (Gesundheit). Im Bereich ‚Schulische Konventionen‘ (z.B. Austausch von Zärtlichkeiten im Schulhausgang) sind sich die Schülerinnen und Schüler nicht einig, inwieweit die Lehrperson zuständig sein soll. Hingegen geht klar hervor, dass der Bereich ‚Persönliches‘, wie z.B. die Wahl der Frisur und die Verwendung des Taschengeldes ihre Angelegenheit ist.

Nicht zuletzt trägt der *Erziehungsstil* Wesentliches dazu bei, ein Autoritätsverhältnis fruchtbar zu machen. Nach Baumrind – sie untersucht Erziehungsstile von Eltern – wirkt sich vor allem der *autoritative Erziehungsstil* vorteilhaft auf das Mündigwerden des jungen Menschen aus. Der autoritative Erziehungsstil wirkt erfolgreich, weil die Autoritätsperson sachlich kontrollierend, ihre erzieherische Haltung von Wohlwollen geprägt und das Verhalten dem kindlichen Entwicklungsstand angemessen ist. Ein Verhalten, basierend auf klaren Erwartungen, welches die Erzieherin/der Erzieher auch umzusetzen bereit ist sowie ein Verhalten, das Zuwendung, Sensitivität und Verständnis vermittelt, stärkt das Wachstum des Kindes (Herzog, 1991a, S. 415; Baumrind, 1989, S. 353). Herzog spricht vom induktiven Erziehungsstil:

> „Unter „Induktion" fallen Verhaltensweisen wie Verbalisieren von Gefühlen, Erklären des elterlichen Verhaltens, das Kind auf Konsequenzen seines Verhaltens aufmerksam machen etc." (Herzog, 1991a, S. 417).

Im Gegensatz zum autoritären Verhalten, bei dem Autorität personal motiviert ist (bedingungslose Unterordnung unter die jeweiligen Forderungen), begründen Erzieherinnen und Erzieher mit dem induktiven Erziehungsstil die Autorität sachlich. Dies ermöglicht dem jungen Menschen, sich von der Autoritätsperson zu lösen. „Restriktives und autoritäres Elternverhalten führt zu unfreien Kindern. Der Grund dafür liegt im Wesentlichen in der Unsachlichkeit der elterlichen Kontrolle" (vgl. Herzog, 1991a, S. 415). Die Grenzen von restriktivem und autoritärem Verhalten zeigen sich in Passivität oder eskalierenden Machtkämpfen. Die Erkenntnisse von Baumrind und Herzog können auch auf das Verhalten von Lehrpersonen übertragen werden.

In diesem Abschnitt ist das Autoritätsverhältnis als Verhältnis zwischen Ungleichen aus der pädagogisch-genetischen Perspektive betrachtet worden. Im folgenden Abschnitt wird aus dem interaktionistischen Blickwinkel aufgezeigt, dass pädagogische Autoritätsverhältnisse auch Elemente der Gleichheit beinhalten.

3.2 Die interaktionistische Perspektive

Wie in Kapitel 2 dargelegt, besteht heute in den Erziehungs- und Sozialwissenschaften Konsens darüber, „dass Autorität nicht eine Eigenschaft von Personen, sondern die *Qualität einer sozialen Beziehung* zwischen ihnen bezeichnet" (Reichwein, 1989, S. 322, Hervorhebung B.F.). Diese interaktionistische Sichtweise lässt Raum zu einem mehr gestalterischen Umgang mit Autorität. Da zwei Beteiligte die Interaktion bestimmen, kann das Autoritätsverhältnis auch von zwei Seiten her verändert werden. Autorität wird einerseits von der Lehrperson beansprucht, andererseits wird sie von den Lernenden zuerkannt (zugeschrieben). Für ein Autoritätsverhältnis sind diese beiden Aktionen (Akte) unabdingbar. Es handelt sich um eine Wechselwirkung zwischen den Autoritätsanerkennenden und -anerkannten, um ein soziales Geschehen, in dem jedes Verhalten zugleich Ursache und Wirkung ist (Watzlawick, Beavin & Jackson 1993).

Haben wir in Abschnitt 3.1 von einer grundlegenden Ungleichheit im pädagogischen Autoritätsverhältnis gesprochen, so zeigen sich aus der interaktionistischen Perspektive Elemente der Gleichheit und Gegenseitigkeit (vgl. Stierlin, 1976, S. 47). Diese Gegenseitigkeit wird von Jessica Benjamin (1994, S. 27) als *Gleichgewicht zwischen Selbstbehauptung und Anerkennung* beschrieben. Beide Seiten – in unserem Fall Lehrperson wie Lernende – streben nach Selbstbehauptung und Anerkennung. Laut Autorin ist diese Gelegenheit selbst in verschiedenen Entwicklungsstadien der Mutter-Kind-Interaktion erkennbar. Benjamin geht von der Prämisse aus, dass es von Anfang an immer (zumindest) zwei Subjekte gibt. Obwohl dies einleuchtend ist, stellt Benjamin fest:

> „Differenzierung setzt (...) eine reziproke Beziehung zwischen dem Selbst und der Anderen voraus: also ein Gleichgewicht zwischen Selbstbehauptung und Anerkennung. Dies klingt einleuchtend, aber in den bisherigen Theorien der psychischen Entwicklung finden wir kein Konzept einer solchen Gegenseitigkeit. In den meisten Entwicklungstheorien wird die Autonomie stärker betont als die Beziehung zu andern" (Benjamin, 1994, S. 27).

Für das pädagogische Autoritätsverhältnis heisst dies, dass neben Ungleichheit auch Gleichheit immanent ist. Autorität kommt dadurch zustande, dass trotz der Ungleichheit zwischen Lehrperson und Lernenden, die Anerkennung auf Gegenseitigkeit beruht und jedem Selbst die Möglichkeit der Selbstbehauptung geboten wird (vgl. Benjamin, 1994, S. 27), also in diesem Sinne Gleichheit vorausgesetzt wird. In dieser *gegenseitigen Anerkennung* liegt letztendlich die Achtung vor der Würde des Menschen.

> „Denn ein echtes pädagogisches Verhältnis ist von Anfang an durch gegenseitige Anerkennung geprägt. Darin liegt die moralische Dimension des erzieherischen Handelns" (Herzog, 1991a, S. 422).

Mit der gegenseitigen Anerkennung – auch Respekt, Achtung – kommt eine weitere moralische Dimension in das pädagogische Autoritätsverhältnis (vgl. Damon, 1990). Diese trägt Wesentliches zu einem Klima gegenseitigen Vertrauens bei, was sich wiederum auf das Wohlbefinden der Schülerinnen und Schüler in der Schule auswirkt.

Wie oben bereits angesprochen, kann das pädagogische Autoritätsverhältnis von zwei Seiten her gestaltet werden. D.h., es beinhaltet die Möglichkeit, dass sich die Schülerinnen und Schüler von der Lehrperson absetzen oder sie zurückweisen können (Böhm, 2000, S.46). Selbst wenn die Autoritätsperson in Form von Hass oder Ablehnung negiert wird, besteht eine Bindung zwischen zwei Menschen. Für Sennett ist die Ablehnung der Autoritätsperson und die Bindung an sie nicht voneinander zu trennen. Er schreibt dazu:

> „In Form solcher Ablehnungsbindungen bekennen wir auch das Bedürfnis nach Autoritäten ein, die offen zu akzeptieren gefährlich wäre" (Sennett, 1990, S. 34).

Autoritäten werden aus verschiedensten Gründen abgelehnt. Dazu gehört die Angst, was wohl die überlegene Person mit ihrer grösseren Macht tun wird. Andererseits brauchen Menschen die Stärke anderer (die Autoritätsbindungen), um eine Vorstellung vom Ideal zu kreieren. Manchmal haben sie das Gefühl, die tatsächlichen Autoritätspersonen in ihrem Leben seien nicht so stark wie sie sein sollten. Dazu Sennett:

> „Die Sprache, mit der wir diese tatsächlichen Gestalten ablehnen, kann uns helfen, jenen, die wir uns wünschen, eine Kontur zu geben, so wie man in der Photographie ein Negativ benötigt, um ein Positivbild herstellen zu können. Zu den Menschen, die wir ablehnen, bauen wir eine Bindung auf. Indem wir sie verstehen lernen, erkennen wir, was wir selbst wollen" (Sennett, 1990, S. 35).

Sennett nennt drei Arten von Ablehnungsbindungen: Die erste resultiert – wie bereits erwähnt – aus Angst vor der Stärke der Autorität und wird von ihm als „ungehorsame Abhängigkeit" benannt. Die zweite Art ist als Negativbild zu sehen (siehe Zitat), von dem man ein ideales Positivbild geschaffen hat. In der dritten Art steht die Phantasie über das Verschwinden der Autoritätsperson im Zentrum. Laut Sennett ist es nicht einfach diese verschiedenen Ablehnungssprachen zu verstehen (Sennett, 1990, S. 35).

Ablehnungsverhältnisse sind kulturbedingt[2]. Wird Autorität als etwas Festes und Statisches aufgefasst, so liegt es auf der Hand, dass sie in solcher Weise – nämlich im Kampf gegen die Autorität – verändert wird. Starres Oben-unten-Denken und eine Entweder-oder-Mentalität heben jegliche Lust an der Kontroverse auf. Im Gegensatz dazu begünstigt ein induktiver, autoritativer Erziehungsstil Vorstellungen von sich veränderbarer Autorität. Ebenso fördern Initiationsrituale, die dem Alter der Kinder und Jugendlichen entsprechen, den dynamischen Aspekt von Autoritätsverhältnissen (vgl. Sennett, 1990, S. 196-197; Köck, 1994, S. 65).

Das pädagogische Autoritätsverhältnis spielt sich nicht nur zwischen Lehrenden und Lernenden, also in einer geschlossenen Dyade ab, sondern auch innerhalb eines Klassen- und Schulhausgeschehens. Mitschülerinnen und Mitschüler, Eltern, Kollegium u.a. beeinflussen das pädagogische Verhältnis und umgekehrt. Ablehnungsäusserungen oder eine neue Verhandlungsrunde zwischen der Lehrperson und der Schülerin oder dem Schüler wirken sich auch auf die Mitschülerinnen und Mitschüler aus; dadurch können ganze Kettenreaktionen ausgelöst werden. Die damit verbundene Dynamik muss von der Lehrperson immer wieder neu eingeschätzt und beantwortet werden. Pädagogische Autoritätsverhältnisse existieren mitten in komplexen Systemen (lebendigen Gemeinschaften), was zusätzliche Instabilität und Ungewissheit in sich birgt (vgl. Doyle, 1986). Autoritätsverhältnisse sind Beziehungsverhältnisse in Gruppenverhältnissen.

Damit eine Gemeinschaft entstehen und bestehen kann, braucht es ein verbindendes Element, wie einen Arbeitszusammenhang (vgl. Herzog, 1991a, S. 407). Dieser widerspiegelt sich im Sachaspekt. Wie im folgenden Abschnitt zu sehen ist, übernimmt die Sache eine weitere wichtige Funktion im Autoritätsverhältnis.

3.3 Der Sachverhalt

Im Folgenden steht der Sachaspekt im Mittelpunkt unseres Interesses. Erörtert werden vor allem drei Themenbereiche des Sachverhalts hinsichtlich Autorität, so das Pädagogische der Sache, die Pluralisierung und Dynamisierung des Wissens und die Ambivalenz der Lehre (mit Sache sind Bildungsgüter samt Einsichten, Gesetzen und Normen gemeint, welche die Lehrperson durch den Lehrauftrag den Schülerinnen und Schülern vermittelt).

Geissler & Wollersheim nennen den Sachaspekt im pädagogischen Autoritätsverhältnis das „übergeordnete Dritte". Er gibt dem Autoritätsverhältnis eine

---

2   Kultur im weitesten Sinne, auch Familienkultur, Schulkultur.

Ausrichtung, so für Lehrperson und Lernende (Geissler & Wollersheim, 1991, S. 914). Für Herzog ist die Sachebene eine Spitze im pädagogischen Dreieck:

> „Erst die Sache, die sowohl dem Erzieher als auch dem Edukanden gegenübersteht, vermag das pädagogische Verhältnis zu objektivieren. Die autoritative Kontrolle betrifft genau diese rationale Dimension der Erziehung, denn autoritative Eltern stellen sachliche Ansprüche an ihre Kinder und setzen nicht ihre Person als Erziehungsmittel ein" (Herzog, 1991a, S. 423).

Herzog sieht in der Sache die eigentliche Öffnung zu einem fruchtbaren Erziehungsgeschehen. Sie spielt im Erziehungsprozess eine objektivierende Rolle. Wie im Hinblick auf die autoritative Erziehung aufgezeigt worden ist, ist die sachliche Begründung das Medium zu Wachstum, Autonomie und Mündigkeit.

Für Hobmair (1996) ist erzieherische Förderung ohne sachlich begründete Autorität undenkbar. Sachlich begründete Autorität

> „(...) verbreitet Einsicht und Akzeptierung der Anweisungen und Bestimmungen, Achtung vor dem Erzieher und seinen Anforderungen sowie Vertrauen und emotionale Wärme ihm gegenüber" (Hobmair, 1996, S. 86).

Auf dem Weg von der Psychoanalyse zur themenzentrierten Interaktion wird für Ruth Cohn (1997) die Sachebene zunehmend wichtiger. Neben dem „Ich" (der Persönlichkeit) und dem „Wir" (der Gruppe) bildet das *„Es" als Thema* (Sachaspekt) den dritten Pol. Diese Dreieckspunkte bilden eine einfache in Balance stehende Struktur:

> „Der Reichtum dieser einfachen Struktur wird offensichtlich, wenn man die komplexe Natur des Ichs als eine psycho-biologische Einheit ansieht, das Wir als Zwischenbeziehung aller Gruppenmitglieder, und das Thema als die unendliche Kombination aller in Frage kommenden konkreten und abstrakten Faktoren" (Cohn, 1997, S. 114).

Zur Aufgabe jeder Lehrperson gehört in erster Linie die Lehre, d.h. die Vermittlung von Sachkenntnissen. Sie ist u.a. angehalten, sich gewissenhaft vorzubereiten und den Unterricht zielgerichtet, abwechslungsreich und stufengerecht zu gestalten (§ 81, Gesetzessammlung zur Volksschule, Kanton Zürich, 1998). Wie eingangs erörtert, erweist sich die Aufgabe der Wissensvermittlung zunehmend als schwierig. Durch die Pluralisierung und Dynamisierung des Wissens steht die Lehrperson vor der Unmöglichkeit, in den verschiedensten Wissensgebieten den Überblick zu gewinnen und zu bewahren. Sie weiss nicht unbedingt in jeder Sparte mehr als die Schülerinnen und Schüler (vgl. Ziehe, 1996, S. 145 f.), welche ausserschulisch diverse Gelegenheiten haben, sich in einem Gebiet zu spezialisieren. Somit ist für Lehrerinnen und Lehrer schwerer zu bewerkstelligen, Autorität durch einen Wissensvorsprung zu legitimieren. Diese Schwierigkeit könnte Anlass sein, den Umgang mit Wissen neu zu überdenken. Geissler & Wollersheim sprechen von einer begleitenden Funktion:

> „Bildung als Prozess der Aneignung von Welt im Medium Kultur bedarf der Begleitung durch Autorität. Diese Aussage bezieht ihre Berechtigung aus der psychologischen Situation des Lernenden, der in der Konfrontation mit neuen Sachverhalten und Problemzusammenhängen ja stets auch eine kognitive Verunsicherung erfährt, die nicht ohne Einfluss auf seine personale Stabilität bleibt" (Geissler & Wollersheim, 1991, S. 913).

Autorität wird auch bei einer veränderten Form der Wissensvermittlung wichtig sein. Gefragt sind neben den fachlichen vor allem pädagogische, psychologische und didaktisch-methodische Fähigkeiten. Beim Prozess der Aneignung von Welt, durch direkte oder indirekte Wissensvermittlung, übernimmt die Lehrperson eine Metafunktion. Nach Geissler & Wollersheim gehört auch die Lenkung von Lernprozessen dazu:

> „Organisierte Lernprozesse, deren Notwendigkeit nicht in Zweifel gezogen werden kann, beinhalten stets Elemente der Lenkung – und sei es in der Form didaktisch aufbereiteten Materials (...)" (Geissler & Wollersheim, 1991, S. 914).

Bochenski (1974) unterscheidet eine deontische – *Wert- und Sollensautorität* – von der epistemischen Autorität. Die Erstere beruht auf dem Glauben an die Berechtigung von Werten, Forderungen und Befehlen. Letztere, die epistemische *Erkenntnis- und Wissensautorität,* hat ihre Funktion in der Sach- und Weltorientierung und gründet auf dem Vertrauen in die Richtigkeit von Aussagen, Behauptungen und Feststellungen. Problematisch wird die Sachautorität dann, wenn „etwa in riskanten technischen Zusammenhängen, Sachanweisungen nur noch aus Eigen- oder Überlebensinteresse vertraut und gehorcht wird" (Mendel, 1973, S. 43). Deontische und epistemische Autorität sind faktisch miteinander verwoben, so dass auch in der Wissensvermittlung – durch die deontische Autorität – die Verantwortung zum Tragen kommt.

Im Sachverhalt des Autoritätsverhältnisses liegt eine weitere Schwierigkeit. Durch die Sachkenntnis – für Hannah Arendt die Qualifikation der Lehrperson – ist die Autoritätsperson einerseits in der Lage, die Lernenden in neue Sachgebiete einzuführen und ihnen darin eine Orientierungshilfe zu bieten. Als Welt-Verantwortliche übernimmt sie die Vermittlungsfunktion. Andererseits bestimmt und prägt die Autoritätsperson durch ihre Auslegung der Welt- und Sachverhalte die Schülerinnen und Schüler und wirkt dogmatisierend. Es besteht dadurch die Gefahr, perspektivische Weiterentwicklungen zu verhindern. Geissler (1970, S. 152; vgl. Geissler, 1967) beschreibt diese Ambivalenz folgendermassen:

„Mit dem Sachverhalt perspektivischen Denkens eng verbunden zeigt sich eine für das Autoritätsproblem so strapaziöse wie wichtige Ambivalenz:

Satz 1: Weil Lehre als Einführung und Orientierungshilfe unerlässlich ist, kann auch auf vermittelnde Funktionen von Autorität nicht prinzipiell verzichtet werden. Deshalb sind mit aller Lehre Autoritätsphänomene untrennbar verknüpft.

Satz 2: Lehre hat in sich die fatale Tendenz, durch Vor-Interpretation Lernende im vorläufigen Verständnis (Vor-Urteil) von Sachverhalten zu verfestigen und dadurch die Offenheit gegenüber perspektivischen Weiterentwicklungen zu verdecken. Weil Lehrautoritäten dogmatisierend wirken, seien sie aus Lernprozessen auszuschalten.

Ohne Zweifel hat These 1 wie These 2 ihre Berechtigung. Eben diese Ambivalenz bezeichnet deshalb auch die Spannung im Verständnis von Autorität, die generell d.h. definitorisch nicht gelöst werden kann, sondern eine immer situationsangemessene Bewertung erfordert" (Geissler, 1970, S. 153).

Mit diesem Autoritätsdilemma (orientierungshelfend – dogmatisierend) haben Lehrpersonen zu leben. Von ihnen sind Fähigkeiten wie Weitblick und Klarheit gefordert, damit sie situationsangemessene Einschätzungen vornehmen und dementsprechend handeln können.

4 Pädagogische Autorität: Eine Annäherung durch acht Kompetenzen

Zu der Pädagogischen Autorität kann noch in anderer Weise Zugang gefunden werden. Im Folgenden soll eine Annäherung an das Konstrukt ‚Pädagogische Autorität' durch verschiedene Kompetenzen erfolgen. Ausgehend von den Arbeitsbereichen der Lehrperson, in denen die Arbeitskompetenz zum Ausdruck kommt, besser gesagt, umgesetzt wird, wird der Versuch unternommen, die Arbeitsbereiche heutiger Lehrkräfte zu orten und daraus die Kernkompetenzen abzuleiten.

Wie oben besprochen, sind beim pädagogischen Autoritätsverhältnis sowohl die Lehrperson als auch die Schülerinnen und die Schüler Mitgestaltende. Die Lehrperson hat Autorität und/oder beansprucht Autorität in Form von Arbeitskompetenz und die Lernenden leisten den Akt der Zuschreibung, d.h., sie anerkennen die Kompetenz der Lehrerin oder des Lehrers.

4.1 Arbeitskreise der Lehrperson

Für die Beschreibung der Arbeitskreise bildet die Untersuchung des Landesinstituts für Schule und Weiterbildung in Soest, der grösste Versuch der letzten Jahre, den Bedarf und die Bedürfnisse nach Ausbildung aus mehreren Perspektiven zu erfassen, die Grundlage (s. bes. Haenisch, 1992; Fend, 1994; Fend 1998). Aus den verschiedenen Untersuchungen hat sich als Synthese folgendes Lehrerinnen- und Lehrerleitbild herauskristallisiert, welches auf folgenden vier Arbeitskreisen basiert (Fend, 1998, S. 348):

Im ersten Aufgabenkreis stehen nach wie vor die *fachlich-didaktischen Aufgaben* der Lehrperson. Es gehört zum Pflichtenheft jeder Lehrperson, einen guten Unterricht in den von ihr vertretenen Fächern zu halten. Guter Unterricht „besteht weiterhin in einer systematischen inhaltlichen Strukturierung, in der die Begriffe klar, die Beziehungen deutlich und die Sachverhalte durchschaubar sind. Daneben ist guter Unterricht methodisch abwechslungsreich, er enthält wenig Leerlauf und bezieht möglichst alle Schüler ein" (Fend, 1998, S. 348). Wichtig ist auch eine gute Schulatmosphäre und die langfristige Einübung von Arbeits- und Lernhaltungen. Mit diesem Arbeitskreis wird ein Grossteil der Aufgaben auch heute abgedeckt.

Der zweite Aufgabenkreis beinhaltet vor allem entwicklungs- und lernpsychologische Aufgaben der Lehrkräfte. Gefragt ist die Fähigkeit zur Begabungs- und Leistungseinschätzung sowie zur Einschätzung der Lernstile, der Persönlichkeitsmerkmale und der Individualität (Fend, 1998, S. 349). Auch ist es mehr denn je vonnöten, dass die Lehrerinnen und Lehrer mögliche Problemverhalten im Auge haben, die auf Psychopathologien beruhen. Nicht zu vergessen ist die Aufgabe, die soziale Dynamik in der Schulklasse zu erkennen und sie auch mitzugestalten. Insgesamt ist hier der *pädagogisch-psychologische Bereich* angesprochen.

Im dritten Aufgabenkreis geht es darum, dass sich die Lehrperson über ein hohes Mass an Sozialkompetenz und politische Kompetenz ausweisen kann. Gefragt ist ein ausgeprägtes Geschick in der Gesprächs- und Verhandlungsführung mit den Vertreterinnen und Vertretern der verschiedenen Bezugsgruppen wie mit Behörden, mit dem Kollegium und mit den Eltern. Es geht darum, dass Lehrpersonen Beziehungen aufnehmen und pflegen können und dass sie die realen Lebenskonstellationen der verschiedenen Bezugsgruppen kennen. Im Mittelpunkt stehen hier im weitesten Sinne *soziale und politische Aufgaben*.

Der vierte Aufgabenkreis bezieht sich auf die Lehrperson selbst. „Der Lehrer muss ein reflektiertes Verhältnis zu sich selbst entwickeln" (Fend, 1998, S. 350), da die Lehrperson vermehrt der Kritik und sehr divergenten Ansprüchen ausgesetzt ist. Das Idealbild wird in der mündigen Lehrperson gesehen, die selbständig handelt und entscheidet, aber auch sich selbst in Frage stellt und korrigiert. Hier ist von der Lehrperson eine *explizite Identitätsarbeit* gefragt, um zu einer authentischen Haltung in der Berufsrolle zu kommen. Lehrerinnen und Lehrer sollten sowohl aufgrund einer ausgeprägten Selbstsicherheit als auch aufgrund eines gesunden Orientierungsvermögens dem öffentlichen Auftrag entsprechen (vgl. Fend, 1994, S. 29-31).

Aus den vier Aufgabenkreisen ergibt sich für Fend eine gewisse „Hierarchie der Kompetenzen" (1998, S. 348-351):
1. Fachkompetenz und didaktische Kompetenz
2. Pädagogische und psychologische Kompetenz
3. Sozialkompetenz und politische Kompetenz
4. Persönliche Kompetenz

Für die vorliegende Arbeit, für den Versuch einer Annäherung der Kompetenzen an die ‚Pädagogische Autorität‘, macht eine weitere Differenzierung der Kompetenzbereiche durchaus Sinn. Ausgehend von Fends Arbeitskreisen werden im Folgenden die Kernkompetenzen der Lehrperson hinsichtlich des pädagogischen Autoritätsverhältnisses eruiert.

Vorerst soll jedoch dem Begriff ‚Kompetenz‘ Aufmerksamkeit geschenkt werden. Seit dem 19. Jahrhundert wird ‚Kompetenz‘ mit *Zuständigkeit, Fähigkeit, Sachverstand* umschrieben (Pfeifer, 2000). Mit Kompetenz werden persönliche Voraussetzungen für Verhalten und Erlebnisweisen bezeichnet. Dabei kann sie nur aus einer bestimmten Regelmässigkeit des Verhaltens und Erlebens erschlossen werden. Die Kompetenz selbst „ist nicht sichtbar; aber es ist auch nicht nötig, dass das betreffende Verhalten jederzeit gezeigt oder das Erleben aktualisiert wird, die Kompetenz dafür kann doch (noch oder schon) vorhanden sein" (Flammer, 1996, S. 19). Dieses sehr weitgefasste Konzept der Kompetenz beinhaltet auch Kenntnisse und Erfahrungen, welche sich auf späteres Verhalten und Handeln auswirken;

zum Beispiel: „Eine Auslandreise kann das ganze Leben verändern, d.h. zur Voraussetzung für langfristige veränderte Einstellungen, Stellungnahmen und Handlungen werden" (Flammer, 1996, S. 19).

4.2 Herleitung der acht Kompetenzen

Von den besprochenen Arbeitsbereichen lassen sich nun folgende Kompetenzen ableiten:

Fends erster Bereich beinhaltet die Fachkompetenz und die didaktische Kompetenz. Für die Untersuchung drängt sich die Unterteilung in *Fachkompetenz* und *Didaktisch-methodische* Kompetenz auf. Bei der Letzteren soll die Methodenkompetenz explizit benannt werden.

Im zweiten Aufgabenkreis nennt Fend die pädagogisch-psychologische Kompetenz. Darin werden entwicklungspsychologische, persönlichkeits- und begabungsspezifische Kenntnisse und Einschätzungen der Lehrperson angesprochen. Dieser zweite Bereich soll im Rahmen dieser Arbeit in erzieherische und diagnostische Kompetenz aufgeteilt werden. Die *Erzieherische Kompetenz* soll die spezifischen Erziehungsaufgaben der Lehrperson erfassen. Die *Diagnostische Kompetenz* beinhaltet die entwicklungspsychologischen, persönlichkeits- und begabungsspezifischen Einschätzungen. Die ebenfalls in diesem Bereich von Fend genannte Sozialkompetenz – wie Eingehen auf die komplizierten sozialen Zusammenhänge in der Klasse – wird Gegenstand des dritten Aufgabenkreises sein.

Mit dem dritten Arbeitskreis spricht Fend die Sozialkompetenz und die politische Kompetenzen an. In diesem Bereich sollen die *Sozio-emotionale Kompetenz* und die *Kommunikative Kompetenz* im Mittelpunkt stehen. Es geht um die Kompetenz – wie vorher angesprochen –, die soziale Dynamik in der Schulkasse zu erkennen und sie mitzugestalten (Fend, 1998, S. 350) sowie um die Fähigkeit, eine emotionale, gemeinschaftsstiftende Atmosphäre zu fördern. In diesem Zusammenhang ist auch die kommunikative Kompetenz von Bedeutung wie „Verhandlungsgeschick und Geschick in der Gesprächsführung" (Fend, 1998, S. 350). Dabei darf die Konflikt- und Kooperationsfähigkeit nicht vergessen werden. Die politische Kompetenz der Lehrperson wird in dieser Arbeit (wenn überhaupt) nur am Rande erwähnt.

Im vierten Arbeitskreis stehen persönliche Kompetenzen im Mittelpunkt. Nach Fend muss die Lehrerin, der Lehrer ein reflektiertes Verhältnis zu sich selbst entwickeln. Hier steht die persönliche Auseinandersetzung im Vordergrund, wie der Umgang mit den divergierenden Ansprüchen oder eine „explizite Identitätsarbeit, um zu einer authentischen Haltung in der Berufsrolle zu kommen" (Fend, 1998, S. 350). In der folgenden Untersuchung beinhaltet dieser vierte Bereich die *Persönliche Kompetenz* und die *Handlungskompetenz*. Letztere ist für den Lehrberuf sehr zentral, sei es im Sinne einer Rollenkompetenz und der daraus resultierenden situativen Handlungskompetenz. Der folgende Abschnitt zeigt folgende Auffächerung der Kompetenzbereiche.

4.3 Die acht Kompetenzbereiche

Für den weiteren Verlauf dieser Arbeit stehen acht Kompetenzbereiche im Mittelpunkt: Fachkompetenz, Didaktisch-methodische Kompetenz, Erzieherische Kompetenz, Diagnostische Kompetenz, Sozio-emotionale Kompetenz, Kommunikative Kompetenz, Persönliche Kompetenz und Handlungskompetenz (vgl. Graphik 4.1). In den folgenden Ausführungen werden die Kompetenzen beleuchtet und vor allem auf ihre Relevanz hin untersucht.

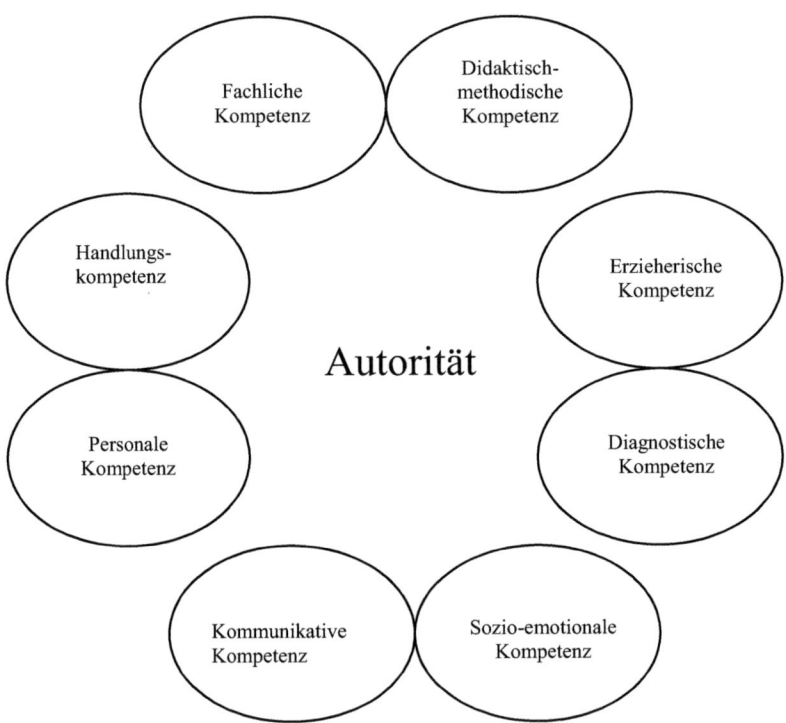

Graphik 4.1: Die acht Kompetenzbereiche

4.3.1 Fachkompetenz

Wie in Kapitel 3 dargelegt, bildet die Sachkompetenz ein wichtiges Standbein im pädagogischen Dreieck. Sie öffnet das pädagogische Autoritätsverhältnis nach aussen (zur Welt) und bringt die eigentliche Objektivierung (Herzog, 1991a, S. 423) für ein fruchtbares Erziehungsgeschehen. Die Fachkompetenz gehört unumstritten zum Kompetenzprofil jeder Lehrperson (Fend, 1998; Bromme, 1997; Weinert, 1996). Bei Fend nimmt sie mit der didaktischen Kompetenz den ersten Platz ein. Hat eine Person eine hohe Fach- oder Sachkompetenz, wird auch von Fach- oder Sachautorität gesprochen. Für Rombach & Krüger (1977) ist die Fachautorität eine unter verschiedenen Autoritätsarten (vgl. Böhm, 2000; Köck, 1994) Reichwein, 1989; Ipfling, 1974; Wehle, 1973). Die Fachkompetenz hängt unmittelbar mit der Lehre oder dem Lehrauftrag zusammen. Die Schülerinnen und Schüler sollen in einem bestimmten Fachgebiet unterrichtet werden, in welchem die Lehrperson fachkundig – also Expertin oder Experte ist; daraus wird auch die Expertenautorität abgeleitet. Jirasko spricht vom Fachmann, der über Fachkenntnisse verfügt, aktuelles Fachwissen besitzt und diesbezüglich alle Fragen beantworten kann (Jirasko, 1994, S. 222).

Bromme weist auf den Zusammenhang von Fachwissen und Unterrichtserfolg hin: „Es scheint unmittelbar evident zu sein, dass Lehrer über genügend curriculares Fachwissen verfügen müssen, um erfolgreich Unterricht durchführen zu können" (Bromme, 1997, S. 194). Der Unterrichtserfolg kann sich in unterschiedlicher Weise einstellen. „Fachliche Kenntnis beeinflusst die Qualität von Erläuterungen (Roehler et al., 1987) und sie beeinflusst die Fähigkeit von Lehrern, Beiträge von Schülern, die nicht genau auf der ihnen intendierten Bedeutungslinie liegen, in den Unterricht einzubinden (Hashweh, 1987)" (Bromme, 1997, S. 194). Im Weiteren verdeutlicht Carlsen (1987, in Bromme, 1997) in seiner Studie, dass bei Unterrichtsthemen, in denen sich Lehrpersonen gut auskennen, die Lernenden mehr sprechen, sich häufiger spontan melden und längere Beiträge geben. Durch die Art und Weise der Fragestellungen teilen die Lehrpersonen den Schülerinnen und Schülern etwas über ihr Interesse und ihre Begeisterung am Fachinhalt und damit über ihre verdeckten Verhaltenserwartungen mit.

Doebey und Schafer (1984, in Bromme, 1997) zeigen in einer Untersuchung, dass offensichtlich nur Lehrpersonen mit guten Fachkompetenzen ausreichendes Selbstvertrauen besitzen, um den Unterrichtsfortgang auch dann noch steuern zu können, wenn die Lernenden neue Wege gehen, um den Stoff zu erarbeiten.

Mayr, Eder & Fartacek (1991, 1987) suchen Strategien für disziplinbezogenes Handeln. Zur Erreichung guter Disziplin betonen sie mit der Dimension „korrektes, sachorientiertes Handeln" die Sachebene des Unterrichts. Die Hilfen oder Strategien manifestieren sich laut Autoren im logischen Aufbau, in der Klarheit bezüglich der Lernziele und Aufgaben, in der fachlichen Qualifikation und in den Leistungsanforderungen (vgl. Mayr et al., 1987, S. 138). In der Studie von 1991 werden von den Schülerinnen und Schülern für erfolgreiche Lehrkräfte folgende

Strategien zum Typ ‚Fachliches Lernen' angegeben: ‚Fachlich qualifiziert sein',
‚Klarheit über Lernziele und -aufgaben schaffen', ‚Selbstbewusstsein und
Optimismus der Lehrperson' (Mayr et al., 1991, S. 52).

In der Studie von Weinert, Schrader & Helmke (1990) ist das Sachwissen eine
von vier Subdomänen des pädagogisch-psychologischen Expertenwissens (an erster
Stelle). Gemeint ist das Wissen über die zu lehrenden Inhalte.

In Anlehnung an Bromme (1997) umfasst die Fachkompetenz fachliches
Wissen, curriculares Wissen und die Philosophie des Schulfaches (Bromme, 1997,
S. 196).

4.3.2 Didaktisch-methodische Kompetenz

Im engen Zusammenhang mit der Fachkompetenz steht die didaktisch-methodische
Kompetenz. Oft ist diese in der Fachkompetenz mitgemeint (Fend, 1998; Mayr,
Eder & Fartacek, 1987). In der Tat durchwirken sich beide Kompetenzbereiche und
bedingen sich auch gegenseitig. „Erst die Passung der Unterrichtsform mit dem
Lerninhalt, z.B. beidseitig hohe Strukturierung, wirkt lernfördernd" (Bromme,
1997, S. 189). Für das Folgende wird die Didaktisch-methodische Kompetenz als
Eigenbereich betrachtet. Didaktik, basierend auf der „Was-Frage", kümmert sich
vor allem um Inhaltsentscheidungen. Reusser beschreibt diese als pädagogische
Konstruktion und Auswahl der Lehrinhalte sowie pädagogische Reflexion der
Bildungsgehalte. Seine Beschreibung umfasst auch die Frage nach dem Bildungs-
sinn. Mit der Didaktik verbunden sind methodische Fragen. Methodik beinhaltet
mehr die „Wie-Frage", d.h., es geht um Arrangements der Unterrichts- und Ver-
mittlungsprozesse, aber auch um Choreographie, Design, Inszenierung, methodische Organisation, Steuerung von Lehren und Lernen (vgl. Reusser, 1995). Mit
diesen beiden Aufgaben ist eine weitere verbunden, nämlich diejenige der
Klassenführung. Durch die Gestaltung des Unterrichts übernimmt die Lehrperson
umweigerlich auch die Führung einer Lerngemeinschaft, einer Klasse.

Bromme weist auf die Organisation der Unterrichtszeit hin: „Die Organisation
des Arbeitsablaufes und die gemeinsame Erarbeitung des zu lernenden Wissens
erfordern die Strukturierung und Nutzung von Zeit" (Bromme, 1997, S. 192).

Verschiedene Untersuchungen geben Empfehlungen für die Unterrichtsgestaltung:

Aus Kounins Untersuchung mit der Fragestellung nach „Techniken der
Klassenführung" (1976) ergeben sich klare Strategien für eine effiziente Klassenführung:

„(1) Allgegenwärtigkeit und Überlappung (Fähigkeit des Lehrers, den Schülern
     mitzuteilen, dass er über ihr Verhalten informiert ist, und sein Geschick, bei
     zwei gleichzeitig auftretenden Problemen beiden simultan seine Aufmerk-
     samkeit zuzuwenden);

(2)   Reibungslosigkeit und Schwung (Fähigkeit des Lehrers, den Unterrichtsablauf besonders bei Änderungen und an Übergangsstellen kontinuierlich zu steuern);

(3)   Gruppenmobilisierung (Konzentration auf die Gruppe als Ganzes, auch wenn sich der Lehrer mit einzelnen Schülern intensiver beschäftigt);

(4)   Intellektuelle Herausforderung durch Inhalt und Art des Unterrichts;

(5)   Abwechslung und Herausforderung bei der Stillarbeit" (Kounin, 1976, S. 8).

Andere Untersuchungen bestätigen die meisten Ergebnisse (vgl. Bromme 1997, S. 189).

In Gruehns Studie (1995) zur Vereinbarkeit von kognitiven und nichtkognitiven Zielen im Unterricht begünstigen unter anderem eine effiziente Unterrichtsführung, ein niedriges Unterrichtstempo und ein eingeschränkter Einsatz schülerorientierter Unterrichtsformen eine multikriteriale Zielerreichung (Gruehn, 1995, S. 546).

Für Urban (1994) sind folgende Unterrichtskompetenzen „im klassischen Sinn" während der Unterrichtstätigkeit wichtig:

„1.   *Aktivierung der Schüler* (z.B. durch Repräsentation der Wirklichkeit, Medieneinsatz, eigenverantwortliches Lernen, Kreativitätsförderung, Einbeziehung kindlicher Denkweisen (...)).

2.   *Erfolgssicherung* (z.B. durch Berücksichtigung diverser Lerngesetzlichkeiten, ausreichende Übung (...)).

3.   *Differenzierung* (z.B. Berücksichtigung individueller Lernvoraussetzungen (...)).

4.   *Sprechkompetenz* (z.B. Sprechtempo, Artikulation (...)).

5.   *Emotionale Zuwendung* (z.B. Ausmass an Achtung, Wärme, Rücksichtnahme, Echtheit, einfühlendes Verstehen (...))" (Urban, 1994, S. 145).

Viele Autoren wünschen sich von den Lehrpersonen ein solides Methodenrepertoir (vgl. Weinert, 1996; Gasser, 1995; Krapf, 1993). Gleichzeitig wird ein „Aufbruch zu einer neuen Lernkultur" (Krapf, 1993) wahrgenommen, begünstigt oder auch herbeigesehnt. Für Gasser (1995) ist die Erneuerung der Lernkultur ein langsamer Prozess. Denn auch in diesem Bereich gehen Moden rasch vorbei; sie verschwinden, wie sie kommen. Bei der Erweiterung der Lehrformen scheint es sich jedoch um tiefgreifende und langfristige Aufbauprozesse zu handeln (Gasser, 1995, S. 7). Weinert plädiert für die Kombination unterschiedlichster Unterrichtsformen:

„(...) Aus solchen und anderen Befunden lässt sich ein Plädoyer für die Kombination unterschiedlicher, sowohl lehrer- als auch schülerdominierter Unterrichtsformen ableiten. Gute Lehrer beherrschen in professioneller Weise verschiedene Varianten des Lehrens, um ihren Unterricht in mehrkriterialer Weise erfolgreich zu machen" (Weinert, 1996, S. 147).

Laut Weinert können Lehrerinnen und Lehrer „auf eine sehr unterschiedliche, aber nicht beliebige Art und Weise gleichermassen guten und erfolgreichen Unterricht halten" (Weinert, 1996, S. 143).

4.3.3 Erzieherische Kompetenz

Erziehung ereignet sich vorwiegend im Elternhaus; sie setzt sich jedoch in der Öffentlichkeit fort, so auch in der Schule. Erzieherische Kompetenz – auch Pädagogische Kompetenz – gehört somit zum Arbeitskreis jeder Lehrperson; sie hängt mit der Pädagogischen Autorität unmittelbar zusammen. Wie in Kapitel 3 beschrieben, steht im Mittelpunkt des Erziehungsgeschehens die Frage nach dem richtigen Mass zwischen Lenkung und Freiheit im Hinblick auf die Mündigkeit des jungen Menschen. Diese Aufgabe kann verschieden gelöst werden.

Die Art und Weise des Erziehungsverhaltens (in der Schule) ist sowohl in geisteswissenschaftlicher Tradition als auch empirisch untersucht worden. Die empirisch-pädagogische Unterrichtsstilforschung hat sich in enger Anlehnung an die Studien zum Führungsstil von Lewin und seinen Mitarbeitern weiterentwickelt (Heidbrink & Lück, 1989). In den Jahren 1939/40 hat diese Forschungsgruppe Führungsstile und Gruppenverhalten in anschaulicher Weise operationalisiert, so den *autokratischen* (autoritären), den *demokratischen* Führungsstil und das *Laissez-faire* (Lippitt & White, 1973). Die Autoren stellen fest, dass autoritäres Führungs-verhalten gruppeninterne Aggressivität und Rivalität steigert.

Im schulischen Kontext untersuchen Anderson et al. (1945, in Heidbrink & Lück, 1989) Verhaltensstile von Lehrern und deren Auswirkungen auf die Lernen-den in realen Situationen und unterscheiden darin den *dominanten* und den *inte-grativen* Erziehungsstil (vgl. Heidbrink & Lück, 1989). Dominantes Verhalten löst laut Studie Widerstände und Verhaltensauffälligkeiten aus, was wiederum die Dominanz der Lehrperson verstärkt. Integrative Verhaltensweisen der Lehrperson wirken sich hingegen positiv auf die Lernenden aus.

Tausch & Tausch (1971) unterscheiden drei Erziehungsstile, den autokratischen (autoritären), den sozialintegrativen (demokratischen) und den Laissez-faire-Stil. Später ersetzen die beiden das Erziehungsstilkonzept durch das Konzept der faktorenanalytisch gewonnenen Dimensionen des Erziehungsverhaltens. Sie arbeiten mit zwei Dimensionen. Die *emotionale Dimension* beinhaltet Wert-schätzung, emotionale Wärme und Zuneigung versus Geringschätzung, emotionale Kälte und Abneigung. Die *Lenkungsdimension* misst von starker bis minimaler Lenkung, etwa Permissivität, Autonomie-Gewähren, minimale Kontrolle. Tausch & Tausch ergänzen später den dimensionsanalytischen Ansatz um die ‚förderlichen Dimensionen' (Achtung – Wärme – Rücksichtnahme) und die ‚wenig förderlichen Dimensionen' (Dirigierung – Lenkung).

Für Heidbrink & Lück liegt eines der Grundprobleme der Erziehungsstil-forschung in der Frage der Wertfreiheit oder -neutralität:

> „Vor allem an der empirisch-analytischen Wissenschaftsauffassung orientierte Forscher klammern Entscheidungen über Zielsetzungen erzieherischen Handelns meist völlig aus und weisen diese anderen, ausserwissenschaftlichen Instanzen zu" (Heidbrink & Lück, 1989, S. 479).

Wie bereits beschrieben, geben uns Herzog (1991a) und Baumrind (1989) wichtige Hinweise über Zielsetzungen erzieherischen Handelns. Erzieherische Kompetenz zeigt sich nach Herzog vor allem in der *Haltung*, im *Umgang* und in der *Kontrolle* gegenüber jungen Menschen (Herzog, 1991a, S. 416-420).

In der Frage der Haltung ist die *emotionale Zuwendung* von zentraler Bedeutung für eine konstruktive Erziehung. Sie fördert und begünstigt ein Klima für den Umgang mit den verschiedensten Gefühlen: Wut, Angst, Freude, Liebe, Scham, Schuld, Hass u.a.; sie ist auch eine wesentliche Voraussetzung für die Entwicklung eines positiven Interesses an anderen Kindern (Herzog, 1991a, S. 416, 417).

In der Art des Umgangs werden zwei verschiedene Praktiken unterschieden: die des Liebesentzuges und die der Induktion. Unter *Liebesentzug* fällt, das Kind ignorieren, es ärgerlich anschreien und ihm die Zuwendung entziehen. Der *induktive Erziehungsstil* enthält Verhaltensweisen wie Formulieren der Gefühle, Erklären des erzieherischen Verhaltens oder das Kind auf die Folgen seines Verhaltens aufmerksam machen (Herzog, 1991a, S. 417 f.).

Wie bereits in Abschnitt 4.1 beschrieben, kann auch die Kontrolle verschieden gehandhabt werden (Baumrind, 1989): autoritär, autoritativ oder permissiv. Mit den Worten Herzogs:

> „Autoritäre Bezugspersonen verlangen die bedingungslose Unterordnung unter ihre Forderungen. Ihre Autorität ist *personal* motiviert. Auch autoritative Eltern sind „autoritär", doch ihre Autorität ist sachlich begründet. Insofern verwenden autoritative Eltern induktive Erziehungspraktiken (Baumrind 1967, p. 80). Permissive Eltern wollen weder personal noch sachlich autoritär sein" (Herzog, 1991a, S. 420).

Wie weiter oben dargelegt, wirkt sich insgesamt der autoritative Erziehungsstil – im Gegensatz zu autoritärem und permissivem Verhalten – am positivsten auf die Entwicklung junger Menschen aus. Autoritatives Erziehungsverhalten korreliert mit sozialer Verantwortung und Unabhängigkeit der Kinder (Baumrind, 1973, S. 30). Dieser Erziehungsstil befähigt die Bezugspersonen, sich an die entwicklungsgemässen Veränderungen der Kinder anzupassen, während autoritär und permissiv orientierte Erzieherinnen und Erzieher dies nicht können oder nicht wollen (Baumrind, 1973, S. 42).

4.3.4 Diagnostische Kompetenz

Die diagnostische Kompetenz gehört für verschiedene Autorinnen und Autoren zu den zentralen Fähigkeiten des Lehrberufs (Fend, 1998; Bromme, 1997; Weinert, 1996; Gruehn, 1995). Mit dieser Kompetenz ist die Fähigkeit zur Einschätzung, und zwar in unterschiedlichen Bereichen, angesprochen: im Sozial- wie im Leistungsbereich, im Hinblick auf die Persönlichkeit und die Entwicklung der Schülerinnen und Schüler sowie deren Lernstrategien u.a. Somit steht sie im engen Zusammenhang mit den anderen Kompetenzen wie mit der fachlichen, der didaktischen und der erzieherischen. Die diagnostische Kompetenz ist eine wichtige Komponente der Lehrerinnen- und Lehrerautorität, welche das Handeln beiderseits bestimmt.

Für Fend (1998) liegt das Hauptaugenmerk der Lehrperson in der Fähigkeit der Begabungs- und Leistungseinschätzung. Dabei müssen die entwicklungspsychologischen Besonderheiten der jeweiligen Schülerinnen und Schüler berücksichtigt werden. „Daneben konzentrieren sich die Lehrerkompetenzen in diesem Aufgabenkreis auf die Einschätzungsfähigkeit der Individualität der Schüler, der Lernstile, der jeweiligen Persönlichkeitsmerkmale" (Fend, 1998, S. 349).

Zu den vier subjektiven Voraussetzungen erfolgreicher Anforderungsbewältigung der Lehrpersonen gehört laut Bromme (1997) auch die diagnostische Kompetenz. Das Mass für die diagnostische Kompetenz kann laut Autor als „Ausmass der Übereinstimmung des Lehrerurteils mit dem tatsächlichen Testergebnis" (Bromme, 1997, S. 200) gedeutet werden. Neben der Leistungseinschätzung gehören für ihn die Wahrnehmung der individuellen Fehlvorstellungen, Lernstrategien und Verständnisschwierigkeiten und ihr Bezug zur kognitiven Entwicklung der Schülerinnen und Schüler dazu. Zu bemerken ist jedoch, dass Einschätzungen einzelner Lernenden beim Unterrichten ganzer Klassen eher schwieriger sind. Diese Interpretation wird unterstützt durch „Befunde zur Validität retrospektiver Zeiteinschätzungen von Lehrern, die recht gut ist, wenn der Adressat der Handlung in der zu schätzenden Zeitspanne die ganze Klasse war, sehr schlecht, wenn es einzelne Schüler waren, (...)" (Bromme, 1997, S. 202).

Auch für Weinert (1996) ist die – in Fleisch und Blut übergegangene – diagnostische Kompetenz eine unabdingbare Qualität der Lehrperson. Er sieht diese Kompetenz vor allem im Leistungsbereich und im engen Zusammenhang mit der didaktischen Kompetenz. Schrader (1989, in Weinert, 1996) weist in einer Untersuchung nach, dass Lehrpersonen mit sehr guten diagnostischen Kompetenzen, jedoch mit schlechten didaktischen Fähigkeiten schlechter abschneiden als Lehrerinnen und Lehrer, die weder über die eine noch über die andere Kompetenz verfügen. „Nur die Kombination von diagnostischen und didaktischen Kompetenzen auf Seiten des Lehrers führte zu überdurchschnittlichen Schülerleistungen" (Weinert, 1996, S. 144).

Gruehn (1995) unterscheidet für die multikriteriale Zielerreichung im Unterricht eine diagnostische Kompetenz im Sozial- sowie im Leistungsbereich. Letztere ist neben anspruchsvollem Üben, zügigem Voranschreiten im Unterrichtsstoff und eingeschränkter Partizipation der Schülerinnen und Schüler für die Leistungsentwicklung bedeutsam (Gruehn, 1995, S. 539). Die sozial-diagnostische Kompetenz spielt dann eine bedeutende Rolle, wenn Klassen mit positiv kognitiver aber negativ affekt-motivaler Entwicklung, mit Klassen negativ kognitiver aber positiv affekt-motivaler Entwicklung, verglichen werden. Das Unterrichtsmerkmal „sozialdiagnostische Kompetenz" ist bei der letzteren Gruppe signifikant ausgeprägter (Gruehn, 1995, S. 544).

Carr & Kurtz (1994) untersuchen Einschätzungen von Lehrpersonen gegenüber ihren Schülerinnen und Schülern auf Genauigkeit und Voraussagekraft. Die Einschätzungen beziehen sich auf akademische Fähigkeiten, Metakognitionen, Selbstkonzept und Zuschreibungsglaube hinsichtlich der Begründung für Erfolg und Misserfolg. Die Untersuchung zeigt, dass Lehrerinnen und Lehrer die akademischen Fähigkeiten und die Metakognitionen recht gut einschätzen, hingegen sind beim Zuschreibungsglauben und beim Selbstkonzept die Einschätzungen ungenau (Carr & Kurtz,1994, S. 272).

4.3.5 Sozio-emotionale Kompetenz

Für unser Verständnis der sozio-emotionalen Kompetenz stehen sozialemotionale bzw. motivationale Aspekte im Hinblick auf die Gestaltung einer „humanen Schule" im Vordergrund (vgl. Jerusalem, 1997). Die Lehrperson braucht diese wichtige Kompetenz, um die soziale Dynamik in der Schulklasse zu erkennen und mitzugestalten (vgl. Fend, 1998). Im Wesentlichen geht es um die Förderung von Gemeinschaft und einer guten Schulatmosphäre.

Die Aufgabe der Sozialisation des Kindes und einer Gruppe lief in den 70er-Jahren unter dem Begriff des *sozialen Lernens*. Heute besteht sowohl gegenüber dem Gebrauchswert des Begriffs als auch den sozialerzieherischen Möglichkeiten der Schule eher Skepsis. Auch wenn sich die Bedeutung des Begriffs verändert hat, ist aus der Sicht des Kindes die Notwendigkeit geblieben „mit den vielfältigen sozialen Anforderungen innerhalb und ausserhalb der Schule in einer Weise zurechtzukommen, die ihm sowohl eine befriedigende Entwicklung der eigenen Identität als auch das kompetente und einfühlsame Umgehen mit anderen ermöglicht" (Petillon, 1993, S. IX). Für Petillon ist das Soziale auf zwei Ebenen angesiedelt: 1. die subjektiv-psychische Ebene (als Leistungen des handelnden Subjekts im Umgang mit seiner sozialen Umwelt) und 2. die objektiv-ökologische Ebene (als Grundlage für subjektive Rekonstruktionen, als Ort für soziale Lernerfahrungen, als Raum der Begrenzung von Handlungen und der Möglichkeit gestalterischer Veränderungen) (Petillon, 1993, S. 18). Die zweite Ebene soll dem jungen Menschen neben seinem Autonomiebestreben das Bewusstsein für die grundsätzliche Interdependenz aufzeigen (vgl. Cohn, 1997, S. 120).

Die sozial Lernenden sind in einem System von Person-Umweltbeziehungen, in dem die Person und die Umwelt als aktive Kräfte zu einem Austausch- und Passungsgefüge werden, eingebunden. Darin entwickeln sich auch gemeinsame Ansammlungen von Weltsichten, Wertungen, Rekonstruktionsweisen (von subjektiven sozialen Lernprozessen), die im Hinblick auf eigene Identitätsentwürfe validiert werden (vgl. Petillon, 1993, S. 20).

Soziales und moralisches Lernen sind unmittelbar miteinander verbunden (vgl. Herzog, 1991a). Die moralische Erziehung wird erst in der Gemeinschaft ermöglicht. Auf diversen Interaktionsbühnen können verschiedene Handlungen erprobt und eingeübt werden. Hinreichende Bedingungen in sozialen Beziehungen fördern die moralische Entwicklung der Schülerinnen und Schüler. In diesem Zusammenhang ist auch der Wert von Freundschaften zu sehen. „Freundschaft und Moral stehen in enger Beziehung, weil Freundschaften die Selbstbeziehung eines Menschen erweitern (...). In Freundschaften können Menschen ihre Grenzen erfahren" (Herzog, 1991a, S. 408).

> „Freunde spielen psychologisch gesehen eine wesentliche Rolle bei der Konstitution des moralischen Subjekts. Daher sollten Eltern und Lehrer den Kindern Freundschaftsbeziehungen *ermöglichen* und sie dabei *unterstützen*" (Herzog, 1991a, S. 409).

Einer der Schulklasseneffekte ist das *Unterrichts- oder das Klassenklima*. Damit wird das subjektive Erleben der Schulumwelt im Klassenverband benannt (Jerusalem, 1997, S. 261; vgl. Eder, 1996; v. Saldern, 1987). In einigen Studien werden die Einflüsse des Unterrichtsklimas auf die Leistungs- und Persönlichkeitsentwicklung untersucht. Die empirischen Ergebnisse zu deuten, gestaltet sich aus mehreren Gründen schwierig: Einerseits ist das Konstrukt noch wenig theoretisch abgestützt, andererseits zeigen die Untersuchungsanlagen Begrenzungen, so dass nur vage Korrelationsvermutungen gemacht werden können (Jerusalem, 1997, S. 261). Einer der wichtigsten Befunde von Jerusalem & Schwarzer (1991, in Jerusalem, 1997) unterstreicht die Komplexität dieses Forschungsgegenstandes und somit die Schwierigkeit solcher Untersuchungen. Das Ergebnis zielt dahin,

> „(...) dass die Lehrermerkmale (Bezugsnormierung, Objektivität, Hilfsbereitschaft, Toleranz, Gelassenheit, Tadel, Lob) keinen direkten Einfluss, sondern lediglich einen über das Klassenklima vermittelten, indirekten Einfluss auf Selbstkonzeptmerkmale von Schülern haben" (Jerusalem, 1997, S. 264).

Mayr, Eder & Fartacek (1991, 1987) untersuchen die Beziehung zwischen Verhaltensweisen von Lehrpersonen und Lernklima im Hinblick auf die Unterrichtsgestaltung. Folgende sozialpädagogischen Strategien sind aus Sicht der Lernenden für den Unterricht zentral: „Den Schülern Handlungsspielraum gewähren", „die Klassengemeinschaft fördern", „disziplinrelevante Fragen mit den Schülern besprechen", „offen und ehrlich sein" oder „soziales Lernen fördern" (Mayr et al., 1991, S. 52).

In der bereits erwähnten Studie von Sabine Gruehn (1995) gehört die Schulfreude zusammen mit dem Fähigkeitsselbstkonzept zum nichtkognitiven Zielbereich. „Wenn es den Lehrern gelingt, in ausgewogener Form Elemente direkten und offenen Unterrichts miteinander zu verbinden und ein emotional warmes Klima zu schaffen, sind wesentliche Bedingungen für eine multikriteriale Zielerreichung erfüllt" (Gruehn, 1995, S. 551-552).

Für Lernende bleiben die Wünsche im affektiven Bereich oft auf der Strecke. In Untersuchungen mit der Fragestellung, wie Schülerinnen und Schüler ihre Lehrpersonen beurteilen, werden immer wieder zwei Themen aufgegriffen, so das „mastery theme" (die Tüchtigkeitsdimension bestehend aus Fachkompetenz, didaktisch-methodischer und erzieherischer Kompetenz) und das „love theme", das die affektiven Dimensionen wie menschliche Wärme, soziale Kompetenz und Rücksichtnahme auf Wünsche der Lernenden enthält (Hofer, 1997; vgl. Gerstenmaier, 1975).

4.3.6 Kommunikative Kompetenz

Seit den 70er-Jahren – durch die Aufnahme der psychologischen, soziologischen und linguistischen Kommunikationsforschung (Watzlawick, Beavin & Jackson 1993; Habermas, 1971) – wird auch in der Erziehungswissenschaft explizit von Kommunikation gesprochen (vgl. Heursen, 1989; Schäfer & Schaller, 1973). Die kommunikative Kompetenz hängt aufs Engste mit allen anderen Kompetenzen zusammen; besonders im Hinblick auf die pädagogische Autorität wird ihr ein hoher Stellenwert zugeschrieben. Sie gilt als legitimes Mittel zur Gewinnung von Zustimmung und Autorität (Reichwein, 1989). Für Unterricht und Erziehung ist Kommunikation das eigentliche Werkzeug. Viele Autoren sehen in der kommunikativen Kompetenz eine wichtige Voraussetzung, um die diversen Anforderungen im Lehrberuf zu bewältigen: Kommunikation zur gegenseitigen Verständigung (Petillon, 1993), beim induktiven Erziehungsstil (Herzog, 1991a), Verhandlungsgeschick und Gesprächsfähigkeit in sozialen Verantwortlichkeiten (Fend, 1998), Kommunikation zwecks positiver Arbeits- und Kooperationsbeziehungen (Fleischer, 1990) und Kommunikation zur Gewaltverminderung (Olweus, 1996; Nolting & Knopf, 1998), u.a.

Fleischer (1990) sieht für die kommunikative Kompetenz drei Handlungsebenen: 1. die Ebene der individuellen Kommunikations- und Problembearbeitungskompetenz, 2. die Ebene des Subsystems „Lehrerkollegium" und 3. die Ebene der Gesamtorganisation „Schule". Für diese Untersuchung wird vor allem die erste Ebene von Interesse sein.

Hofer (1997) arbeitet mit dem Begriff „Lehrer-Schüler-Interaktion" und bezeichnet damit „allgemein das wechselseitige Aufeinanderwirken im Wahrnehmen, Beurteilen, Kommunizieren und Beeinflussen von Lehrern und Schülern in der Schule" (Hofer, 1997, S. 213). Für ihn stehen die Interaktionen der Lehrperson mit der ganzen Klasse, mit Gruppen von Schülerinnen und Schülern oder mit Einzelnen, im Mittelpunkt des Interesses. Auch er sieht drei Ebenen:

> „a) Auf der Verhaltensebene ist Interaktion eine Folge von Reaktionen mehrerer Personen, welche aufeinander bezogen sind. (...)
> b) Die Beziehungsebene macht das partnerbezogene Erleben der Beteiligten zum Gegenstand der Betrachtung. (...)
> c) Auf der Inhaltsebene wird gefragt, wie Inhalte (Informationen, Bedeutungen, Wissen) zwischen Personen ausgetauscht werden" (Hofer, 1997, S. 213-214).

Von diesen Ebenen leitet Hofer eine Kurzdefinition ab und bezeichnet die Interaktion zwischen Lehrperson und Lernenden als „wechselseitige Verhaltensweisen von Lehrern und Schülern, in denen partnerbezogene Kognitionen und Lerninhalte vermittelt werden" (Hofer, 1997, S. 214).

Mehr Raum für emotionale Aspekte zeigen folgende Ansprüche: Zur kommunikativen Kompetenz gehört die Fähigkeit, den eigenen Standpunkt zu Gehör zu bringen sowie das Bemühen, den Standpunkt des anderen ernstzunehmen und mit dem eigenen zu koordinieren (vgl. Rosenberg, 1999; Petillon, 1993). Rosenbergs Kommunikations- und Konfliktlösungsmodell (1999) differenziert sowohl auf der Ich- als auch auf der Du-Ebene die Beobachtungen, Gefühle, Bedürfnisse und Wünsche, was einiges zur Klärung beitragen kann.

Zum Erwerb der kommunikativen Kompetenz gehören für Petillon folgende Handlungsorientierungen:

* „Bereitschaft, Vertrauen zu entwickeln;
* Bereitschaft, ein hohes Mass an Kontaktbereitschaft zu zeigen;
* Bereitschaft, Informationen anderer als subjektiv bedeutsam zu betrachten;
* Risikobereitschaft, sich der Rückmeldungen anderer zu stellen;
* Bereitschaft, aktiv zuzuhören und die eigene Wahrnehmung auf den anderen zu konzentrieren;
* Bereitschaft, zu empathischem Verhalten" (Petillon, 1993, S. 113).

Mit der kommunikativen Kompetenz hängen auch die Fähigkeiten zur Kooperation und Konfliktbewältigung zusammen (Petillon, 1993; Fleischer, 1990). Beide Fertigkeiten basieren auf konstruktiven Kommunikationsstrategien, die auch in der Schule eingeübt werden können.

4.3.7 Personale Kompetenz

Zu den Kernkompetenzen im Lehrberuf gehört unbestritten die personale Kompetenz. Es ist die Fähigkeit, eine allgemeine Aufgabe auf eine besondere (individuelle) Art und Weise zu erfüllen (vgl. Herzog, 1991a, S. 33). Auch diese Kompetenz steht im direkten Zusammenhang mit Autorität (Schröder, 1992; Laabs, 1987; Rombach & Krüger, 1977; Rombach & Heinisch, 1970; Hättich, Hättich & Hohmann, 1970). Angesprochen sind Persönlichkeitsreife, Echtheit, Vertrauenswürdigkeit (Schröder, 1992), Durchsetzungsfähigkeit und eine nicht exakt bestimmbare Ausstrahlung (Köck, 1994). Hättich, Hättich & Hohmann (1970) sehen die persönliche Autorität aus der richtig verstandenen und gehandhabten Verantwortung in der jeweiligen Erziehungssituation. Autorität muss immer auch mit persönlicher Autorität gefüllt sein, dazu Laabs:

> „Die Autorität eines einzelnen Individuums geht aber immer, auch dann, wenn sie zunächst auf Machtfülle gegründet ist, in hohem Masse von dessen Persönlichkeit aus, von der Ausprägung des Insgesamt vor allem seiner moralischen, sozialen, intellektuellen, politischen und produktiven Eigenschaften" (Laabs, 1987, S. 41).

Selbst die Amtsautorität soll in einer persönlichen Autorität begründet sein (vgl. Rombach & Krüger, 1977).

Die empirische Unterrichtsforschung der 50er- und 60er-Jahre hat sich unter dem „Paradigma der Lehrerpersönlichkeit" (Bromme, 1997, S. 183) mit Merkmalen positiver Lehrerpersönlichkeiten auseinandergesetzt. Im Mittelpunkt des Interesses standen Persönlichkeitsmerkmale und ihre Auswirkung auf die Erziehung. Von diesen wenig systematisierten Untersuchungen, deren Ergebnisse entweder trivial oder sehr komplex waren, wandte man sich der Analyse der Lehrstile zu. Tausch & Tausch (1971) zeigen z.B. die Bedeutung eines sozialintegrativen, unterstützenden, akzeptierenden Verhaltens der Lehrkräfte auf, jedoch mit dem Anspruch auf Echtheit, also durch persönliche Integration. Dazu Weinert:

> „Man kann nicht dadurch ein guter Lehrer werden, dass man oberflächlich lernt, wie man Schüler akzeptierend und unterstützend begegnet, wenn nicht zugleich auch spontane („echte") Gefühle der persönlichen Zuwendung, der Sympathie, der Unterstützung und der Zufriedenheit mit den Kindern zum Ausdruck kommen" (Weinert, 1996, S. 144; vgl. Tausch & Tausch, 1971).

Für die individuellen Einstellungen zu den Lernenden spielt das persönliche Menschenbild der Lehrerin oder des Lehrers eine wesentliche Rolle.

Am Persönlichkeitsparadigma ist auch theoriegeleiteter und mit modernen psychometrischen Methoden weitergearbeitet worden, wie mit Attributionsstilen und Stilen der Leistungsbewertung; diese Untersuchungen stützen sich weitgehend auf allgemein-psychologische Theorien (meist Motivationsforschung). Die Schwäche liegt jedoch darin, dass sie sich auf empirische Phänomene beziehen, die im Schulunterricht nur eine eng umgrenzte Wichtigkeit haben (Bromme, 1997, S. 183).

Weinert (1996) illustriert an fünf Beispielen den Facettenreichtum der Lehrerinnen- und Lehrerpersönlichkeit und hält fest, dass auch menschliche Qualitäten, wie positive zwischenmenschliche Beziehungen zwischen Lehrperson und Lernenden und ein persönliches Lehrprofil, zur guten Lehrperson gehören (Weinert, 1996, S. 145).

Fend (1998) sieht im vierten Arbeitskreis der Lehrperson die Auseinandersetzung mit sich selbst, so in der expliziten Identitätsarbeit. Dabei geht es ihm vor allem um Selbstreflexion, damit die Lehrperson in den divergierenden Ansprüchen und der vielschichtigen Kritik arbeitsfähig, stabil und gleichzeitig kritikfähig bleibt. Das Ziel ist eine souveräne Haltung, die aus einer gefestigten Persönlichkeit resultiert.

> „Der ideale Lehrer sollte humorvoll sein, adäquat reagieren können, nicht überzogen, aber auch nicht zögernd, um so das Bild einer in sich ruhenden Persönlichkeit zu präsentieren, die weiss, was sie will, und die ein positives Verhältnis zu sich selber hat" (Fend, 1998, S. 350).

Durch die „explizite Identitätsarbeit" soll der Lehrer, die Lehrerin zu einer authentischen Haltung in der Berufsrolle kommen.

4.3.8 Handlungskompetenz

Die Lehrperson bewegt sich in einem Feld voller Erwartungen (Rollenfeld), die widersprüchlich und vor allem auch interpretationsbedürftig sind (Klose, 1971, S. 82; Jirasko, 1994, S. 219). Die Lehrerin, der Lehrer ist aufgefordert, die Rolle auf verschiedenen Ebenen wahrzunehmen und auf eine konstruktive Art und Weise (adäquat) zu handeln: als Individuum, in der Gruppe (Klasse, Kollegium), auf der Institutionsebene und auf der Gesellschaftsebene, als Privat- oder Berufsperson (vgl. Dechmann & Ryffel, 1997). Auch der Umgang mit sich widersprechenden Erwartungen (Rollenkonflikten) muss gelernt sein.

> „Der entscheidende Punkt ist, ob und wie ein Lehrer diese Erwartungen und Forderungen wahrnimmt und in welchem Ausmass er sie in sein Rollenverhalten, in seine selbst definierte Rolle übernimmt. Ein wesentliches Problem dabei stellt der Umgang mit Rollenkonflikten, mit widersprüchlichen Erwartungen dar" (Jirasko, 1994, S. 219).

Die „pädagogische Selbstrolle" hilft der Lehrperson mit diesen Konflikten umzugehen, die pädagogische Autonomie zu bewahren und die ihr zugedachte

Rolle zu korrigieren (Klose, 1971, S. 86). Die pädagogische Selbstrolle ermöglicht der Lehrperson mit Hilfe der Theorie, das Rollenfeld kritisch zu reflektieren und zu einer authentischen Haltung in der Berufsrolle zu kommen (Fend, 1998). Daraus resultiert das professionelle Handeln der Lehrperson.

Das Handeln der Lehrperson ist recht facettenreich. Rudow nennt in seinem Buch „Die Arbeit des Lehrers" (Rudow, 1994, S. 59) z.B. folgende Tätigkeiten: Lehren, Erziehen, Beurteilen, Beraten, Innovieren, Beaufsichtigen, Verwalten.

Eine besondere Herausforderung ist das Handeln in komplexen Situationen. Gefragt ist die Kompetenz zum raschen und situationsangemessenen Handeln (Bromme, 1997, S. 1999). Wahl (1991) spricht von ‚Handeln unter Druck' und meint damit, dass

> „Handeln unter Druck kein ungewöhnliches, stress- oder gar panikartiges Phänomen, sondern eine ganz alltägliche Erscheinung ist, die auf den Wechselwirkungen zwischen Komplexität, Vernetztheit, partieller Intransparenz und Polytelie einerseits, sowie Eigendynamik, Erwartungs- und Bewertungsdruck andererseits beruht" (Wahl, 1991, S. 11).

Im Weiteren weist Wahl darauf hin, dass die Lehrperson beim Handeln unter Druck nicht alle verfügbaren externen und internen Informationen und eigenen Problemlösungskompetenzen ausschöpfen kann. Wegen der emotionalen Beteiligung steht der Lehrperson nur ein bestimmter Realitätsausschnitt zur Verfügung, um sich „für das Ergreifen oder Unterlassen von Massnahmen" zu entscheiden (Wahl, 1991, S. 11). Die Handlungsentscheidungen müssen schnell, oft in Sekundenschnelle getroffen werden; die Risikobelastung der Person, von der die Handlung ausgehen muss, ist hoch; die Person steht – wie oben zitiert – unter Erwartungs- und Bewertungsdruck (vgl. Storch, 1995). In diesem Sinne ist von der Lehrperson eine hohe situative Handlungskompetenz gefordert.

Doyle (1986) befasst sich im Hinblick auf das Lehrerinnen- und Lehrerhandeln mit Ungewissheiten folgender Art: Multidimensionalität, Simultaneität, Unmittelbarkeit, Unvorhersehbarkeit, Öffentlichkeit und Geschichtlichkeit. D.h., die Lehrperson kann Mehreres gleichzeitig beachten und bewerkstelligen, sie kann sofort reagieren, sie kann souverän mit Unvorhergesehenem umgehen, sie hat guten Kontakt zur Öffentlichkeit und berücksichtigt im Unterrichtsgeschehen die geschichtliche Dimension. Der Umgang mit diesen Ungewissheiten kann auch als Handlungskompetenz bezeichnet werden (Doyle, 1986, S. 394). Zusammenfassend kann gesagt werden, dass die Handlungskompetenz die Lehrperson befähigt, mit den damit verbundenen Rollenerwartungen umzugehen und adäquat zu handeln. Mit der situativen Handlungskompetenz ist die Lehrperson in der Lage, auch unter Druck zu handeln und mit diversen Ungewissheiten professionell umzugehen.

5. Forschungsfragen

Kapitel 5 gibt Einblick in die Forschungsfragen und Hypothesen, die dieser empirischen Arbeit zugrunde liegen. In Abschnitt 5.1 sind die Inhalts-, Vergleichsfragen und Fragen zu den Folgerungen dargelegt. Abschnitt 5.2 beschreibt einige Erwartungen hinsichtlich der Ergebnisse dieser Untersuchung.

5.1 Fragestellungen

Hauptfrage:
Welche Ressourcen (psychologischen, pädagogischen und didaktisch-methodischen) stehen heute den Lehrkräften zur Verfügung, um von Seiten der Schüler/-innen als Autoritätspersonen anerkannt zu werden?

Inhaltliche Ebene: Schüler/-innen
1. Ist in den Augen der Schüler/-innen ihre Lehrperson eine Autoritätsperson? – Wenn Ja, warum? – Wenn Nein, warum nicht?
2. Was ist in den Augen der Schülerin/des Schülers der Unterschied zwischen einer Lehrerinnen- oder Lehrerautorität und den Schülern/-innen?
3. Warum ist in den Augen der Schüler/-innen eine Lehrerin/ein Lehrer berechtigt, eine Autorität zu sein?
4. In welchen Bereichen ist die Lehrperson berechtigt, ihren Einfluss geltend zu machen?
5. Wie schätzen Schüler/-innen ihre Lehrpersonen in den acht beschriebenen Kompetenzbereichen ein (vgl. Kapitel 4)?

Inhaltliche Ebene: Lehrpersonen
6. Betrachten sich die Lehrpersonen als Autoritätspersonen?
   Wenn Ja, warum? – Wenn Nein, warum?
7. Was ist der Unterschied zwischen den Schülern/-innen und der Lehrerinnen-/Lehrerautorität?
8. Warum sind Lehrpersonen berechtigt, eine Autorität zu sein?
9. In welchen Bereichen ist die Lehrperson berechtigt, ihren Einfluss geltend zu machen?
10. a) Für wie wichtig halten die Lehrpersonen die acht Kompetenzbereiche?
    b) Wenn sich die Lehrperson als Autoritätsperson betrachtet, aus welchen Kompetenzbereichen schöpft sie ihre Autorität?

Vergleichsebene: Schüler/-innen und Lehrpersonen
Die Antworten der Schüler/-innen und Lehrpersonen zu den oben stehenden Fragen werden nach Möglichkeit miteinander verglichen.

Vergleichsebene: Schüler/-innen
11. Welche Unterschiede zeichnen sich zwischen autoritätsbejahenden und autoritätsnegierenden Schülern/-innen ab?
12. Welche Unterschiede zeigen sich zwischen den Geschlechtern, Schulklassen, Schultypen der 8. Schulklasse, hinsichtlich des Wechsels der Lehrperson, zwischen den Geschlechtern der Lehrpersonen, bei der Leistung, beim Wohlbefinden in der Schule, bei der Herkunft (Staatsangehörigkeit)?

Vergleichsebene: Lehrpersonen
13. Bestehen Unterschiede zwischen der allgemeinen Kompetenzeinschätzung der Lehrpersonen und der Kompetenzeinschätzung hinsichtlich der eigenen Autorität? Bei der allgemeinen Kompetenzeinschätzung wird die Lehrperson nach der allgemeinen Bedeutung der betreffenden Kompetenz gefragt; bei der zweiten Einschätzung wird die Bedeutung (Wichtigkeit) des gleichen Kompetenzbereichs für die eigene Autorität untersucht.
14. Welche Unterschiede zeichnen sich zwischen den Geschlechtern, den Dienstjahren, den Klassengrössen und den Ein- bzw. Zweiklassenschulen ab?

Umsetzungsebene
15. Welche Schlüsse lassen sich aus dem Projekt, das sich als Beitrag zur Autoritätsdebatte versteht, für die Unterrichtspraxis ziehen?

5.2 Hypothesen

Die inhaltlichen Fragen der Schüler/-innen (1 bis 3) sind explorativer Natur. Da den Schülerinnen und Schülern bei der Vorfrage[3] eine Einstiegshilfe in Form von vier Kategorien (Gehorsam, Überzeugungskraft, Ansehen und Wissen/Können) angeboten wurde, ist anzunehmen, dass diese die Beantwortung der Fragen 1 bis 3 beeinflussen.

Bei den Lehrpersonen sind die inhaltlichen Fragen (6 bis 8) ebenfalls explorativ; da keine Einstiegshilfe gegeben wurde, werden keine expliziten Erwartungen formuliert.

Zu Frage 4 (Schülerinnen-/Schülerebene), in welchen Bereichen die Lehrperson berechtigt ist, ihren Einfluss geltend zu machen, bestehen in Anlehnung an Smetana & Bitz (1996) folgende Erwartungen: In den Bereichen ‚Moralisches‘,

---

3   „Was verstehst du unter Autorität?" – Diese Frage wird im Kap. ‚Überprüfung des Instrumentariums‘ in Abschnitt 8.4.1 ausgewertet.

‚Konventionen' und ‚Vernünftiges Handeln' ist die Lehrperson legitimiert, einzugreifen; der Bereich ‚Persönliches' gehört in die Privatsphäre der Schüler/-innen, in der die Lehrperson nicht berechtigt ist, Einfluss zu nehmen. Uneinheitlichkeit ist im Bereich ‚Schulische Konventionen' zu erwarten.

Bei den Lehrpersonen (Frage 9, Ebene der Lehrpersonen) werden etwa ähnliche Ergebnisse vermutet. Da jedoch Vergleichsdaten fehlen, können die Erwartungen nicht gleich präzise bestimmt werden wie auf der Schüler-/ und Schülerinnenebene.

Hinsichtlich der Fragen 5 und 10 ist anzunehmen, dass bestimmte Kompetenzen mehr im Zentrum stehen als andere. Auch hier können keine expliziten Vorerwartungen (Rangfolge) formuliert werden, da sich diese erst aus den Daten entwickeln.

Bei Frage 11 werden zwischen autoritätsbejahenden und autoritätsnegierenden Schülern/-innen folgende Unterschiede erwartet: Die Autoritätsbejahenden schätzen ihre Lehrpersonen besser ein; sie geben ihnen z.B. höhere Kompetenzwerte als die autoritätsnegierenden Schüler/-innen.

Zu Frage 12: Auch hinsichtlich der Schulklassen sind Unterschiede zu erwarten. Nach klassischer, entwicklungspsychologischer Konzeption geschieht in der Zeit zwischen der 5. und der 8. Schulklasse eine Reorganisation der Persönlichkeit. Kinder bzw. Jugendliche entwickeln u.a. ein reflektiertes Verhältnis zu sich selbst und zur Welt, sie organisieren auch ihre sozialen Beziehungen neu (Fend, 2000, S. 347). Die Eigenständigkeit und Eigenverantwortung nehmen mit vorgerücktem Alter (Schulklasse) zu. Sie lösen sich von einer Totalidentifikation mit der Lehrperson und nehmen vermehrt Abstand von der Lenkung durch die Lehrer-/Lehrerinnenautorität (Fend, 2000, S. 350). Je vorgerückter die Schulklasse, desto tiefere Kompetenzwerte geben die Schüler/-innen ihren Lehrpersonen.

Auch hinsichtlich des Wohlbefindens der Schüler/-innen in der Schule sind Unterschiede zu erwarten. Es ist anzunehmen, dass sich auch ein positiver Zusammenhang zwischen den Einschätzungen der Schüler/-innen und Pädagogischer Autorität abzeichnet.

Mit den unabhängigen Variablen ‚Schultypus der 8. Schulklasse', ‚Wechsel der Lehrperson', ‚Geschlecht der Schüler/-innen', ‚Geschlecht der Lehrperson', ‚Leistung' und ‚Herkunft' (Staatsangehörigkeit) könnten sich Unterschiede zeigen oder auch nicht. Da beide Varianten möglich sind, werden keine spezifischen Erwartungen ausformuliert.

6. Untersuchung

In diesem Kapitel wird die Untersuchungsanlage beschrieben. Es folgen Angaben zur Durchführung der Untersuchung, Beschreibungen der Stichproben und Instrumentarien sowie der Überprüfung der Instrumentarien. Hinweise zu den statistischen Auswertungsverfahren schliessen das Kapitel ab.

6.1 Durchführung der Untersuchung

Im Folgenden werden Schritte des Arbeitsverlaufs dargelegt, so die Vorarbeiten, die Gewinnung der Stichproben und die Durchführung der Untersuchung.

6.1.1 Vorarbeiten

Die ersten theoretischen Überlegungen zum Thema ‚Autorität und Schule' stellten sich im Frühjahr des Jahres 1998 an. Ein Jahr später war die Konzeptentwicklung soweit fortgeschritten, dass mit der Operationalisierung, d.h. mit der Entwicklung und Zusammenstellung des Instrumentariums, begonnen werden konnte. Gleichzeitig wurden die Vorarbeiten für den Pretest eingeleitet, indem Lehrpersonen und deren Klassen für die Durchführung der Voruntersuchung gesucht wurden. Schliesslich konnten sieben Lehrpersonen mit ihren Klassen von Kerns und Sarnen (OW) für den Pretest gewonnen werden.

6.1.2 Gewinnung der Stichproben

Im Mai 1999 begann die Suche nach einem Kanton, in dem eine Analyse von etwa 60 Klassen möglich wäre. Schon die erste Anfrage, welche ich im Kanton Solothurn startete und an das Erziehungs-Departement, Abteilung Pädagogik, adressierte, war erfolgreich. Das geplante Forschungsprojekt ‚Autorität in der Schule' stiess auf Interesse. Nach ersten Vorabklärungen und einer schriftlichen Anfrage, adressiert an Frau Regierungsrätin Gisi, durch den fachlichen Betreuer des Projekts, Herrn Prof. Herzog, erfolgte am 9. Juli 1999 die schriftliche Zusage für die Durchführung des Projekts an den Schulen des Kantons Solothurn.

In Zusammenarbeit mit dem Erziehungs-Departement, Abteilung Pädagogik, wurden am 24. August 160 Couverts mit 3 Briefen und 1 Anmeldeformular an die Schulpräsidentinnen und -präsidenten der Schulen im Kanton Solothurn versandt. Die Sendung beinhaltete einen Brief mit der Bitte, die beiliegenden zwei Briefe –

ein Brief von der Abteilung Pädagogik an die Lehrkräfte mit der Empfehlung am Projekt teilzunehmen und ein Brief der Projektleiterin an die Lehrpersonen – an die 5. und 8. Klassen des betreffenden Schulkreises weiterzuleiten. Den Lehrpersonen wurde die Teilnahme am Projekt empfohlen.

Der Rücklauf der Anmeldungen dauerte bis Ende Oktober 1999. Insgesamt meldeten sich 101 Klassen-Lehrpersonen der 5., 5./6. und 8. Schulklasse, also weit mehr als die angestrebten 60. Wegen einer Falschinformation – die 5. Klassen hatten den Klassen-Lehrpersonen-Wechsel nicht wie ursprünglich angenommen im August 1998, sondern im August 1999 – wurde nachträglich eine Vergleichsgruppe mit Klassen der 6. Schulklasse gesucht. Vom 25. Oktober bis anfangs November konnten durch telefonische Anfrage zusätzlich 15 Klassen gewonnen werden.

Von den insgesamt 116 wurden 6 Klassen nicht berücksichtigt: 4 Mehrfachklassen (3./4. Klassen), 1 Klasse, in der während der Untersuchungszeit eine stellvertretende Lehrperson unterrichtete sowie 1 Klasse der 9. Schulklasse. Zudem zogen sich vor oder während der Untersuchungszeit 4 Lehrpersonen vom Projekt zurück. Insgesamt konnte mit einer *Stichprobe von 105 Schulklassen mit 105 Lehrkräften* gerechnet werden. Trotz des Übergewichtes der 5. Klassen wurden alle angemeldeten Klassen berücksichtigt, sofern sie den angestrebten Kriterien entsprachen.

6.1.3 Durchführung der Untersuchung in den Schulklassen

Die Datenerhebung wurde unter Mithilfe von 11 speziell instruierten Versuchsleiter/-innen zwischen dem 12. November und 3. Dezember 1999 durchgeführt. Mit den Lehrpersonen der angemeldeten Klassen wurde zuvor telefonisch ein Untersuchungstermin festgelegt. Die Doppelklassen, 5./6. Klassen, wurden zudem gefragt, ob die 6. Klässlerinnen und 6. Klässler, anders als ursprünglich geplant, auch befragt werden dürften.

Die Untersuchung erfolgte nach einem bestimmten Verlauf (Anhang). Die Versuchsleiter/-innen führten die Schülerinnen und Schüler in den Fragebogen, speziell in bestimmte Fragen, ein. Die Schülerinnen und Schüler füllten den Fragebogen in der Gegenwart der Versuchsperson aus, die Lehrperson bearbeitete den Fragebogen in einem anderen Raum. Die Befragung dauerte ca. 60 Minuten.

Die Untersuchung der 105 Klassen ergab einen Rücklauf von 1989 Fragebogen. Bei der Durchsicht des Erhebungsmaterials fielen 159 Fragebogen (8.7%) auf (z.T. auch auf Grund schriftlicher Hinweise der Versuchsleiter/-innen), welche aus folgenden Gründen nicht auswertbar waren:

70 Fragebogen gehörten nicht zur angestrebten Stichprobe und konnten deswegen nicht berücksichtigt werden: 16 Fragebogen einer 7. Klasse (Erfassungsfehler), 48 Fragebogen der 9. Klasse und 6 Fragebogen der 10. Klasse. Letztere stammten von Schülern/-innen aus Mehrklassenschulen und wurden im Zuge der Untersuchung der 8. Klässler/-innen erfasst.

43 Fragebogen wiesen auf Sprach- oder Überforderungsprobleme hin (z.B. wegen Fremdsprachigkeit); 29 Fragebogen wurden unseriös ausgefüllt (disziplinarische Probleme); 17 Fragebogen konnten aus diversen Gründen nicht einbezogen werden (grosse Teile des Fragebogens wurden nicht ausgefüllt oder einfach vergessen).

Ebenfalls wurden 36 Fragebogen der Werkklassen weggelassen, da sie eine zu kleine Stichprobe bildeten, um vergleichbar differenzierte Analysen durchführen zu können. Es handelte sich dabei um 6 Kleinklassen. Nach der Durchsicht des Untersuchungsmaterials verblieben *1794 Schülerinnen- und Schülerfragebogen*. Analog zu den Schulklassen konnten *99 Fragebogen von den Klassenlehrpersonen* in die Untersuchung einbezogen werden.

6.2 Stichproben

Im folgenden Abschnitt wird die Stichprobe der Schülerinnen und Schüler und diejenige der Lehrpersonen beschrieben.

6.2.1 Stichprobe der Schülerinnen und Schüler

Mit den 1794 Fragebogen wurden 899 Schülerinnen und 880 Schüler erfasst. Dies sind 50.53% zu 49.47% (15 Missing). In den folgenden Tabellen sind die Stichprobe der Untersuchung und die Grundgesamtheit des Kantons Solothurn hinsichtlich der Schulklassen und des Geschlechts aufgeführt:

Schulklasse und Geschlecht
Die 8. Schulklasse ist eingeteilt in drei Schultypen Oberschule, Sekundarschule und Bezirksschule (in der Gruppe Bezirksschule befinden sich auch die Gymnasiastinnen und Gymnasiasten).

Tabelle 6.1
Stichprobe der Schüler/-innen: Schulklasse und Geschlecht

	weiblich		männlich		total	
	Anzahl	%	Anzahl	%	Anzahl	% von Total
5. Schulklasse	394	43.8	360	40.9	754	42.4
6. Schulklasse	176	19.6	195	22.2	371	20.8
8. Schulklasse	329	36.6	325	36.9	654	36.8
Total	899	100.0	880	100.0	1779	100.0

Missing=15

Der Altersdurchschnitt der Schüler/-innen der 5. Schulklasse beträgt 10.9 Jahre (s=.59), bei den Schülern/den Schülerinnen der 6. Schulklasse 12.1 Jahre (s=.63) und bei denjenigen der 8. Schulklasse 14.17 Jahre (s=.70).

Tabelle 6.2
Grundgesamtheit des Kantons Solothurn: Schulklasse und Geschlecht der Schüler/-innen[4]

	weiblich		männlich		total	
	Anzahl	%	Anzahl	%	Anzahl	% von Total
5. Schulklasse	1500	37.1	1461	35.6	2961	36.4
6. Schulklasse*	1105	27.4	1202	29.3	2307	28.3
8. Schulklasse	1433	35.5	1442	35.1	2875	35.3
Total	4038	100.0	4105	100.0	8143	100.0

* Progymnasium und Gymnasium der 6. Schulklasse nicht einbezogen

Aus den Zahlen ist zu sehen, dass die Verteilung der Schulklassen bei der Stichprobe hinsichtlich des Geschlechts der Grundgesamtheit entspricht. Hingegen ist die 5. Schulklasse proportional über-, die 6. Schulklasse untervertreten; die 8. Schulklasse kommt mit 36.8% der Grundgesamtheit am nächsten.

Schultypus der 8. Schulklasse und Geschlecht
In den folgenden Tabellen werden die Schultypen der 8. Schulklasse in der Stichprobe und in der Grundgesamtheit erfasst.

---

4   Bundesamt für Statistik, Sektion Schule und Berufsbildung, Schulklasse 1999/2000.

Tabelle 6.3
Stichprobe der Schüler/-innen: Schultypus und Geschlecht

	weiblich		männlich		total	
	Anzahl	%	Anzahl	%	Anzahl	% von Total
Oberschule	48	14.6	53	16.3	101	15.5
Sekundarschule	140	42.5	167	51.4	307	46.9
Bezirksschule	141	42.9	105	32.3	246	37.6
Total	329	100.0	325	100.0	654	100.0

Missing=15

Tabelle 6.4
Grundgesamtheit des Kantons Solothurn: Schultypus und Geschlecht der Schüler/-innen

	weiblich		männlich		total	
	Anzahl	%	Anzahl	%	Anzahl	% von Total
Oberschule	241	16.8	307	21.3	548	19.1
Sekundarschule	458	32.0	514	35.6	972	33.8
Bezirksschule	734	51.2	621	43.1	1355	47.1
Total	1433	100.0	1442	100.0	2875	100.0

* Progymnasium und Gymnasium der 6. Primarschulklasse nicht einbezogen

Der Vergleich zwischen Stichprobe und Grundgesamtheit zeigt, dass die Ober- und die Bezirksschule anzahlmässig unter-, die Sekundarschule übervertreten ist.

Herkunft/Staatsangehörigkeit
Aus den Angaben der Staatsangehörigkeit der Schülerinnen und Schüler wurden fünf Gruppen hinsichtlich der Herkunft gebildet:
- *Schweiz*
- *Nord-Europa*: Deutschland, Belgien, England, Frankreich, Holland etc.
- *Balkan*: Serbien, Kroatien, Mazedonien, Slowenien, Kosovo-Albanien, Türkei
- *Süd-Europa*: Italien, Spanien, Portugal, Griechenland
- *Andere*: Nordamerika, Südamerika, Russland, Asien, Afrika, Australien

In der folgenden Tabelle ist die Anzahl Schüler/-innen der fünf Gruppen aufgelistet. Bei Schülern/-innen mit Doppelbürgerschaft wurde die Schweiz angegeben.

Innerhalb der Gruppen Balkan und Süd-Europa gab es nur zwei Doppelbürger/-innen. Im ersten Fall wurde der Gruppe Süd-Europa Vorrang gegeben, im zweiten der Gruppe Balkan.

Tabelle 6.5
Stichprobe der Schüler/-innen: Erfassung der Staatsangehörigkeit

Herkunft/ Staatsangehörigkeit	Anzahl	%
Schweiz	1496	84.4
NordländerInnen	14	0.8
Balkan/Türkei	160	9.0
Süd-Europa	69	3.9
Andere	34	1.9
Total	1773	100.0

Missing=21

Für die Analysen werden die Gruppen ‚Schweiz', ‚Balkan' (inklusive Türkei) und ‚Süd-Europa' einbezogen. Wegen der kleinen Anzahl bleiben die Gruppen ‚Nordländer/-innen' und ‚Andere' unberücksichtigt.

Diese Gruppen sind in der Grundgesamtheit des Kantons Solothurn wie folgt verteilt:

Tabelle 6.6
Grundgesamtheit des Kantons Solothurn: Erfassung der
Staatsangehörigkeit der Schüler/-innen

Herkunft/ Staatsangehörigkeit	Anzahl	%
Schweiz	25806	77.6
Nordländer/-innen	189	0.6
Balkan/Türkei	4647	13.9
Süd-Europa	1626	4.9
Andere	989	3.0
Total	33257	100.0

Aus dem Vergleich zwischen Stichprobe und Grundgesamtheit geht hervor, dass die Gruppen ‚Schweiz', ‚Nordländer/-innen' über- und die Gruppen ‚Balkan', ‚Süd-Europa' und ‚Andere' untervertreten sind.

Von der bestehenden analytischen Stichprobe kann nicht ausgegangen werden, dass diese für den Kanton Solothurn repräsentativ ist. Die Untersuchung beruhte auf freiwilliger Basis und schloss dadurch eine Selbstselektion ein: Lehrpersonen, die auf die Ausschreibung des Projekts „Autorität in der Schule" mit negativen Assoziationen reagierten, wurden mit grösster Wahrscheinlichkeit nicht erfasst.

Geschlecht der Lehrperson
24.9% (447) der Schüler/-innen werden von einer Lehrerin unterrichtet, 75.1% (1347) von einem Lehrer.

Wie sich das Geschlecht der Lehrpersonen anteilmässig auf die Schulklassen verteilt, ist in folgender Tabelle dargestellt:

Tabelle 6.7
Stichprobe der Schüler/-innen: Schulklasse und Geschlecht der Lehrperson

	5. Schulklasse		6. Schulklasse		8. Schulklasse		Total	
	Anzahl	%	Anzahl	%	Anzahl	%	Anzahl	%
Lehrerinnen	263	34.6	76	20.1	108	16.5	447	24.9
Lehrer	498	65.4	302	79.9	547	83.5	1347	75.1
	761	100.0	378	100.0	655	100.0	1794	100.0

Missing=0

Die Daten zeigen, dass etwa ein Viertel aller Schülerinnen und Schüler von einer Lehrerin und drei Viertel von einem Lehrer unterrichtet werden.

Letzter Wechsel der Klassenlehrperson
Der letzte Wechsel der Lehrperson (Klassenlehrperson) liegt unterschiedlich lange zurück, so 3 Monate (1999), 1 Jahr und 3 Monate (1998) oder 2 Jahre und 3 Monate (1997). Tabelle 6.8 zeigt die Verteilung im Hinblick auf den Zeitpunkt des letzten Lehrerin-/Lehrerwechsels.

Tabelle 6.8
Stichprobe der Schüler/-innen: Wechsel der Lehrperson und Schulklasse

	5. Schulklasse		6. Schulklasse		8. Schulklasse		Total	
	Anzahl	%	Anzahl	%	Anzahl	%	Anzahl	%
1999	662	87.0	71	18.8	185	28.3	918	51.2
1998	56	7.4	295	78.0	414	63.3	765	42.7
1997	43	5.6	12	3.2	55	8.4	110	6.1
Total	761	100.0	378	100.0	654	100.0	1793	100.0

Missing=1

Die Tabelle macht deutlich, dass die Schüler/-innen mit dem Lehrpersonen-Wechsel 1997 stark untervertreten sind. Aus diesem Grund werden sie in der Auswertung nicht berücksichtigt.

Leistung
Die Noten der Fächer Deutsch mündlich, Deutsch schriftlich und Mathematik des letzten Zeugnisses bilden die Grundlage für die Berechnung der Leistung. Durch die Mediandichotomisierung der Notendurchschnitte werden zwei Leistungsgruppen gebildet: Gruppe 1: 3 bis 4.77 und Gruppe 2: >4.77 bis 6. 180 Schüler/-innen haben keine Noten angegeben.

Tabelle 6.9
Stichprobe der Schüler/-innen: Leistungsgruppen 1 und 2 hinsichtlich der Schulklasse

	5. Schulklasse		6. Schulklasse		8. Schulklasse		Total	
Leistung	Anzahl	%	Anzahl	%	Anzahl	%	Anzahl	%
Gruppe 1	208	32.4	149	42.5	326	52.5	683	42.3
Gruppe 2	434	67.6	202	57.5	295	47.5	931	57.7
Total	642	100.0	351	100.0	621	100.0	1614	100.0

Missing=180

Wohlbefinden
Das Wohlbefinden in der Schule wurde mit der Frage: „Wie fühlst du dich im Allgemeinen in der Schule?" erfasst. Dazu diente die 5-stufige Antwortskala ‚sehr wohl', ‚eher wohl', ‚weder wohl noch unwohl', ‚eher unwohl' und ‚sehr unwohl'.

Tabelle 6.10
Stichprobe der Schüler/-innen: Wohlbefinden der Schüler/-innen in der Schule (5 Gruppen)

Wohlbefinden der Schüler/-innen	Anzahl	%
sehr wohl	748	42.1
eher wohl	675	38.0
weder wohl noch unwohl	315	17.7
eher unwohl	22	1.2
sehr unwohl	17	1.0
Total	1777	100.0

Missing=17

Damit eine genügend grosse Zellbesetzung bei den weiteren Analysen gewähr-leistet ist, werden die Schüler/-innen, die sich eher oder sehr unwohl fühlen, in der Gruppe ‚weder wohl noch unwohl' integriert. Damit zeigt sich folgende Verteilung:

Tabelle 6.11
Stichprobe der Schüler/-innen: Wohlbefinden der Schüler/-innen in der Schule und Schul-klasse (3 Gr.)

	5. Klasse		6. Klasse		8. Klasse		Total	
	Anzahl	%	Anzahl	%	Anzahl	%	Anzahl	Total
sehr wohl	380	50.4	161	42.9	207	32.0	748	42.1
eher wohl	275	36.4	141	37.6	259	40.0	675	38.0
weder wohl noch unwohl und eher unwohl sowie sehr unwohl	100	13.2	73	19.5	181	28.0	354	19.9
	755	100.0	375	100.0	647	100.0	1777	100.0

Missing=17

6.2.2 Stichprobe der Lehrpersonen

Von den ursprünglich 105 Klassenlehrpersonen konnten analog zu den einbezogenen Schulklassen 99 Lehrpersonen in die Stichprobe aufgenommen werden; davon betreuten 14 eine Doppelklasse (5./6. Klasse) und 2 eine Doppelklasse (8./9. Klasse).

Schulklasse und Geschlecht
In der folgenden Tabelle sind die Zahlen der Lehrpersonen hinsichtlich der Schulklassen und des Geschlechts aufgeführt.

Tabelle 6.12
Stichprobe der Lehrpersonen: Schulklasse und Geschlecht

	weiblich		männlich		Total	
	Anzahl	%	Anzahl	%	Anzahl	%
5. Schulklasse	12	50.0	21	28.0	33	33.3
6. Schulklasse	2	8.3	11	14.7	13	13.1
8. Schulklasse	6	25.0	31	41.3	37	37.4
5./6. Schulklasse	4	16.7	10	13.3	14	14.2
8./9. Schulklasse	0	—	2	2.7	2	2.0
Total	24	100.0	75	100.0	99	100.0

Missing=0

Wegen des geringen Anteils an weiblichen Lehrpersonen kann der Geschlechtsfaktor nur begrenzt in die Analysen einbezogen werden.

Schulstufe und Geschlecht
In der 8. Schulklasse ist der Anteil der Lehrerinnen gering; Analysen mit dieser Variable machen wenig Sinn.

Tabelle 6.13
Stichprobe der Lehrpersonen: Schultypus der 8. Schulklasse und Geschlecht

	weiblich		männlich		Total	
Schultypus 8. Schulklasse	Anzahl	%	Anzahl	%	Anzahl	%
Oberschule	1	16.7	9	27.3	10	25.6
Sekundarschule	2	33.3	16	48.5	18	46.2
Bezirksschule	3	50.0	8	24.2	11	28.2
Total	6	100.0	33	100.0	39	100.0

Missing=0

Dienstjahre
Das durchschnittliche Dienstalter beträgt 19.29 Jahre (s=10.91). Ein 7-Jahresraster stellt die Verteilung der Dienstjahre dar. Aus den Daten der folgenden Tabelle geht hervor, dass vor allem Lehrpersonen mit den Dienstjahresgruppen 1-7, 15-21 und 22-28 gut vertreten sind. Weniger Lehrpersonen gehören den Dienstjahresgruppen 8-14, 29-35 und 36-42 an.

Tabelle 6.14
Stichprobe der Lehrpersonen: Dienstjahre und Geschlecht

	Anzahl	% Total
1 bis 7 Dienstjahre	22	22.4
8 bis 14 Dienstjahre	09	9.2
15 bis 21 Dienstjahre	18	18.4
22 bis 28 Dienstjahre	31	31.6
29 bis 35 Dienstjahre	12	12.3
36 bis 42 Dienstjahre	6	6.1
Total	98	100.0

Missing=1

Damit in den folgenden Auswertungen mit einer sinnvollen Anzahl Personen pro Kategorie gearbeitet werden kann, werden drei etwa gleich grosse Dienst-jahresgruppen gebildet. Zur Präzisierung ist auch die Verteilung hinsichtlich des Geschlechts abgebildet. Die folgende Tabelle gibt Einblick.

Tabelle 6.15
Stichprobe der Lehrpersonen: Dienstjahresgruppen 1 bis 3 und Geschlecht

	weiblich		männlich		Total	
	Anzahl	%	Anzahl	%	Anzahl	%
1 bis 15 Dienstjahre	16	69.6	18	24.0	34	34.7
16 bis 25 Dienstjahre	6	26.1	30	40.0	36	36.7
26 bis 39 Dienstjahre	1	4.3	27	36.0	28	28.6
	23	100.0	75	100.0	98	100.0

Missing=1

Die aufgeführten Daten weisen darauf hin, dass das Geschlecht hinsichtlich der Dienstjahre ungleichmässig verteilt ist. Lehrerinnen sind vor allem in der ersten Dienstjahresgruppe vertreten. Das Durchschnittsalter der drei Dienstjahreskategorien liegt bei 30.4 Jahren, 44.8 Jahren und 52.8 Jahren.

Pensum
93 der 99 Lehrpersonen der Stichprobe unterrichten ein Vollpensum, 6 ein Teilpensum. Für die Untersuchung ist der Anteil der Teilpensen-Lehrkräfte zu gering, als dass dieser Aspekt mitberücksichtigt werden kann.

Ein- oder Zweiklassenschule
83 Lehrpersonen unterrichten nur eine Klasse; 16 Lehrpersonen betreuen zwei Klassen gleichzeitig (Doppelklasse); 14 eine 5./6. Klasse und 2 wie bereits erwähnt eine 8./9. Klasse.

Klassengrösse
Die durchschnittliche Klassengrösse beträgt 20.2 (s=3.57). Mit den Daten der Lehrpersonen wurden drei Gruppen gebildet, die in der folgenden Tabelle aufgeführt sind.

Tabelle 6.16
Stichprobe der Lehrpersonen: Klassengrösse

	Anzahl	% Total
11 bis 17 Schüler/-innen	22	22.4
18 bis 22 Schüler/-innen	53	54.1
23 bis 28 Schüler/-innen	23	23.5
	98	100.0

Missing=1

6.3 Instrumentarium

Die Datenerhebung wurde mittels zweier Fragebogen durchgeführt: Den Hauptteil bildete ein umfangreicher (12-seitiger) Fragebogen für die Schülerinnen und Schüler; ein weniger umfangreicher Fragebogen für Lehrpersonen ermöglichte, Fragen der Lehrpersonen und der Schüler/-innen miteinander zu vergleichen. Beide beantworteten offene Fragen und solche mit Antwortvorgabe.

6.3.1 Fragebogen der Schüler/-innen

Der verwendete Schülerinnen- und Schülerfragebogen besteht aus fünf Teilen:
   A. Angaben zur Person
   B. Offene Fragen zum Thema Autorität
   C. Fragen zu den Zuständigkeitsbereichen
   D. Fragen zur Pädagogischen Autorität
   E. Fragen zu den acht Kompetenzbereichen

A. Angaben zur Person
Die Schüler/-innen wurden zu folgenden Punkten befragt:
   - Klassenstufe (Schulklasse)
   - Schultyp der 8. Schulklasse
   - Wechsel der Klassenlehrperson (Jahr)
   - Geschlecht der Klassenlehrpersonen
   - Geschlecht der Schüler/-innen
   - Allgemeines Wohlbefinden in der Schule
   - Leistungen
   - Geburtsjahr der Schüler/-innen
   - Geschwisterzahl

- Familiensituation
- In der Schweiz geboren?
- Sprache[5]
- Staatsangehörigkeit

B. Offene Fragen zum Thema Autorität

Die 5 Explorationsfragen zum Thema Autorität entstanden aus den theoretischen Überlegungen des Kapitels 3. Bei Frage 1 boten die Versuchsleiter/-innen den Schülerinnen und Schülern eine Hilfestellung an, mit der Hoffnung, dass sich die Lernenden im Verlauf der weiteren Fragen davon lösen würden.

Einstiegsfrage

Die erste Frage war als Einstiegsfrage in das Thema Autorität gedacht. In der Annahme, dass sich die wenigsten Schülerinnen und Schüler mit diesem Begriff (Konstrukt) auseinander gesetzt hatten, wurde den Schülern/-innen bei der ersten Frage eine Hilfe angeboten. Da Autorität verschieden definiert wird (Geissler & Wollersheim, 1991), wurden folgende Definitionsmöglichkeiten zur Auswahl vorgegeben:

‚Autorität' ist ein schwieriges Wort. Ich helfe euch nun auf die Spur zu kommen, was das Wort ‚Autorität' bedeuten könnte. Autorität kann Verschiedenes bedeuten:
1. Ist das eine Person, der man folgen muss?
2. Ist das eine Person mit Überzeugungskraft?
3. Ist das eine Person mit grossem Ansehen?
4. Ist das eine Person, die viel kann (weiss)?
„Das Wort kann aber auch noch anderes bedeuten.
Was versteht ihr unter Autorität?- Was heisst Autorität für dich?"

Trotz Antwortsangeboten wurden die Schüler/-innen ermuntert, eigene Definitionen hinzuschreiben.
Die vier Kategorien lassen sich u.a. auf folgende Literatur zurückführen:
1. Ist das eine Person, der man folgen muss? (Böhm, 2000, S. 200; Geissler & Wollersheim, 1991, S. 912; Reichwein, 1989, S. 322)
2. Ist das eine Person mit Überzeugungskraft? (The New Oxford Dictionary, 1998; The Concise Oxford Dictonary 1990; Reichwein, 1989, S. 322-323; Laabs, 1987)
3. Eine Person mit grossem Ansehen? (Schröder, 1992; Laabs, 1987; Hättich, Hättich & Hohmann, 1970, S. 38; vgl. Ansehensmacht (Geiger in Reichwein, 1989, S. 322))
4. Eine Person, die viel kann (weiss)? (Fend, 1998; Bromme, 1997; Weinert, 1996; Bochenski, 1974; Rombach & Krüger, 1977)

---

5   Die Variable ‚Sprache' wurde wegen diverser Mehrfachnennungen nicht ausgewertet.

Die Kategorien sind derart gewählt, dass sie beide Seiten des Autoritätsverhältnisses zum Ausdruck bringen. Obwohl immer beide Seiten beteiligt sind, sprechen Kategorien 1 und 3 eher die anerkennende Seite an; Kategorien 2 und 4 haben mehr mit der Attribution der Autoritätsperson zu tun.

Die Frage nach der Anerkennung der Autorität der Lehrperson
Diese Frage thematisiert die innere Anerkennung von Autorität (Reichwein, 1989, S. 322; Hättich et al., 1970, S. 39): „Ist deine Lehrerin/dein Lehrer in deinen Augen eine Autoritätsperson?". Die Schüler/-innen hatten die Möglichkeit, die Frage mit Ja oder Nein zu beantworten; zudem wurden sie gebeten, ihre Antwort zu begründen (Ja, weil ... ; Nein, weil ...). Die Frage sollte die Lernenden möglichst nahe an die reale Schul-Autoritätssituation heranführen. Bei Frage 2 gaben die Versuchsleiter/-innen keine Antwortauswahl mehr vor.

Die Frage nach dem ‚Unterschied‘
„Was ist der Unterschied zwischen dir und einer Lehrerinnen- oder Lehrerautorität?" – Diese Frage spricht eine der Grundvoraussetzungen für Autorität an, nämlich die Ungleichheit (Reichwein, 1989, S. 322; Rebel, 1967, S. 2; Hättich et al., 1970, S. 49). Im Mittelpunkt des Interesses steht die Sichtweise der Schüler/-innen, wie sie die Ungleichheit zwischen ihnen und der Lehrperson sehen.

Die Frage nach der Legitimation
Diese Frage beinhaltet die Legitimation als die zweite Grundvoraussetzung (Reichwein, 1989, S. 322; Rebel, 1967, S. 2; Hättich et al., 1970, S. 49): „Warum ist eine Lehrerin/ein Lehrer berechtigt, eine Autorität zu sein?" – Damit wurde eruiert, worauf Schülerinnen und Schüler die Legitimation der Lehrerinnen- oder Lehrerautorität zurückführen.

Nichtausgewertete Frage
„Fühlst du dich auch als Autorität? – Ja, weil ...; Nein, weil ..." Diese Frage wurde nicht weiter ausgewertet, da die Übereinstimmungen der Doppelkodierungen bei den Unterkategorien nur zwischen 57% und 78% und bei den Oberkategorien zwischen 64% und 81% lagen. Thematisch hätte die Auswertung dieser Frage einen Exkurs eröffnet.

C. Fragen zu den Zuständigkeitsbereichen
Die 20 Items in Anlehnung an Smetana & Bitz (1996) dienten dazu, die Sichtweise der Schülerinnen und Schüler zu untersuchen. Sie gaben darüber Auskunft, in welchen Bereichen ihre Lehrperson berechtigt ist, ihren Einfluss geltend zu machen. Die Fragen stammten aus fünf verschiedenen Bereichen im Kontext der Schule, so aus dem Moralischen, Allgemein-konventionellen, Schulisch-kon-

ventionellen, Persönlichen und aus dem Verständigkeitsbereich (Gesundheitsbereich).

Der *Moralische Bereich* beinhaltet Vorschriften wie nicht zu stehlen, andere Schüler/-innen nicht zu bekämpfen oder zu bedrohen sowie sich nicht über andere lustig zu machen. Ihre Geltung beruht nicht auf persönlichen Vorlieben, sondern auf dem allgemeinen Prinzip, welches Wohlergehen, Gerechtigkeit und die Menschenrechte regelt.

Im Unterschied zu den moralischen Vorschriften sind Konventionen nicht universal, sondern von einem Kontext abhängige Vereinbarungen innerhalb eines bestimmten gesellschaftlichen oder kulturellen Systems.

Allgemeine Konventionen werden von personalen (Lehrpersonen) oder institutionellen Autoritäten (wie Schulleitung, Konferenz, Gesetzgebung) vertreten und dienen nicht in erster Linie dem Wohlergehen des Einzelnen, sondern dem Zusammenleben in der Schule. Sie sollen das Funktionieren der sozialen Institution gewährleisten. Im Unterschied zu den moralischen Vorschriften haben Konventionen Setzungscharakter und sind veränderbar. Zu den Allgemeinen Konventionen gehören beispielsweise die Vorkommnisse: Herumschreien in den Gängen, zu spät in die Schule kommen, der Lehrperson frech antworten.

Schulische Konventionen sind ebenfalls Setzungen, die veränderbar sind. Sie sollen das gemeinschaftliche Leben regeln. Im Vergleich zu den Allgemeinen Konventionen sind sie in ihrem Geltungsbereich noch kontextabhängiger. Die Vereinbarungen enthalten Richtlinien für das Verhalten in folgenden Situationen: ohne Erlaubnis das Schulzimmer verlassen, um auf die Toilette zu gehen; im Gang den Freund oder die Freundin küssen; Nacktbilder im Pult aufbewahren oder in der Klasse Zettel herumgeben.

Der Bereich ‚Persönliches‘ umfasst die Privatsphäre der Schüler/-innen und entzieht sich der normativen Autorität der Lehrperson und der Institution. Die Lehrerin/der Lehrer hat somit weder durch moralische Regeln noch durch Konventionen die Berechtigung, Einfluss zu nehmen. Es sind Fragen, die in den persönlichen Bereich gehören wie die Wahl der Frisur, wo und mit wem Schüler/-innen essen gehen, oder wie sie dabei ihr Geld verwenden.

Mit dem Bereich ‚Vernünftiges Handeln‘ sind Fragen angesprochen, welche die Gesundheit betreffen wie in den Schultoiletten rauchen, ‚high‘ oder betrunken in die Schule kommen oder in der Schule Alkohol oder Drogen konsumieren.

Die Antwortvorgabe lautete Ja oder Nein. Nach der kurzen Einleitung standen für die jeweiligen Bereiche folgende Items:

Gehört es zur Aufgabe der Lehrperson, oder ist deine Lehrerin/dein Lehrer berechtigt, einzugreifen, ...

Moralische Items (Moral items)
1. wenn Geld von einem Schüler, einer Schülerin gestohlen wird?
2. wenn andere Schüler/-innen bekämpft oder bedroht werden?
3. wenn Bücher am Ende des Jahres nicht zurückgegeben werden?
4. wenn sich Schülerinnen/Schüler über andere lustig machen?

Konventionelle Items (Conventional items)
Allgemeine Konventionen
5. wenn sich Schülerinnen und Schüler in der Klasse schlecht betragen (benehmen)?
6. wenn in den Gängen herumgeschrien wird?
7. wenn Schülerinnen/Schüler zu spät in die Stunde kommen?
8. wenn Schülerinnen/Schüler der Lehrperson frech antworten?

Kontextuell-koventionelle Items (Contextually conventional items)
Schulische Konventionen
9. wenn Schülerinnen/Schüler ohne Erlaubnis das Schulzimmer verlassen, um auf die Toilette zu gehen?
10. wenn Schülerinnen/Schüler ihren Freund oder ihre Freundin im Gang küssen?
11. wenn Schülerinnen/Schüler Nacktbilder im Pult aufbewahren?
12. wenn Schülerinnen/Schüler in der Klasse Zettel herumgeben?

Persönliche Items (Personal items)
13. bei der Wahl der Schulbanknachbarin, des Schulbanknachbarn?
14. bei der Wahl der eigenen Frisur?
15. bei der Wahl, wo und mit wem Schülerinnen/Schüler essen gehen?
16. beim Entscheid, wie Schülerinnen/Schüler ihr Essensgeld verwenden?

Verständigkeitsitems des Gesundheitsbereichs (Prudential items)
17. wenn Schülerinnen/Schüler in den Schultoiletten rauchen?
18. wenn Schülerinnen/Schüler ‚high‘ oder betrunken in die Schule kommen
19. wenn Schülerinnen/Schüler in der Schule Alkohol oder Drogen konsumieren?
20. wenn Schülerinnen/Schüler ‚Junk Food‘ essen (Chips, Frits, Coca, Hamburger)?

D. Erfassung von Pädagogischer Autorität

In Kapitel 3 wurden zentrale Aspekte Pädagogischer Autorität unter pädagogisch-genetischen und interaktionistischen Perspektiven und der Sachebene dargelegt. Aus diesen Überlegungen wurden einige Kernaussagen in 11 Items formuliert.

1. Meine Lehrerin/mein Lehrer übernimmt immer die Verantwortung.
2. Meine Lehrerin/mein Lehrer passt sich uns an, wenn wir älter und selbständiger werden.
3. Meine Lehrerin/mein Lehrer führt uns einerseits, andererseits lässt sie/er uns Freiheit.
4. Meine Lehrerin/mein Lehrer fördert unsere Selbstständigkeit sehr.
5. Obwohl sie/er uns in gewissen Bereichen überlegen ist, ist da doch etwas, das zwischen uns gleich ist.
6. Meine Lehrerin/mein Lehrer verfolgt einerseits ihre/seine Unterrichtsziele, andererseits berücksichtigt sie/er unsere Bedürfnisse und Wünsche.
7. Meine Lehrerin/mein Lehrer weist mich nie zurück, wenn ich sie/ihn in Frage stelle.
8. Meine Lehrerin/mein Lehrer ist sich sehr bewusst, dass ihr/sein Verhalten zu Einzelnen immer auch Auswirkungen auf die anderen Schülerinnen und Schüler hat.
9. Meine Lehrerin/mein Lehrer kann sehr gut immer wieder eine sachliche Ebene herstellen.
10. Meine Lehrerin/mein Lehrer führt mich immer wieder in neue Wissensgebiete ein und hilft mir, darin die Orientierung zu finden.
11. Sie/er ist sehr bemüht, nicht nur ihre/seine Meinungen (Anschauungen), sondern auch diejenigen anderer zu berücksichtigen.

E. Fragen zu den acht Kompetenzbereichen

Mit diesem Instrumentarium wurden die acht Kompetenzbereiche der Pädagogischen Autorität angesprochen (vgl. Kapitel 4). Die Items zu den jeweiligen Kompetenzbereichen hatten die Funktion, den Bereich für die Schülerinnen und Schüler zugänglich zu machen.

Im Vortest wurden 69 Items faktorenanalytisch ausgewertet. Nach der Überprüfung der Faktorenladungen und nach den durchgeführten Reliabilitätsanalysen unter Berücksichtigung der Trennschärfe wurden 10 Items aus den betreffenden Bereichen ausgeschieden. Somit verblieben für die Hauptuntersuchung 59 Items. Zur Beantwortung der Fragen diente die vierstufige Antwortvorgabe ,trifft völlig zu' (4), ,trifft eher zu' (3), ,trifft eher nicht zu' (2) und ,trifft gar nicht zu' (1). Die Items der verschiedenen Kompetenzbereiche lauten wie folgt:

Fachkompetenz

1. Meine Lehrerin/mein Lehrer kann sehr viel in ihrem/seinem Fach.
   Mayr et al., 1991, S. 48, Nr. 15
2. Sie/er ist eine sehr gebildete Person.
   Mayr et al., 1991, S. 48, Nr. 13
3. Sie/er ist an allem sehr interessiert.
   vgl. Carlsen 1987 in Bromme, 1997, S. 195

4. Meine Lehrerin/mein Lehrer bildet sich stets weiter.
   eigenes Item (Weiterbildung)
5. Sie/er ist immer auf dem Laufenden.
   eigenes Item (allgemeines Wissen)
6. Sie/er sorgt immer dafür, dass wir viel lernen.
   Mayr et al., 1991, S. 49, Nr. 31
7. Sie/er ist von dem, was sie/er uns lehrt, sehr begeistert.
   vgl. Carlsen 1987 in Bromme 1997, S. 195

Didaktisch-methodische Kompetenz
Didaktik
1. Meine Lehrerin/mein Lehrer wählt für uns sehr interessante Themen aus.
   vgl. Reusser, 1995, S. 20
Methodik
2. Meine Lehrerin/mein Lehrer gliedert die Unterrichtsstunde immer in Abschnitte, die sehr gut aufeinander passen.
   Mayr et al., 1991, S. 47, Nr. 6
3. Bei meiner Lehrerin/meinem Lehrer wissen wir immer genau, was wir zu
   arbeiten haben.
   Mayr et al., 1991, S. 48, Nr. 18
Klassenführung
4. Sie/er bemerkt immer alles, was in der Klasse vor sich geht.
   Mayr et al., 1991, S. 47, Nr. 1, vgl. Kuonin, 1976, S. 8
5. Meine Lehrerin/mein Lehrer greift immer gleich ein, wenn eine Schülerin, ein
   Schüler zu stören anfängt.
   Mayr et al., 1991, S. 47, Nr. 4
6. Meine Lehrerin/mein Lehrer achtet darauf, dass wir im Unterricht immer
   beschäftigt sind.
   Mayr et al., 1991, S. 47, Nr. 11
Didaktik
7. Meine Lehrerin/mein Lehrer hilft uns, einen Weg durch das viele Wissen zu
   finden.
   vgl. Reusser, 1995, S. 207
8. Meine Lehrerin/mein Lehrer erklärt uns sehr oft den Sinn, weshalb wir
   bestimmte Inhalte lernen.
   vgl. Krapf, 1993, S. 24

Erzieherische Kompetenz
Dimension ,Haltung'
1. Von meiner Lehrerin/meinem Lehrer fühle ich mich immer akzeptiert.
   vgl. Herzog, 1991a, S. 416
2. Von meiner Lehrerin/meinem Lehrer fühle ich mich sehr verstanden.
   vgl. Herzog, 1991a, S. 416

3. Meine Lehrerin/mein Lehrer meint es sehr gut mit mir.
   vgl. Herzog, 1991a, S. 416

Dimension ‚Umgang'

4. Meine Lehrerin/mein Lehrer erklärt uns sehr oft, warum wir etwas tun oder lassen sollen.
   vgl. Herzog, 1991a, S. 417
5. Meine Lehrerin/mein Lehrer möchte, dass ich für bestimmte Bereiche die Verantwortung übernehme.
   vgl. Herzog, 1991a, S. 421

Diagnostische Kompetenz

Arbeitsbereich (Leistungsbereich)

1. Sie/er erfasst meine Leistungen sehr gut.
   vgl. Fend, 1998, S. 349; vgl. Sabine Gruehn, 1995
2. Sie/er weiss über meine Begabungen sehr gut Bescheid.
   vgl. Fend, 1998, S. 349
3. Sie/er weiss über die Art, wie ich arbeite, sehr gut Bescheid.
   vgl. Fend, 1998, S. 349; vgl. Carr & Kurtz-Costes, 1994
4. Wenn ich Lernprobleme habe, schätzt meine Lehrerin/mein Lehrer meine Lernprobleme sehr gut ein.
   vgl. Fend, 1998, S. 349

Sozialbereich

5. Sie/er weiss sehr genau, was in unserer Klasse vor sich geht.
   eigenes Item
6. Sie/er merkt sehr gut, wo und warum wir Klassenprobleme haben.
   eigenes Item
7. Sie/er weiss sehr gut, wie ich zu meinen Mitschülerinnen und Mitschülern stehe.
   eigenes Item

Persönlichkeitsbereich

8. Sie/er weiss über meine Person sehr gut Bescheid.
   vgl. Fend, 1998, S. 349
9. Meine Lehrerin/mein Lehrer weiss immer genau, wo ich in meiner Entwicklung stehe.
   vgl. Herzog, 1991a, S. 421; Fend, 1997, S. 349
10. Sie/er weiss sehr genau, wo ich meine Stärken und Schwächen habe.
    vgl. Fend, 1998, S. 349

Sozio-emotionale Kompetenz

1. Meine Lehrerin/mein Lehrer lässt uns sehr vieles selbst entscheiden.
   Mayr et al., 1991, S. 47, Nr. 5
2. Sie/er tut sehr vieles, damit wir eine gute Klassengemeinschaft werden.
   Mayr et al., 1991, S. 47, Nr. 9

3. Wir reden mit ihr/ihm sehr oft über den Unterricht und über unsere Klasse.
   Mayr et al., 1991, S. 47, Nr. 12
4. Sie/er trägt sehr vieles zu einem guten Schulklima (Schulatmosphäre) bei.
   vgl. Jerusalem, 1997, S. 261
5. Sie/er freut sich sehr, wenn wir für unsere Klassengemeinschaft tätig sind.
   eigenes Item
6. Meine Lehrerin/mein Lehrer gibt uns sehr oft wichtige Ideen (Vorschläge),
   damit wir uns als Gruppe weiterentwickeln.
   vgl. Mayr et al., 1991, S. 47, Nr. 9

Kommunikative Kompetenz
Kommunikation
1. Mit meiner Lehrerin/meinem Lehrer kann ich sehr gut reden.
   vgl. Herzog, 1991a, S. 417; vgl. Rosenberg, 1999
2. Wenn ich mit meiner Lehrerin/meinem Lehrer rede, fühle ich mich sehr gut
   verstanden.
   Petillon, 1993, S. 113
3. Meine Lehrerin/mein Lehrer hört sehr gut zu.
   Petillon, 1993, S. 113
4. Bei meiner Lehrerin/meinem Lehrer weiss ich immer, woran ich bin.
   vgl. Rosenberg, 1999
Kooperation
5. Sie/er hört immer auf mich, wenn ich etwas sehr Wichtiges sage.
   Petillon, 1993, S. 113
6. Mit meiner Lehrerin/meinem Lehrer kann ich sehr gut zusammenarbeiten.
   Petillon, 1993, S. 113; vgl. Fleischer, 1990
7. Meine Lehrerin/mein Lehrer bemüht sich immer, unsere Ideen und Wünsche
   im Unterricht einzubeziehen.
   eigenes Item
Konfliktbewältigung
8. Wenn es eine Meinungsverschiedenheit gibt, ermutigt sie/er uns immer, unsere
   Gefühle auszudrücken.
   Mayr et al., 1991, S. 49, Nr. 29
9. In Streitsituationen reagiert meine Lehrerin/mein Lehrer sehr ruhig und
   sachlich.
   vgl. Petillon, 1993, S. 113; vgl. Fleischer, 1990

Persönliche Kompetenz
1. Meine Lehrerin/mein Lehrer macht sich stets über das eigene Verhalten
   Gedanken.
   Mayr et al., 1991, S. 47, Nr. 10
2. Sie/er bemüht sich immer, ausgeglichen und humorvoll zu sein.
   Mayr et al., 1991, S. 48, Nr. 16

3. Meine Lehrerin/mein Lehrer ist zu uns immer offen und ehrlich.
   Mayr et al., 1991, S. 48, Nr. 22
4. Meine Lehrerin/mein Lehrer beginnt jede Stunde sehr freudig und zuversichtlich.
   Mayr et al., 1991, S. 48, Nr. 23
5. Meine Lehrerin/mein Lehrer mag uns sehr.
   Mayr et al., 1991, S. 49, Nr. 32

Handlungskompetenz
Rollenkonformität
1. Meine Lehrerin ist eine richtige Lehrerin. / Mein Lehrer ist ein richtiger Lehrer.
   eigenes Item
2. Meine Lehrerin/mein Lehrer verhält sich in allem vorbildlich.
   Mayr et al., 1991, Nr. 25; vgl. Jirasko, 1994, S. 221, 222
Situative Rollenkompetenz
3. Auch wenn Mehreres gleichzeitig geschieht (läuft), behält unsere Lehrerin/unser Lehrer immer den Überblick.
   Doyle, 1986, S. 394 (Multidimensionalität)
4. Meine Lehrerin/mein Lehrer bewältigt sehr vieles gleichzeitig.
   Doyle, 1986, S. 394 (Simultaneität)
5. Unsere Lehrerin/unser Lehrer reagiert auf Ereignisse sehr schnell.
   Doyle, 1986, S. 394 (Unmittelbarkeit)
6. Unsere Lehrerin/unser Lehrer geht mit unvorhergesehenen Ereignissen sehr gelassen um.
   Doyle, 1986, S. 395 (Unvorhersehbarkeit)
7. Unsere Lehrerin/unser Lehrer denkt immer daran, dass wir gemeinsame Erfahrungen und Erlebnisse haben.
   Doyle, 1986, S. 394 (Geschichtlichkeit)
Öffentlichkeit
8. Bei meiner Lehrerin/meinem Lehrer nehme ich grosse Unterschiede zwischen Lehrperson und Privatperson wahr.
   vgl. Jirasko, 1994, S. 221-222
9. Sie/er ist sich sehr bewusst, dass sie/er im Schulzimmer immer beobachtet wird.
   Doyle, 1986, S. 394 (Öffentlichkeit)

6.3.2 Fragebogen der Lehrpersonen

Der Fragebogen der Lehrpersonen ist bedeutend kürzer und stützt sich vor allem auf den Fragebogen der Schülerinnen und Schüler.
Der Fragebogen besteht aus fünf Teilen:
    A. Angaben zur Lehrperson und Klasse

B. Offene Fragen zum Thema Autorität
C. Fragen zu den Zuständigkeitsbereichen
D. Allgemeine Fragen zu den Kompetenzbereichen
E. Spezifische Fragen zu den Kompetenzbereichen hinsichtlich eigener Autorität

A. Angaben zur Lehrperson

Folgende Daten wurden erfasst:
- Schultyp
- Klassenstufe (Schulklasse)
- Wann haben Sie die Klasse übernommen?
- Geschlecht
- Geburtsjahr
- Dienstjahre
- Voll- oder Teilpensum
- Klassengrösse
- Mehrklassen-Schule

B. Offene Fragen zum Thema Autorität

Die offenen Fragen zum Thema Autorität wurden in Anlehnung an den Fragebogen der Schülerinnen und Schüler zusammengestellt. Dabei standen folgende drei Fragen im Mittelpunkt der Auswertungen:

- Betrachten Sie sich als Autoritätsperson? Ja, weil ...; Nein, weil ...
- Was ist der ‚Unterschied' zwischen den Schülerinnen/Schülern und einer Autoritätsperson?
- Warum glauben Sie, ist eine Lehrperson berechtigt, eine Autoritätsperson zu sein?

Die Fragen „Was verstehen Sie unter Autorität?" und „Wodurch wird eine Lehrperson zur Autoritätsperson?" dienten der Einführung ins Thema, da die Lehrpersonen keine mündliche Einstiegshilfe bekamen.

C. Fragen zu den Zuständigkeitsbereichen

Das Instrumentarium zur Erfassung der Zuständigkeitsbereiche enthielt die gleichen Fragen wie dasjenige der Schülerinnen und Schüler (Smetana & Bitz, 1996).

D. Allgemeine Fragen zu den Kompetenzbereichen

Acht allgemeine Fragen basierten auf den acht Kompetenzbereichen (Fachkompetenz, Didaktisch-methodische Kompetenz, Erzieherische Kompetenz, Diagnostische Kompetenz, Sozio-emotionale Kompetenz, Kommunikative Kompetenz, Persönliche Kompetenz und Handlungskompetenz). Die allgemeine Frage lautete:

„Welche Bedeutung messen Sie als Lehrperson der jeweiligen Kompetenz bei?" Die neunte Frage bezweckte, nebst den aufgeführten Kompetenzbereichen, weitere in Erfahrung zu bringen, die die Lehrpersonen ebenfalls als wichtig erachteten.

E. Spezifische Fragen zu den Kompetenzbereichen hinsichtlich eigener Autorität
Die gleichen Kompetenzbereiche dienten einer weiteren Einschätzung, nämlich hinsichtlich der eigenen Autorität. „Wenn Sie sich als Autoritätsperson (Autorität) betrachten, aus welchen Kompetenzbereichen ziehen Sie als Lehrperson Ihre Autorität?" Auch bei diesem Fragenkomplex stand den Lehrpersonen die neunte Frage ergänzend zur Verfügung.

6.4 Überprüfung der Instrumentarien

Im folgenden Kapitel werden die Instrumentarien untersucht und für das weitere Vorgehen begutachtet. Im Zentrum von Abschnitt 6.4.1 steht das Auswertungssystem für die offenen Fragen. Der Fragekatalog zur Erfassung der Zuständigkeitsbereiche von Smetana & Bitz (1996) wird in Abschnitt 6.4.2 überprüft. Abschnitt 6.4.3 beinhaltet die Überprüfung des Instrumentariums zur Erfassung der Pädagogischen Autorität, und in Abschnitt 6.4.4 werden die acht Kompetenzskalen kritisch beleuchtet.

6.4.1 Qualitatives Auswertungssystem

Das Kategoriensystem
Bei der Entwicklung des Kategoriensystems wurde die methodische Regel beachtet, dass die Konstruktion des Systems und dessen substanzielle, empirische Auswertung nicht an demselben Datenmaterial vollzogen werden sollte.

Das Kategoriensystem enthält folgende 15 Oberkategorien: 4 Kategorien sind aus den theoretischen Überlegungen zu Frage 1 entstanden, nämlich die Kategorie 1 ‚Gehorsam', die Kategorie 2 ‚Überzeugungskraft', die Kategorie 3 ‚Ansehen' und die Kategorie 4 ‚Wissen und Können'. Acht weitere Kategorien liegen ebenfalls theoretische Überlegungen zu Grunde: ‚Fachkompetenz', ‚Didaktisch-methodische Kompetenz', ‚Erzieherische Kompetenz', ‚Persönliche Kompetenz', ‚Diagnostische Kompetenz', ‚Kommunikative Kompetenz', ‚Sozio-emotionale Kompetenz' und ‚Handlungskompetenz'. Die Kategorie ‚Fachkompetenz' ist mit der Kategorie ‚Wissen und Können' identisch. Die 4 restlichen Kategorien ‚Alter', ‚Ausbildung', ‚Beruf' und ‚Restgruppe' haben sich bei der Durchsicht des Probelauf-Materials herauskristallisiert.

Alle offenen Fragen wurden inhaltsanalytisch mit demselben Kategoriensystem bearbeitet.

Analyseeinheit
Unter einer Kodiereinheit versteht man eine Inhaltseinheit, die durch Sätze, Satzteile und Wörter dargestellt wird. Sie ist durch Satzzeichen, Konjunktionen (und, oder, ...) oder Zeilenneuanfänge gekennzeichnet.

Wiederholungen sind zugelassen. Als *kleinste Kodiereinheit* können einzelne Wörter wie ‚Ansehen‘, ‚Erfahrungen‘ oder ‚Ausbildung‘ vorkommen. Die grösste Kontexteinheit, also *der grösste Textbestandteil*, kann ein ganzer Satz sein, wie „Meine Lehrerin hat viel mehr Geduld als ich". Inhaltliche Aufzählungen sind wie folgt zu kodieren z.B.: „Mein Lehrer hat mehr Wissen, mehr Erfahrung, mehr Macht als ich." In diesem Fall können ‚Wissen‘, ‚Erfahrung‘, ‚Macht‘ und ‚Wissen‘ kodiert werden. Auch blosse Aufzählungen sind so zu handhaben.

Definitionen der Kategorien
Im folgenden Abschnitt werden die Oberkategorien inhaltlich definiert. Die Vorüberlegungen und die Voruntersuchung haben ergeben, dass für das Zustandekommen von *Autorität in der Schule* spezifische Kompetenzen oder Bereiche entscheidend sind.

Bei den Beschreibungen wird immer wieder auf die theoretischen Ausführungen verwiesen. Die Unterkategorien tragen zur Differenzierung wenig bei; darum werden sie bloss am Rande erwähnt. Eine detaillierte Auflistung des Kategoriensystems mit Ober- und Unterkategorien befindet sich im Anhang.

Kategorie 10: ‚Gehorsam‘
Bei der Definition von ‚Gehorsam‘ stütze ich mich auf die Ausführungen von Geissler & Wollersheim: „Beim Gehorsam handelt es sich um ein interpersonales Verhältnis. Sowohl das latainische oboedientia als auch das im Althochdeutschen nach seinem Muster gebildete deutsche Wort ‚Gehorsam‘ verweisen durch den Wortstamm ‚hören‘ (audire) auf diesen interpersonalen Bezug, der uns in der deutschen Wendung ‚auf jemanden hören‘ noch deutlicher wird" (Böhm, 2000, S. 200; Geissler & Wollersheim, 1991, S. 912). Mit der Kategorie ‚Gehorsam‘ wird die Seite der/des Anerkennenden zum Ausdruck gebracht. Hoppe-Graff et al. (1998, S. 139) sehen im Begriff ‚Gehorsam‘ die Verbindlichkeit mit Normen und Konventionen. Im Weiteren ist mit Gehorsam die Spannweite zwischen bejahter Abhängigkeit (Horkheimer, 1968, S. 301) und Zwang (vgl. Rebel, 1967) zu finden. Beispiele: „Unter Autorität verstehe ich eine Person, der man folgen muss; Autorität ist eine Person, der man gehorchen muss."

Kategorie 20: ‚Überzeugungskraft‘
Diese Kategorie stammt aus den Vorüberlegungen zur Einstiegshilfe (The New Oxford Dictionary, 1998; Bromme, 1997; Reichwein, 1989; Laabs, 1987). Die Kategorie kann auch mit Führungskraft oder Durchsetzungsvermögen umschrieben werden und beinhaltet mehr die aktive Seite der Lehrperson. Folgende Unterkategorien sind darin enthalten: ‚Strafen‘, ‚Fordern‘, ‚Streng sein‘, ‚Stark sein‘ und

‚Disziplin schaffen'. Hier einige Beispiele: Autorität ist eine Person mit Überzeugungskraft; Autorität ist eine Person mit Einfluss; Autorität ist eine Person mit Durchsetzungsvermögen bzw. eine Führungsperson.

Kategorie 30 ‚Ansehen'

Diese Kategorie entstand – wie oben erwähnt – aus den theoretischen Überlegungen in Anlehnung an Hättich, Hättich & Hohmann (Hättich et al., 1970, S. 38; vgl. Schröder, 1992; Laabs, 1987; Ziechmann, 1976). Geiger spricht von Ansehensmacht (Geiger in Reichwein, 1989, S. 322). Im Unterschied zur Kategorie ‚Überzeugungskraft' deckt diese Kategorie mehr den passiven Teil der Lehrperson ab. Darin sind folgende Unterkategorien enthalten: ‚Vorbild', ‚Konkrete Person', ‚Schüler/-innen wollen Autorität', ‚Ausstrahlung' und ‚Stellung bzw. Position'. Beispiele: Person mit (grossem) Ansehen, Ehrenperson, Person mit (viel) Anerkennung.

Kategorie 40: ‚Wissen und Können'

Die Kategorie ‚Wissen und Können' wurde wie die bisher aufgeführten Kategorien als Einstiegshilfe vorgegeben. Verschiedene Autoren gewichten die Fachkompetenz für die schulische Autorität (Fend, 1998; Bromme, 1997; Weinert, 1996; Herzog, 1991a; Bochenski, 1974; Rombach & Krüger, 1977). Die Fachkompetenz kann sowohl das Wissen als auch das Können enthalten (Köck & Ott,1994; Rombach & Krüger, 1977; Ipfling, 1974; Rombach & Heinisch, 1970). Der Doppel-Begriff wird übernommen, da er in der Umgangssprache selten auseinander gehalten wird. Angesprochen ist die Fachkompetenz, die je nach Fachbereich entweder mehr ins Wissen (Geschichte, Mathematik, Mensch und Umwelt) oder ins Können (Musik, Turnen, Sprache) geht. Beispiele: Eine Person, die viel weiss; meine Lehrerin kann viel; mein Lehrer verfügt über ein grosses Fachwissen.

Kategorie 50: ‚Didaktisch-methodische Kompetenz'

Diese Kategorie ist einerseits theoretisch abgestützt (Fend, 1998; Bromme, 1997; Weinert, 1996; Mayr, 1987), andererseits wurde sie aus dem Vortest ersichtlich. Thematisch erfasst die didaktisch-methodische Kompetenz das Lehren und Unterrichten, in ihr sind die Auswahl des Stoffs und dessen Umsetzung enthalten. Die Kategorie ‚Didaktisch-methodische Kompetenz' beinhaltet 4 Unterkategorien: ‚Lehren bzw. Unterrichten', ‚Begleiten', ‚Kontrolle' und ‚Beurteilen'. Beispiele: Die Lehrerin kann gut unterrichten; mein Lehrer gestaltet den Unterricht gut; meine Lehrerin bringt uns etwas bei; der Lehrer lehrt uns; meine Lehrerin unterrichtet uns.

Kategorie 60: ‚Erzieherische Kompetenz'

Auch die erzieherische Haltung und der erzieherische Umgang mit den Schülern/-innen gehören zum Arbeitsfeld der Lehrperson (Herzog, 1991a; Baumrind, 1989) und prägen den Alltag in der Schule massgebend. Die Erzieherische Kompetenz ist eine der acht Grundkompetenzen und enthält die drei Unterkategorien ‚Haltung und

Umgang', ‚Vertrauen' und ‚Verantwortung'. Beispiele: Die Lehrerin/der Lehrer erzieht uns; der Lehrer muss uns erziehen; die Lehrerin ist fair; mein Lehrer macht mir Mut; meine Lehrerin ist rücksichtsvoll und hilfsbereit.

Kategorie 70: ‚Alter und Erfahrung'
Diese Kategorie wurde aus den Daten des Vortests herausgearbeitet. Das Alter scheint für die Schüler/-innen ein wichtiges Kriterium für die Legitimation von Autorität zu sein. Zudem bildet es einen gewichtigen Grund für den Unterschied zwischen Schülern/-innen und Lehrpersonen-Autorität. Die Kategorie Alter enthält folgende Unterkategorien: ‚Erfahrung', ‚Grösse', ‚Erwachsensein', ‚Schüler/-in sein', ‚Freiheit wegen des Alters'. Folgende Beispiele sollen diese Kategorie illustrieren: Die Lehrerin ist älter als wir; er hat mehr Erfahrung; sie ist erwachsen und ich bin noch Schüler/-in; der Lehrer ist grösser als ich.

Kategorie 80: ‚Ausbildung'
Auch die Kategorie ‚Ausbildung' ist das Resultat des Vortests. Mit ihr wird die besondere Ausbildung sowie die Weiterbildung der Lehrperson angesprochen. Beispiele: Meine Lehrerin ist schon völlig ausgebildet; mein Lehrer hat eine spezielle Ausbildung gemacht; der Lehrer hat den Beruf gelernt; meine Lehrerin bildet sich stets weiter.

Kategorie 90: ‚Beruf'
Die Kategorie ‚Beruf' – ein Ergebnis des Vortests – umfasst das Berufsspezifische des Lehrberufes, den Auftrag und die Pflicht einerseits und die Liebe zum Beruf andererseits. Dementsprechend lauten die beiden Unterkategorien: ‚Auftrag bzw. Pflicht' und ‚Liebe zum Beruf'. Beispiele: Es ist ihr Beruf; der Lehrer muss eine Autorität sein, weil er diesen Beruf gewählt hat; meine Lehrerin mag ihren Beruf.

Kategorie 100: ‚Persönliche Kompetenz'
Die Kategorie ‚Persönliche Kompetenz' – auch eine der acht Grundkompetenzen des theoretischen Teils (Fend, 1998; Weinert, 1996; Schröder, 1992; Labbs, 1987; Rombach & Krüger, 1977) – wurde durch die Vorkodierungsarbeiten bestätigt. Sie ist in die vier Unterkategorien ‚Jeder Mensch ist eine Autorität', ‚Selbstreflexion', ‚Selbstvertrauen' und ‚Andersartigkeit' gegliedert. Beispiele: Die Lehrerin ist eine Persönlichkeit; Autorität ist eine Persönlichkeit; mein Lehrer ist eine richtige Persönlichkeit.

Kategorie 110: ‚Diagnostische Kompetenz'
Wie im theoretischen Teil dargelegt (Fend, 1998; Bromme, 1997; Gruehn, 1995), wird auch die Kategorie ‚Diagnostische Kompetenz' zu den grundlegenden Kompetenzbereichen der Lehrperson gezählt. Weinert nennt es das Diagnostische Wissen (Weinert, 1996). Damit wird die Fähigkeit, Schülerinnen und Schüler unter verschiedenen Aspekten adäquat einzuschätzen, angesprochen. Die 3 Unter-

kategorien erfassen den ‚Arbeitsbereich', den ‚Sozialbereich' und den ‚Persönlichkeitsbereich'. Folgende Sätze dienen als Beispiele: Meine Lehrerin kann uns gut erfassen; mein Lehrer schätzt mich gut ein; er weiss, wer ich bin; die Lehrerin weiss über die Leute Bescheid.

Kategorie 120: ‚Kommunikative Kompetenz'
Die ‚Kommunikative Kompetenz' hat im Hinblick auf die pädagogische Autorität einen hohen Stellenwert (Fend, 1998; Herzog, 1991a; Fleischer, 1990; Reichwein, 1989). Sie prägt das Autoritätsverhältnis massgebend und gehört deshalb zu den Grundkompetenzen. Mit den Unterkategorien sind die Aspekte ‚Konfliktfähigkeit', ‚Kooperation' und ‚Beziehungsfähigkeit' angesprochen. Beispiele: Mit der Lehrerin kann ich gut reden; der Lehrer kann gut zuhören.

Kategorie 130: ‚Gemeinschaft' oder ‚Sozio-emotionale Kompetenz'
Theoretische Überlegungen zur Kategorie ‚Sozio-emotionale Kompetenz' wurden bereits weiter oben angebracht (Fend, 1998; Jerusalem, 1997; Petillon, 1993; Herzog, 1991a; Mayr et al., 1991). Darin erscheinen folgende Themen als Unterkategorien: ‚Gruppenentwickung', ‚Klassenklima', ‚Soziales Wissen' und ‚Gesellschaftliches Engagement'. Beispiele: Die Lehrerin setzt sich für die Klasse (Klassengemeinschaft) ein; er schaut für ein gutes Klima in der Klasse.

Kategorie 140: ‚Handlungskompetenz'
Diese Grundkompetenz wird für die Lehrperson vorausgesetzt. Darin ist die Rollenkompetenz mit adäquaten Handlungsweisen enthalten (Hättich, Hättich & Hohmann, 1970; Rombach & Heinisch, 1970), die besonders in der Berufsrolle des Lehrberufs gefordert sind (Doyle, 1986). Die Handlungskompetenz wird mit folgenden vier Unterkategorien differenziert, so mit ‚Simultaneität', ‚Überblick bewahren', ‚Schnelles Reagieren' und ‚Umgang mit Unvorhergesehenem'. Beispiele: Die Lehrerin kann gut handeln bzw. reagieren; der Lehrer kann den Überblick bewahren; er kann schnell reagieren.

Kategorie 150: ‚Restgruppe'
In der Kategorie ‚Restgruppe' sind folgende Unterkategorien eingeordnet: ‚Unklare Antwort', ‚Ich weiss nicht', ‚Keine Antwort', ‚Kein Unterschied', ‚Andere' und ‚Nämlich'. Die Unterkategorie ‚Nämlich' erfasst alle Antworten, die zu keiner anderen Kategorie passen.

Überprüfung des Kategoriensystems
Das Kategoriensystem wurde von zwei Raterinnen zweifach durch Doppelkodierung überprüft. 10% der insgesamt 1794 Fragebogenantworten wurden nach einer Übungsphase doppelkodiert und weitere 10% am Schluss der Kodierungsarbeit. Gearbeitet wurde mit den beschriebenen Ober- und Unterkategorien. Wie erwartet, ist die Übereinstimmung der Oberkategorien durchgehend etwas höher

ausgefallen als die der Unterkategorien. Die Oberkategorien rücken somit in den Mittelpunkt der weiteren Untersuchungen; in einzelnen Fällen dienen die Unterkategorien[6] zur Präzisierung der Ergebnisse. Folgende Tabellen geben Einblick in die Ergebnisse der Doppelkodierungen. In der dritten Tabelle ist der Vergleich zwischen der ersten und der zweiten Doppelkodierung ersichtlich.

Tabelle 6.17
Doppelkodierungen: Übereinstimmung der ersten 10%

	Anzahl Überein- stimmungen	Anzahl gültiger Fälle	Übereinstim- mung in %: Reliabilität
B1 Was verstehst du unter Autorität?	324 **338**	405 **405**	80 **83**
B2j Ist deine Lehrperson auch eine Autorität? Ja, weil ...	189 **192**	234 **234**	81 **82**
B2n Ist deine Lehrperson auch eine Autorität? Nein, weil ...	56 **57**	79 **79**	71 **72**
B3 Was ist der Unterschied zwischen einer LP-Autorität und dir?	218 **227**	276 **276**	79 **82**
B4 Warum ist eine Lehrperson be- rechtigt, eine Autorität zu sein?	191 **203**	243 **243**	79 **84**

Die **fett** geschriebenen Ergebnisse enthalten die Oberkategorien und die nicht fetten die Unterkategorien.

Tabelle 6.18
Doppelkodierungen: Übereinstimmung der zweiten 10%

	Anzahl Überein- stimmungen	Anzahl gültiger Fälle	Übereinstim- mung in %: Reliabilität
B1 Was verstehst du unter Autorität?	351 **356**	390 **390**	90 **91**
B2j Ist deine Lehrperson auch eine Autorität? Ja, weil ...	297 **311**	352 **352**	84 **88**
B2n Ist deine Lehrperson auch eine Autorität? Nein, weil ...	47 **49**	66 **66**	71 **74**
B3 Was ist der Unterschied zwischen einer LP-Autorität und dir?	328 **344**	404 **404**	81 **85**
B4 Warum ist eine Lehrperson berechtigt, eine Autorität zu sein?	303 **314**	370 **370**	82 **85**

Die **fett** geschriebenen Ergebnisse enthalten die Oberkategorien und die nicht fetten die Unterkategorien.

---

6   Insgesamt tragen die Unterkategorien nur wenig zur Differenzierung bei.

Tabelle 6.19
Doppelkodierungen: Vergleich der Übereinstimmungen
zwischen den ersten und den zweiten 10%

	Übereinstim-mung der ersten 10%	Übereinstim-mung der zweiten 10%
B1 Was verstehst du unter Autorität?	80 **83**	90 **91**
B2j Ist deine Lehrperson auch eine Autorität? Ja, weil ...	81 **82**	84 **88**
B2n Ist deine Lehrperson auch eine Autorität? Nein, weil ...	71 **72**	71 **74**
B3 Was ist der Unterschied zwischen einer LP-Autorität und dir?	79 **82**	81 **85**
B4 Warum ist eine Lehrperson berechtigt, eine Autorität zu sein?	79 **84**	82 **85**

Die **fett** geschriebenen Ergebnisse enthalten die Oberkategorien und die nicht fetten die
Unterkategorien.

Betrachtet man die Übereinstimmungsergebnisse der *Oberkategorien*, so ist zu
sehen, dass die Übereinstimmungen bei den Fragen B1, B2j, B3 und B4 über 80%
liegen. Die Kodierungseinheiten (Kodierungsmaterial) können als Grundlage für
weitere Auswertungen verwendet werden. Bei der Frage B2n hingegen ist etwas
Vorsicht angebracht, weil die Übereinstimmungen nur bei 71% liegen. Dies könnte
darauf hinweisen, dass die Antworten der Schüler/-innen weniger gut durch das
Kategoriensystem erfasst worden sind. Die Texte sind sehr kreativ und nicht immer
klar zu verstehen. Deshalb darf das Material zur Frage B2n nur tendenziell interpretiert werden.

Auswertung der Vorfrage „Was verstehst du unter Autorität?"
„Was verstehst du unter Autorität?" – Mit dieser Frage wurde versucht, einen Ein-
stieg ins Thema Autorität zu finden, um herauszubekommen, in welche Richtung
die Schülerinnen und Schüler tendenziell Autorität definieren. Wie bereits bei der
Beschreibung des Instrumentariums dargelegt, erhielten die Schülerinnen und
Schüler bei dieser ersten Frage eine Einstiegshilfe:
„Autorität" ist ein schwieriges Wort. Ich helfe euch nun auf die Spur zu kommen,
was das Wort „Autorität" bedeuten könnte. Autorität kann Verschiedenes bedeuten:
1. Ist das eine Person, der man folgen muss?
2. Ist das eine Person mit Überzeugungskraft?
3. Ist das eine Person mit grossem Ansehen?
4. Ist das eine Person, die viel kann (weiss)?
   „Das Wort kann aber auch noch anderes bedeuten.
   Was versteht ihr unter Autorität? – Was heisst Autorität für dich?"

Die Kategorien *Gehorsam*, *Überzeugungskraft*, *Ansehen* und *Fachkompetenz* (Wissen) dienten den Schülerinnen und Schülern als mögliche Orientierung (vgl. Kap. 2). Sie wurden jedoch auch aufgefordert, eigene Gedanken und Definitionen hinzuschreiben. Die Vermutung liegt nahe, dass sich die Schüler/-innen vor allem an den vorgelegten Definitionen orientierten. Die Übereinstimmung der beiden Kodiererinnen (Oberkategorien) beträgt bei dieser Frage 83% und 91% (vgl. Tab. 6.19). Gerechnet wurde mit 1794 Schülern/-innen. Insgesamt wurden 3563 Nennungen festgehalten. Im Folgenden werden die genannten Kategorien dargestellt:

Tabelle 6.20
Oberkategorien: Antworten der Schüler/-innen, Häufigkeit, Prozente und Mittelwerte

Was verstehst du unter Autorität?		
Oberkategorien	Anzahl	%
Ansehen	921	25.85
Fachkompetenz	838	23.52
Überzeugungskraft	638	17.91
Gehorsam	419	11.76
Erzieherische Kompetenz	382	10.72
Didakt.-method. Kompetenz	63	1.77
Persönliche Kompetenz	27	0.76
Alter und Erfahrung	22	0.62
Kommunikative Kompetenz	14	0.40
Beruf	11	0.31
Ausbildung	2	0.05
Diagnostische Kompetenz	1	0.02
Sozio-emot. Kompetenz	1	0.02
Handlungskompetenz	0	0.00
Antwort unklar	125	3.51
Andere	54	1.52
Ich weiss nicht	20	0.56
Keine Antwort	25	0.70
	3563	

Einordnung der Kategorien:
Wie erwartet wurden die vorgegebenen Kategorien ‚Gehorsam', ‚Überzeugungskraft', ‚Ansehen' und ‚Fachkompetenz' am häufigsten genannt. Auf Rang eins steht die Kategorie *Ansehen*. Da sie als Einstiegshilfe erst an dritter Stelle aufgeführt wurde, kann daraus abgeleitet werden, dass diese Kategorie für eine Autoritätsperson einen zentralen Aspekt darstellt. Die Schüler/-innen suchten sofort

nach Beispielen, also nach konkreten Personen, denen sie grosses Ansehen zuschreiben konnten (528 Mal). Die Palette erstreckt sich von Familienmitgliedern, Verwandten, Lehrpersonen bis zu berühmten Leuten in der Öffentlichkeit (z.B. DJ Bobo).

An zweiter Stelle, knapp hinter der Kategorie Ansehen, folgt die *Fachkompetenz*, die von den Schülern/-innen für eine Autoritätsperson ebenfalls als wichtig erachtet wurde (23.52%). Das ‚Wissen und Können' trägt also wesentlich dazu bei, dass sie ihre Lehrperson als Autorität betrachten. Die Fachkompetenz wurde als Einstiegshilfe an letzter Stelle genannt.

Mit 17.91% steht auf Rang drei die Kategorie *Überzeugungskraft*. Eine Person muss vor allem überzeugend sein, wenn sie für die Schüler/-innen als Autoritätsperson gelten soll.

Die Kategorie *Gehorsam* folgt mit 11.76% an vierter Stelle, obwohl sie nur halb so oft wie die ersten beiden genannt wurde. Schüler/-innen verknüpfen Gehorsam nicht zwingend mit einer Autoritätsperson.

Etwa gleich oft mit 10.72% wurde die Kategorie *Erziehungskompetenz* angegeben. Interessant ist, dass diese Kategorie nicht vorgegeben und fast ebenso häufig erwähnt wurde wie die Kategorie ‚Gehorsam'. In dieser Kategorie sind vor allem die *Haltung* und der *Umgang* einer Person vertreten. Vermutlich wäre bei dieser Frage die Häufigkeit dieser Kategorie noch höher, wenn sie vorausgehend in der Einstiegshilfe enthalten gewesen wäre. Aus der Rangliste kann trotzdem entnommen werden, dass für die Schüler/-innen die Haltung und der Umgang einer Person wichtig sind, damit sie diese als Autoritätsperson anerkennen. Gemeint sind mit Haltung und Umgang Werte wie Rücksicht nehmen, hilfsbereit oder gerecht sein, Humor haben, verständnisvoll oder wohlwollend sein, Mut geben u.a.

Andere Kategorien hingegen wurden nur spärlich oder überhaupt nicht erwähnt. Daraus ist zu schliessen, dass sie von den Schülern/-innen für die erste Frage, was Autorität sei, nicht als zentral betrachtet wurden.

Wie weiter unten bei den Resultaten noch zu sehen sein wird, lösten sich die Schüler/-innen im Verlauf der Fragen immer weiter von den vorgegebenen Kategorien.

6.4.2 Das Instrumentarium zur Erfassung der Zuständigkeitsbereiche

Die 20 Items, in Anlehnung an die Studie von Smetana & Bitz (1996), erfassen die fünf Bereiche ‚Moral', ‚Allgemeine Konventionen', ‚Schulische Konventionen', ‚Vernünftiges Handeln' (Gesundheitsbereich) und ‚Persönliches'. Zu jedem Bereich gehören 4 Items aufgelistet mit dem Antwortmodus Ja oder Nein. In der folgenden Tabelle sind die Mittelwerte der Items, die den entsprechenden Bereichen nach Smetana & Bitz zugeordnet sind.

Tabelle 6.21
Angaben der Schüler/-innen zu den Zuständigkeitsbereichen:
Mittelwerte der Bereiche und Prozentangaben der Items sowie Anzahl Schüler/-innen

Ist deine Lehrerin/dein Lehrer berechtigt, einzugreifen, ...	Ja-Antworten in %	Anzahl Schüler/-innen
4 Items zur Moral	**M=3.44**	**1745**
1. wenn Geld von einem Schüler, einer Schülerin gestohlen wird?	88%	1763
2. wenn andere Schüler/-innen bekämpft oder bedroht werden?	93%	1770
3. wenn Bücher am Ende des Jahres nicht zurückgegeben werden?	91%	1766
4. wenn sich Schülerinnen/Schüler über andere lustig machen?	73%	1763
4 Items zum Bereich Allgemeine Konventionen	**M=3.47**	**1753**
5. wenn sich Schülerinnen und Schüler in der Klasse schlecht betragen (benehmen)?	93%	1788
6. wenn in den Gängen herumgeschrien wird?	84%	1781
7. wenn Schülerinnen/Schüler zu spät in die Stunde kommen?	79%	1773
8. wenn Schülerinnen/Schüler der Lehrperson frech antworten?	92%	1784
4 Items zum Bereich Schulische Konventionen	**M=1.76**	**1727**
9. wenn Schülerinnen/Schüler ohne Erlaubnis das Schulzimmer verlassen, um auf die Toilette zu gehen?	49%	1781
10. wenn Schülerinnen/Schüler ihren Freund oder ihre Freundin im Gang küssen?	13%	1760
11. wenn Schülerinnen/Schüler Nacktbilder im Pult aufbewahren?	45%	1762
12. wenn Schülerinnen/Schüler in der Klasse Zettel herumgeben?	70%	1777
4 Items zum Bereich Persönliches	**M=0.54**	**1741**
13. bei der Wahl der Schulbanknachbarin, des Schulbank-nachbarn?	37%	1772
14. bei der Wahl der eigenen Frisur?	05%	1782
15. bei der Wahl, wo und mit wem Schülerinnen/Schüler essen gehen?	06%	1772
16. beim Entscheid, wie Schülerinnen/Schüler ihr Essensgeld verwenden?	07%	1776
4 Items zum Bereich Vernünftiges Handeln	**M=3.05**	**1770**
17. wenn Schülerinnen/Schüler in den Schultoiletten rauchen?	91%	1785
18. wenn Schülerinnen/Schüler ‚high' oder betrunken in die Schule kommen?	93%	1784
19. wenn Schülerinnen/Schüler in der Schule Alkohol oder Drogen konsumieren?	95%	1787
20. wenn Schülerinnen/Schüler ‚Junk Food' essen (Chips, Frits, Coca, Hamburger)?	27%	1779

Antwortskala: Ja=1; Nein=0

Im Bereich ‚Moral' bewegen sich die Werte zwischen 73% und 93%. Bei diesen Fragen sind sich die Schüler/-innen relativ einig, dass es zur Aufgabe der Lehrperson gehört, einzugreifen. Im Bereich ‚Allgemeine Konventionen' verhält es sich ähnlich. Die Prozentwerte liegen zwischen 79% und 93%. Uneinheitlich sind die Werte im Bereich ‚Schulische Konventionen'; sie erstrecken sich zwischen 13% (10. Im Gang küssen) und 70% (12. In der Klasse Zettel herumgeben). Im Bereich ‚Persönliches' haben drei Items fast den gleichen Werte (5%, 6%, 7%). Die Schüler/-innen sind sich in diesen Fragen einig, dass es nur um ihre Sache geht und die Lehrperson keine Berechtigung hat, Einfluss zu nehmen. In diesem Bereich fällt das Item 13 mit einem Prozentwert von 37% aus dem Rahmen (Wahl der Schulbanknachbarin, des Schulbanknachbarn). Der Mittelwert könnte darauf hindeuten, dass Schüler/-innen die Wahl der Schulbanknachbarin, des Schulbanknachbarn zwar eher dem persönlichen Bereich, jedoch je nach Erfordernis auch dem Bereich ‚Schulische Konventionen', zuordnen (vgl. Hoppe-Graff et al., 1998, S. 156). Im Bereich ‚Vernünftiges Handeln' (Gesundheitsbereich) sprechen die drei Items mit Werten über 90% das Rauchen, den Alkoholkonsum und andere Drogen an. In den Augen der Schüler/-innen gehören diese drei klar in den Zuständigkeitsbereich der Lehrperson. Beim Item 20 beträgt der Wert 27% (‚Junk Food' essen wie Chips, Frits, Cola und Hamburger)[7]. Er differiert von den andern um einiges.

Im Weiteren werden die Haupt-Resultate mit denjenigen der Untersuchung von Smetana & Bitz (1996) verglichen. Die Erkenntnisse sollen als Hinweis dienen, wie die Ergebnisse eingeordnet werden könnten. In folgender Tabelle (Tab. 6.22) sind die Resultate der beiden Studien zu sehen; die Prozentzahlen geben die durchschnittliche Zustimmung der Schüler/-innen an, ob im jeweiligen Bereich die Lehrperson berechtigt ist, einzugreifen.

Mit Ausnahme vom Bereich ‚Persönliches' ermittelt der Chi-Quadrat-Test keine signifikanten Unterschiede. Die Abweichung im Bereich ‚Persönliches' zeigt sich mit einer Signifikanz von $p<0.05$ ($x^2=6.28$; df=1). Zu beachten ist jedoch der Faktor Alter: Smetana & Bitz (1996) untersuchten die Schulklassen 5, 7, 9 und 11; diese Untersuchung erfasste Schüler/-innen der Schulklassen 5, 6 und 8. Das daraus resultierende unterschiedliche Durchschnittsalter der beiden Untersuchungen könnte die grösseren Abweichungen im Bereich ‚Persönliches' erklären.

---

7   Bei den Lehrpersonen beträgt der Mittelwert .11.

Tabelle 6.22
Prozentangaben der Schüler/-innen zu den Zuständigkeitsbereichen:
Vergleich mit Smetana & Bitz (1996)

Bereiche	Untersuchung Smetana & Bitz; (N=120)	Untersuchung Frei (N=1794)	Chi-Quadrat-Test x^2
Moral	89.0%	86.0%	0.08 df=1
Allgemeine Konventionen	76.0%	86.8%	1.64 df=1
Schulische Konventionen	46.0%	44.0%	0.08 df=1
Persönliches	5.0%	13.5%	6.28 * df=1
Vernünftiges Handeln	71.0%	76.3%	0.48 df=1

*p<.05

Um diese Differenz auszuschliessen, werden im Folgenden nur die Ergebnisse der Schüler/-innen der 5. Schulklassen miteinander verglichen. Das Durchschnittsalter der Schüler/-innen der 5. Schulklasse von Smetana und Bitz beträgt 10.7 Jahre (s=.43), dasjenige der Schüler/-innen dieser Untersuchung 10.9 Jahre (s=.59).

Tabelle 6.23
Prozentangaben der Schüler/-innen zu den Zuständigkeitsbereichen: Vergleich mit Smetana & Bitz (1996) hinsichtlich des 5. Schuljahres

Bereiche	Untersuchung Smetana & Bitz Durchschnitt N= 28	Untersuchung Frei Durchschnitt N=735	Chi-Quadrat-Test x^2
Moral	96.0%	88.0%	0.27 df=1
Allgemeine Konventionen	88.0%	88.0%	kein Unterschied
Schulische Konventionen	57.0%	52.0%	0.17 df=1
Persönliches	11.0%	18.8%	0.84 df=1
Vernünftiges Handeln	78.0%	80.8%	0.01 df=1

Vergleicht man nur die Stichproben-Werte der 5. Schulklasse, so zeigen sich keine signifikanten Unterschiede. Die vorherige Differenz wird vermutlich durch den Faktor Alter verursacht. Daraus kann geschlossen werden, dass in beiden Studien die Bereichszuständigkeit der Lehrpersonen von den Schülern/-innen etwa gleich eingestuft wird. Die Resultate von Smetana & Bitz 1996 haben sich somit bestätigt.

Mit der Hauptkomponenten-Analyse kann ein weiterer Kontrollschritt ausgeführt werden. Die Faktorenanalyse mit Rotation Varimax (mit den Rotationen Oblimin, Equamax und Quartimax zeigen sich ähnliche Lösungen) bildet die fünf Bereiche nach. Wie in folgender Tabelle zu sehen ist, gibt es bei einigen Items hinsichtlich der Ladungen Auffälligkeiten: Bei Item C3 (wenn Bücher am Ende des Jahres nicht zurückgegeben werden) ist die Hauptladung nicht wie erwartet auf Faktor eins, sondern auf Faktor zwei. Die Item C5 (wenn sich Schülerinnen und Schüler in der Klasse schlecht betragen) und C13 (bei der Wahl der Schulbanknachbarin, des Schulbanknachbarn) erreichen bei keinem Faktor eine Ladung >.40. Eine Doppelladung mit >.40 zeigt sich bei Item C12 (wenn Schülerinnen/Schüler in der Klasse Zettel herumgeben). Item C20 (wenn Schülerinnen/Schüler ‚Junk Food' essen) lädt auf Faktor drei anstatt Faktor fünf.

Tabelle 6.24
Faktorenanalyse I: Ladungen der Items auf den Faktoren 1 bis 5 (Ladungen >.40, fett geschrieben)

		F 1	**F 2**	**F 3**	**F 4**	**F 5**
	Moral					
C1	1. wenn Geld von einem Schüler, einer Schülerin gestohlen wird?	**.70**	-.04	-.06	.04	.02
C2	2. wenn andere Schüler/-innen bekämpft oder bedroht werden?	**.73**	.15	-.02	-.03	.14
C3	3. wenn Bücher am Ende des Jahres nicht zurückgegeben werden?	.25	**.52**	-.05	.02	.07
C4	4. wenn sich Schülerinnen/Schüler über andere lustig machen?	**.54**	.09	.29	-.02	.04
	Allgemeine Konventionen					
C5	5. wenn sich Schülerinnen und Schüler in der Klasse schlecht betragen (benehmen)?	.20	.32	-.04	-.01	.36
C6	6. wenn in den Gängen herumgeschrien wird?	.03	**.53**	.11	.09	.18
C7	7. wenn Schülerinnen/Schüler zu spät in die Stunde kommen?	-.05	**.63**	-.01	-.08	-.01
C8	8. wenn Schülerinnen/Schüler der Lehrperson frech antworten?	.07	**.46**	.06	-.03	.39
	Schulische Konventionen					
C9	9. wenn Schülerinnen/Schüler ohne Erlaubnis das Schulzimmer verlassen, um auf die Toilette zu gehen?	-.14	.30	**.43**	-.01	.04

		F1	F2	F3	F4	F5
C10	10. wenn Schülerinnen/Schüler ihren Freund oder ihre Freundin im Gang küssen?	.01	-.08	**.66**	.13	.01
C11	11. wenn Schülerinnen/Schüler Nacktbilder im Pult aufbewahren?	.10	.01	**.70**	-.04	.13
C12	12. wenn Schülerinnen/Schüler in der Klasse Zettel herumgeben?	.03	**.40**	**.46**	-.08	.14
	Persönliches					
C13	13. bei der Wahl der Schulbanknachbarin, des Schulbanknachbarn?	-.02	.30	.36	.24	-.02
C14	14. bei der Wahl der eigenen Frisur?	-.02	.05	.10	**.72**	-.13
C15	15. bei der Wahl, wo und mit wem Schülerinnen/Schüler essen gehen?	.04	.00	.04	**.80**	-.09
C16	16. beim Entscheid, wie Schülerinnen/ Schüler ihr Essensgeld verwenden?	-.02	-.06	.11	**.72**	.03
	Vernünftiges Handeln (Gesundheit)					
C17	17. wenn Schülerinnen/Schüler in den Schultoiletten rauchen?	.03	.10	.12	-.03	**.74**
C18	18. wenn Schülerinnen/Schüler ‚high' oder betrunken in die Schule kommen?	.07	.05	.11	-.07	**.84**
C19	19. wenn Schülerinnen/Schüler in der Schule Alkohol oder Drogen konsumieren?	.04	.13	.04	-.10	**.85**
C20	20. wenn Schülerinnen/Schüler ‚Junk Food' essen (Chips, Frits, Coca, Hamburger)?	.06	-.05	**.49**	.18	.05
	Weitere Angaben zur Faktorenanalyse	**F1**	**F2**	**F3**	**F4**	**F5**
	Eigenwert	1.14	1.22	2.20	1.36	3.27
	Proportion	5.7	6.1	11.0	6.8	16.3
	Cronbach Alpha	.41	.41	.50	.49	.52

F=Faktor

Die Analysen gaben Hinweise für das weitere Vorgehen: Da die Items 13 und 20 sowohl bei den Mittelwert-Vergleichen (ihre Mittelwerte fielen im entsprechenden Bereich aus dem Rahmen) als auch bei der Faktorenanalyse nicht die erwarteten Ergebnisse zeigten, wurden sie für die Auswertungen weggelassen. Die Bereiche ‚Persönliches' und ‚Vernünftiges Handeln' (Gesundheit) enthalten somit für die weiteren Analysen nur drei Items. Die Faktorenanalyse ohne Item 13 und 20 zeigt folgende Werte:

Tabelle 6.25

Faktorenanalyse II: Ladungen der Items auf den Faktoren 1 bis 5 (Ladungen >.40, fett geschrieben)

		F 1	F 2	F 3	F 4	F 5
	Moral					
C1	1. wenn Geld von einem Schüler, einer Schülerin gestohlen wird?	**.67**	-.03	-.08	.03	.02
C2	2. wenn andere Schüler/-innen bekämpft oder bedroht werden?	**.73**	.17	-.03	-.03	.14
C3	3. wenn Bücher am Ende des Jahres nicht zurückgegeben werden?	.23	**.57**	-.00	.01	.05
C4	4. wenn sich Schülerinnen/Schüler über andere lustig machen?	**.55**	.06	.28	-.01	.05
	Allgemeine Konventionen					
C5	5. wenn sich Schülerinnen und Schüler in der Klasse schlecht betragen (benehmen)?	.20	.31	-.01	-.01	.36
C6	6. wenn in den Gängen herumgeschrien wird?	.02	**.51**	.15	.10	.19
C7	7. wenn Schülerinnen/Schüler zu spät in die Stunde kommen?	-.08	**.68**	-.02	-.08	-.01
C8	8. wenn Schülerinnen/Schüler der Lehrperson frech antworten?	.07	**.45**	.11	-.04	.39
	Schulische Konventionen					
C9	9. wenn Schülerinnen/Schüler ohne Erlaubnis das Schulzimmer verlassen, um auf die Toilette zu gehen?	-.12	.25	**.50**	-.01	.03
C10	10. wenn Schülerinnen/Schüler ihren Freund oder ihre Freundin im Gang küssen?	.03	-.10	**.65**	.19	.00
C11	11. wenn Schülerinnen/Schüler Nacktbilder im Pult aufbewahren?	.12	.05	**.73**	.02	.13
C12	12. wenn Schülerinnen/Schüler in der Klasse Zettel herumgeben?	.05	.32	**.53**	-.04	.15
	Persönliches					
C14	14. bei der Wahl der eigenen Frisur?	-.02	.06	.07	**.73**	-.13
C15	15. bei der Wahl, wo und mit wem Schülerinnen/Schüler essen gehen?	.04	.01	.01	**.80**	-.09
C16	16. beim Entscheid, wie Schülerinnen/ Schüler ihr Essensgeld verwenden?	-.01	-.07	.08	**.73**	.04
	Vernünftiges Handeln (Gesundheit)					
C17	17. wenn Schülerinnen/Schüler in den Schultoiletten rauchen?	.03	-.09	.12	-.03	**.74**
C18	18. wenn Schülerinnen/Schüler ,high' oder betrunken in die Schule kommen?	.07	.04	.10	-.07	**.84**
C19	19. wenn Schülerinnen/Schüler in der Schule Alkohol oder Drogen konsumieren?	.04	.12	.03	-.11	**.85**
	Weitere Angaben zur Faktorenanalyse	**F1**	**F2**	**F3**	**F4**	**F5**
	Eigenwert	1.14	1.21	1.96	1.35	3.20
	Proportion	6.2	6.7	10.9	7.5	17.8
	Cronbach Alpha	.41	.41	.50	.65	.78

F=Faktor

In der folgenden Tabelle sind die Anzahl Ausprägungen zu sehen. Die Ausprägung 0 bedeutet, dass alle vier Items (oder drei Items) des Bereichs mit Nein beantwortet wurden. Ausprägung 4 bedeutet, dass vier Items mit Ja beantwortet wurden.

Tabelle 6.26
Angaben der Schüler/-innen zu den Zuständigkeitsbereichen:
Anzahl Ausprägungen

Ausprägung	Moral 4 Items	Allgemeine Konventionen 4 Items	Schulische Konventionen 4 Items	Persönliches 3 Items	Vernünftiges Handeln 3 Items
0	15	14	278	1548	59
1	44	34	444	144	39
2	140	157	532	33	122
3	505	450	364	31	1561
4	1041	1098	109	—	—
Total	1745	1753	1727	1756	1781

Tabelle 6.26 zeigt, dass nicht alle Ausprägungsgruppen gut besetzt sind. In den Bereichen ‚Moral' und ‚Konventionen' werden die Gruppen 0, 1 und 2 zusammengefasst; beim Bereich ‚Persönliches' die Gruppen 2 und 3; beim Bereich ‚Vernünftiges Handeln' 0 und 1; nur bei den ‚Schulischen Konventionen' werden alle Ausprägungsgrade so belassen. In der folgenden Tabelle ist die Neuverteilung dargestellt.

Tabelle 6.27
Angaben der Schüler/-innen zu den Zuständigkeitsbereichen:
Zusammengelegte Gruppen, Anzahl Ausprägungen

Ausprägung	Moral 2-4	Allgemeine Konventionen 2-4	Schulische Konventionen 0-4	Persönliches 0-2	Vernünftiges Handeln 1-3
0	—	—	278	1548	—
1	—	—	444	144	98
2	199	205	532	64	122
3	505	450	364	—	1561
4	1041	1098	109	—	—
Total	1745	1753	1727	1741	1770

Als Auswertungsverfahren hinsichtlich der unabhängigen Variablen wird auf Grund der Stichprobengrösse die Varianzanalyse ANOVA gewählt. Dieses Verfahren ist robust, was auch der U-Test für nonparametrische Stichproben bestätigt.

Die nachstehende Tabelle zeigt sowohl für die Schüler/-innen als auch die Lehrpersonen die Ergebnisse der einzelnen Items und der fünf Zuständigkeitsbereiche. Diese Daten werden für die folgenden Analysen verwendet.

Tabelle 6.28
Angaben der Schüler/-innen und Lehrpersonen zu den Zuständigkeitsbereichen: Mittelwerte der Bereiche und Prozentangaben der Items

	Ja-Antworten in %	
Ist deine Lehrerin/dein Lehrer berechtigt, einzugreifen, ... Sind Sie berechtigt, einzugreifen, ...	Schüler/ Schülerinnen	Lehr- personen
4 Items zur Moral	**M=3.48**	**M=3.92**
1. wenn Geld von einem Schüler, einer Schülerin gestohlen wird?	88%	96%
2. wenn andere Schüler/-innen bekämpft oder bedroht werden?	93%	99%
3. wenn Bücher am Ende des Jahres nicht zurückgegeben werden?	91%	99%
4. wenn sich Schülerinnen/Schüler über andere lustig machen?	73%	98%
4 Items zum Bereich Allgemeine Konventionen	**M=3.51**	**M=3.95**
5. wenn sich Schülerinnen und Schüler in der Klasse schlecht betragen (benehmen)?	93%	100%
6. wenn in den Gängen herumgeschrien wird?	84%	96%
7. wenn Schülerinnen/Schüler zu spät in die Stunde kommen?	79%	99%
8. wenn Schülerinnen/Schüler der Lehrperson frech antworten?	92%	100%
4 Items zum Bereich Schulische Konventionen	**M=1.76**	**M=2.67**
9. wenn Schülerinnen/Schüler ohne Erlaubnis das Schulzimmer verlassen, um auf die Toilette zu gehen?	49%	67%
10. wenn Schülerinnen/Schüler ihren Freund oder ihre Freundin im Gang küssen?	13%	31%
11. wenn Schülerinnen/Schüler Nacktbilder im Pult aufbewahren?	45%	78%
12. wenn Schülerinnen/Schüler in der Klasse Zettel herumgeben?	70%	89%
3 Items zum Bereich Persönliches	**M=0.17**	**M=0.06**
14. bei der Wahl der eigenen Frisur?	05%	00%
15. bei der Wahl, wo und mit wem Schülerinnen/Schüler essen gehen?	06%	04%
16. beim Entscheid, wie Schülerinnen/Schüler ihr Essensgeld verwenden?	07%	03%
3 Items zum Bereich Vernünftiges Handeln	**M=2.79**	**M=2.96**
17. wenn Schülerinnen/Schüler in den Schultoiletten rauchen?	91%	98%
18. wenn Schülerinnen/Schüler ‚high' oder betrunken in die Schule kommen?	93%	99%
19. wenn Schülerinnen/Schüler in der Schule Alkohol oder Drogen konsumieren?	95%	99%

Antwortskala: 1=Ja; 0=Nein

Bei den Lehrpersonen ist die Verteilung der Antworten sehr ungleichmässig. Wegen der geringeren Stichprobenzahl (N=99) und der einseitigen Verteilung werden keine weiteren Analysen durchgeführt. Diese Ergebnisse werden in Kapitel 7 dargestellt und dokumentiert.

Tabelle 6.29
Angaben der Lehrpersonen zu den Zuständigkeitsbereichen:
Anzahl Ausprägungen

Ausprägung	Moral 4 Items	Allgemeine Konventionen 4 Items	Schulische Konventionen 4 Items	Persönliches 3 Items	Vernünftiges Handeln 3 Items
0	—	—	3	20	1
1	—	—	8	67	—
2	—	—	28	3	1
3	8	5	24	1	88
4	89	94	24	—	—
Total	97	99	87	91	89

6.4.3 Die Skala ‚Pädagogische Autorität'

Die Kernaussagen des Instrumentariums zur Erfassung Pädagogischer Autorität sind in Kapitel 3 beschrieben. Die Skala enthält 11 Items mit der 4-stufigen Antwortskala ‚trifft völlig zu' bis ‚trifft gar nicht zu'. Wie aus der folgenden Tabelle ersichtlich ist, laden alle Items mit einer Ladung >.55. Alle Items passen zur Skala. Der Cronbach-Alpha-Wert beträgt insgesamt .89. Aus diesen Ergebnissen geht hervor, dass die Skala ‚Pädagogische Autorität' für weitere Analysen eingesetzt werden kann.

Tabelle 6.30
Skala ‚Pädagogische Autorität': Ladungen, Mittelwerte, Standardabweichung und Korrelation mit Total

	Pädagogische Autorität (Cronbach-Alpha=.89)	Ladung	M	S	Korr. mit Total
1	(1) Meine Lehrerin/mein Lehrer übernimmt immer die Verantwortung.	.55	3.15	.81	.47
2	(2) Meine Lehrerin/mein Lehrer passt sich uns an, wenn wir älter und selbständiger werden.	.71	3.06	.87	.63
3	(3) Meine Lehrerin/mein Lehrer führt uns einerseits, andererseits lässt sie/er uns Freiheit.	.71	3.14	.82	.63

4	(4) Meine Lehrerin/mein Lehrer fördert unsere Selbstständigkeit sehr.	.67	3.32	.76	.59
5	(5) Obwohl sie/er uns in gewissen Bereichen überlegen ist, ist da doch etwas, das zwischen uns gleich ist.	.64	2.84	.89	.56
6	(6) Meine Lehrerin/mein Lehrer verfolgt einerseits ihre/seine Unterrichtsziele, andererseits berücksichtigt sie/er unsere Bedürfnisse und Wünsche.	.72	3.02	.84	.64
7	(7) Meine Lehrerin/mein Lehrer weist mich nie zurück, wenn ich sie/ihn in Frage stelle.	.62	3.16	.86	.54
8	(8) Meine Lehrerin/mein Lehrer ist sich sehr bewusst, dass ihr/sein Verhalten zu Einzelnen immer auch Auswirkungen auf die anderen Schülerinnen und Schüler hat.	.69	3.14	.82	.61
9	(9) Meine Lehrerin/mein Lehrer kann sehr gut immer wieder eine sachliche Ebene herstellen.	.74	3.19	.76	.66
10	(10) Meine Lehrerin/mein Lehrer führt mich immer wieder in neue Wissensgebiete ein und hilft mir, darin die Orientierung zu finden.	.74	3.26	.80	.66
11	(11) Sie/er ist sehr bemüht, nicht nur ihre/seine Meinungen (Anschauungen), sondern auch andere zu berücksichtigen.	.75	3.23	.82	.68

6.4.4 Das Instrumentarium zur Erfassung der Kompetenzbereiche

Das Kompetenz-Instrumentarium, das in Kapitel 6 theoretisch eingebettet ist, lässt sich empirisch – so faktorenanalytisch – hinsichtlich Ausdifferenzierung nicht bestätigen. Die einzelnen Kompetenzbereiche korrelieren untereinander sehr hoch (zwischen r=.69 und r=.82) und bilden deshalb in der Hauptkomponentenanalyse nur einen Faktor. Auch iterative Clusteranalysen zur Gruppierung der Items zeigen keine befriedigende Lösung. Obwohl die Bereiche inhaltlich voneinander abweichen, hebt die empirische Analyse das Gemeinsame der Kompetenzskalen hervor, die *Kompetenz*. Die Verfasserin stützt sich beim Entscheid über das weitere Vorgehen auf die theoretische Konzeption und arbeitet in der Datenanalyse mit den 8 Kompetenzskalen.

Die Alphawerte der einzelnen Skalen bewegen sich zwischen .76 und .89. Nur im Bereich ‚Persönliche Kompetenz' bewegt sich ein Item in Bezug auf die Ladung (.44) im Grenzbereich. Es hält hinsichtlich der Beeinflussung des Gesamtalpha-Wertes und der inhaltlichen Überprüfung nicht stand und wird deshalb ausgeschieden (Pe1 (08)). In den folgenden Darstellungen sind die Werte der Faktorenanalysen der acht Kompetenz-Skalen zu sehen.

Tabelle 6.31
Skala ‚Fachkompetenz':
Ladungen, Mittelwerte, Standardabweichung und Korrelation mit Total

	Fachkompetenz (Cronbach-Alpha=.76)	Ladung	M	S	Korr. mit Total
1	(54) Meine Lehrerin/mein Lehrer kann sehr viel in ihrem/seinem Fach.	.73	3.53	.68	.57
2	(06) Sie/er ist eine sehr gebildete Person.	.64	3.43	.73	.48
3	(04) Sie/er ist an allem sehr interessiert.	.60	3.11	.79	.43
4	(30) Meine Lehrerin/mein Lehrer bildet sich stets weiter.	.62	3.30	.81	.46
5	(52) Sie/er ist immer auf dem Laufenden.	.69	3.17	.86	.52
6	(49) Sie/er sorgt immer dafür, dass wir viel lernen.	.61	3.56	.67	.45
7	(44) Sie/er ist von dem, was sie/er uns lehrt, sehr begeistert.	.57	3.29	.70	.41

N=1721

Tabelle 6.32
Skala ‚Didaktisch-methodische Kompetenz':
Ladungen, Mittelwerte, Standardabweichung und Korrelation mit Total

	Didaktisch-methodische Kompetenz (Cronbach-Alpha=.80)	Ladung	M	S	Korr. mit Total
1	(35) Meine Lehrerin/mein Lehrer wählt für uns sehr interessante Themen aus.	.70	3.01	.93	.56
2	(01) Meine Lehrerin/mein Lehrer gliedert die Unterrichtsstunde immer in Abschnitte, die sehr gut aufeinander passen.	.58	3.08	.72	.45
3	(53) Bei meiner Lehrerin/meinem Lehrer wissen wir immer genau, was wir zu arbeiten haben.	.69	3.30	.80	.55
4	(16) Sie/er bemerkt immer alles, was in der Klasse vor sich geht.	.58	2.92	.90	.45
5	(43) Meine Lehrerin/mein Lehrer greift immer gleich ein, wenn eine Schülerin, ein Schüler zu stören anfängt.	.53	3.36	.78	.40
6	(40) Meine Lehrerin/mein Lehrer achtet immer darauf, dass wir im Unterricht beschäftigt sind.	.64	3.58	.67	.50
7	(56) Meine Lehrerin/mein Lehrer hilft uns, einen Weg durch das viele Wissen zu finden.	.74	3.32	.77	.60
8	(58) Meine Lehrerin/mein Lehrer erklärt uns sehr oft den Sinn, weshalb wir bestimmte Inhalte lernen.	.70	3.30	.80	.56

N=1740

Tabelle 6.33
Skala ‚Erzieherische Kompetenz':
Ladungen, Mittelwerte, Standardabweichung und Korrelation mit Total

	Erzieherische Kompetenz (Cronbach-Alpha=.78)	Ladung	M	S	Korr. mit Total
1	(22) Von meiner Lehrerin/meinem Lehrer fühle ich mich immer akzeptiert.	.83	3.08	.87	.66
2	(13) Von meiner Lehrerin/meinem Lehrer fühle ich mich sehr verstanden.	.83	3.09	.84	.68
3	(17) Meine Lehrerin/mein Lehrer meint es sehr gut mit mir.	.84	3.28	.80	.68
4	(11) Meine Lehrerin/mein Lehrer erklärt uns sehr oft, warum wir etwas tun oder lassen sollen.	.54	3.29	.80	.37
5	(57) Meine Lehrerin/mein Lehrer möchte, dass ich für bestimmte Bereiche die Verantwortung übernehme.	.61	3.09	.84	.44

N=1750

Tabelle 6.34
Skala ‚Diagnostische Kompetenz': Ladungen, Mittelwerte, Standardabweichung
und Korrelation mit Total

	Diagnostische Kompetenz (Cronbach-Alpha=.87)	Ladung	M	S	Korr. mit Total
1	(29) Sie/er erfasst meine Leistungen sehr gut.	.71	3.16	.75	.61
2	(09) Sie/er weiss über meine Begabungen sehr gut Bescheid.	.67	3.23	.79	.58
3	(19) Sie/er weiss über die Art, wie ich arbeite, sehr gut Bescheid.	.72	3.33	.74	.63
4	(02) Wenn ich Lernprobleme habe, schätzt meine Lehrerin/mein Lehrer meine Lernprobleme sehr gut ein.	.65	3.16	.82	.55
5	(25) Sie/er weiss sehr genau, was in unserer Klasse vor sich geht.	.60	2.95	.91	.51
6	(41) Sie/er merkt sehr gut, wo und warum wir Klassenprobleme haben.	.66	3.08	.85	.57
7	(55) Sie/er weiss sehr gut, wie ich zu meinen Mitschülerinnen und Mitschülern stehe.	.68	3.11	.87	.59
8	(36) Sie/er weiss über meine Person sehr gut Bescheid.	.76	2.84	.92	.68
9	(50) Meine Lehrerin/mein Lehrer weiss immer genau, wo ich in meiner Entwicklung stehe.	.72	2.94	.87	.64
10	(24) Sie/er weiss sehr genau, wo ich meine Stärken und Schwächen habe.	.65	3.36	.79	.55

N=1722

Tabelle 6.35
Skala ‚Sozio-emotionale Kompetenz': Ladungen, Mittelwerte, Standardabweichung und
Korr. mit Total

	Sozio-emotionale Kompetenz (Cronbach-Alpha=.76)	Ladung	M	S	Korr. mit Total
1	(03) Meine Lehrerin/mein Lehrer lässt uns sehr vieles selbst entscheiden.	.59	2.83	.86	.43
2	(37) Sie/er tut sehr vieles, damit wir eine gute Klassengemeinschaft werden.	.79	3.38	.75	.63
3	(33) Wir reden mit ihr/ihm sehr oft über den Unterricht und über unsere Klasse.	.57	2.96	.91	.41
4	(05) Sie/er trägt sehr vieles zu einem guten Schulklima (Schulatmosphäre) bei.	.72	3.19	.84	.55
5	(31) Sie/er freut sich sehr, wenn wir für unsere Klassengemeinschaft tätig sind.	.67	3.51	.69	.49
6	(27) Meine Lehrerin/mein Lehrer gibt uns sehr oft wichtige Ideen (Vorschläge), damit wir uns als Gruppe weiterentwickeln.	.74	3.35	.79	.56

N=1756

Tabelle 6.36
Skala ‚Kommunikative Kompetenz': Ladungen, Mittelwerte, Standardabweichung und
Korrelation mit Total

	Kommunikative Kompetenz (Cronbach-Alpha=.88)	Ladung	M	S	Korr. mit Total
1	(15) Mit meiner Lehrerin/meinem Lehrer kann ich sehr gut reden.	.81	3.12	.94	.73
2	(48) Wenn ich mit meiner Lehrerin/meinem Lehrer rede, fühle ich mich sehr verstanden.	.81	3.03	.92	.73
3	(38) Meine Lehrerin/mein Lehrer hört sehr gut zu.	.75	3.28	.83	.66
4	(26) Bei meiner Lehrerin/meinem Lehrer weiss ich immer, woran ich bin.	.70	3.13	.77	.60
5	(10) Sie/er hört immer auf mich, wenn ich etwas sehr Wichtiges sage.	.66	3.17	.86	.57
6	(59) Mit meiner Lehrerin/meinem Lehrer kann ich sehr gut zusammenarbeiten.	.82	3.03	.97	.74
7	(28) Meine Lehrerin/mein Lehrer bemüht sich immer, unsere Ideen und Wünsche im Unterricht einzubeziehen.	.66	3.02	.87	.57
8	(47) Wenn es eine Meinungsverschiedenheit gibt, ermutigt sie/er uns immer, unsere Gefühle auszudrücken.	.63	2.96	.90	.53
9	(07) In Streitsituationen reagiert meine Lehrerin/mein Lehrer sehr ruhig und sachlich.	.52	2.85	.99	.44

N=1720

Tabelle 6.37
Skala ‚Persönliche Kompetenz':
Ladungen, Mittelwerte, Standardabweichung und Korrelation mit Total

	Persönliche Kompetenz (Cronbach-Alpha=.74)	Ladung	M	S	Korr. mit Total
1	(08) Meine Lehrerin/mein Lehrer macht sich stets über das eigene Verhalten Gedanken.	.43	2.83	.88	.28
2	(32) Sie/er bemüht sich immer, ausgeglichen und humorvoll zu sein.	.74	3.27	.83	.54
3	(45) Meine Lehrerin/mein Lehrer ist zu uns immer offen und ehrlich.	.75	3.28	.83	.55
4	(51) Meine Lehrerin/mein Lehrer beginnt jede Stunde sehr freudig und zuversichtlich.	.77	3.13	.87	.58
5	(34) Meine Lehrerin/mein Lehrer mag uns sehr.	.81	3.09	.86	.62

N=1744

Wie aus der Tabelle 6.37 ersichtlich ist, befinden sich die Werte des ersten Items eher im unteren Bereich. Die Ladung beträgt nur .43 und die Korrelation mit dem Total .28; zudem erhöht sich das Skalen-Cronbach-Alpha ohne dieses Item von .74 auf .78. Es wirkt sich auf die Skala ungünstig aus und wird deshalb weggelassen. Inhaltlich spricht Item 1 den kognitiven Bereich an und nicht wie die anderen den emotional-affektiven. Für die weiteren Analaysen steht für die Persönliche Kompetenz eine Skala mit 4 Items zur Verfügung. Die folgende Tabelle zeigt die Werte der neuen Skala ‚Persönliche Kompetenz'.

Tabelle 6.38
Skala ‚Persönliche Kompetenz':
Ladungen, Mittelwerte, Standardabweichung und Korrelation mit Total

	Persönliche Kompetenz (Cronbach-Alpha=.78)	Ladung	M	S	Korr. mit Total
2	(32) Sie/er bemüht sich immer, ausgeglichen und humorvoll zu sein.	.74	3.27	.83	.55
3	(45) Meine Lehrerin/mein Lehrer ist zu uns immer offen und ehrlich.	.76	3.28	.83	.56
4	(51) Meine Lehrerin/mein Lehrer beginnt jede Stunde sehr freudig und zuversichtlich.	.78	3.13	.87	.59
5	(34) Meine Lehrerin/mein Lehrer mag uns sehr.	.82	3.09	.86	.64

N=1738

Tabelle 6.39
Skala ‚Handlungskompetenz':
Ladungen, Mittelwerte, Standardabweichung und Korrelation mit Total

	Handlungskompetenz (Cronbach-Alpha=.78)	Ladung	M	S	Korr. mit Total
1	(42) Meine Lehrerin ist eine richtige Lehrerin. / Mein Lehrer ist ein richtiger Lehrer.	.69	3.46	.82	.54
2	(12) Meine Lehrerin/mein Lehrer verhält sich in allem vorbildlich.	.70	3.05	.84	.56
3	(14) Auch wenn Mehreres gleichzeitig geschieht (läuft), behält unsere Lehrerin/unser Lehrer immer den Überblick.	.68	3.10	.83	.53
4	(39) Meine Lehrerin/mein Lehrer bewältigt sehr vieles gleichzeitig.	.68	2.93	.75	.54
5	(18) Unsere Lehrerin/unser Lehrer reagiert auf Ereignisse sehr schnell.	.52	3.23	.67	.39
6	(23) Unsere Lehrerin/unser Lehrer geht mit unvorhergesehenen Ereignissen sehr gelassen um.	.62	2.94	.81	.48
7	(20) Unsere Lehrerin/unser Lehrer denkt immer daran, dass wir gemeinsame Erfahrungen und Erlebnisse haben.	.62	2.88	.86	.49
8	(21) Bei meiner Lehrerin/meinem Lehrer nehme ich grosse Unterschiede zwischen Lehrperson und Privatperson wahr.	.41	2.98	.94	.31
9	(46) Sie/er ist sich sehr bewusst, dass sie/er im Schulzimmer immer beobachtet wird.	.50	2.97	.87	.38

N=1690

Bei der Skala ‚Handlungskompetenz' zeigt sich ebenfalls ein auffälliges Item. Die Ladung und die Korrelation mit dem Total von Item 8 liegen im unteren Bereich. Wird Item 8 ausgeschlossen, sinkt der Cronbach-Alpha-Wert von .78 auf .74; das heisst, dieses Item beeinflusst die Skala hinsichtlich des Cronbach-Alpha nicht negativ und kann in der Skala bleiben.

6.5 Auswertungsverfahren

Für die Analysen dieser Untersuchung wurden verschiedene Auswertungsverfahren benutzt: Deskriptive Auswertungen, T-Tests, Varianzanalysen, Faktorenanalysen, Reliabilitätstests, Korrelationen und zur Kontrolle auch nonparametrische Tests.

In grossen Stichproben, wie es hier der Fall war, werden auch inhaltlich relativ unbedeutende Ergebnisse als statistisch signifikant angezeigt. Aus diesem Grund hält sich die Verfasserin an folgende Richtlinie: Bei Varianzanalysen mit der

Gesamtstichprobe werden nur Resultate mit einem Signifikanzwert $p<.01$ und solche mit Teilstichproben $p<.05$ besprochen. Obwohl bei grossen Stichproben auch die erklärte Varianz sinkt, wird im Folgenden nur auf Ergebnisse eingegangen, die mehr als 1% erklären (aufgeklärte Varianz).

7. Ergebnisse der Untersuchung

Die Ergebnisse der Untersuchung werden im folgenden Kapitel thematisch dargestellt. Abschnitt 7.1 legt die Ergebnisse zum Thema ‚Die Lehrperson als Autoritätsperson' vor. Sie resultieren aus den Antworten der Schüler/innen und Schüler auf die Frage, ob sie ihre Lehrperson als Autoritätsperson wahrnehmen, und aus der Art und Weise, wie sie ihre Meinungen begründen. Abschnitt 7.2 beantwortet die Frage nach dem Unterschied zwischen Schülern/-innen und einer Lehrpersonen-Autorität. Der Abschnitt 7.3 beschäftigt sich mit den Antworten auf die Frage nach der Legitimation der Lehrerinnen-/Lehrerautorität und der Abschnitt 7.4 thematisiert die Resultate des Zuständigkeitsinstrumentariums nach Smetana & Bitz (1996), so die Frage, in welchen Zuständigkeitsbereichen die Lehrperson berechtigt ist, ihren Einfluss geltend zu machen. Die Ergebnisse hinsichtlich der Skala ‚Pädagogische Autorität' finden wir in Abschnitt 7.5 und diejenigen des Instrumentariums zur Erfassung der acht Kompetenzbereiche in Abschnitt 7.6. Der letzte Abschnitt des Kapitels (7.7 Überblick und Zusammenhänge) beantwortet die Hauptfrage nach den Ressourcen, die heute den Lehrkräften zur Verfügung stehen, um von den Schülern/innen als Autoritätspersonen anerkannt zu werden. Mit Ausnahme des Abschnitts 7.5 wird jeweils auch die Perspektive der Lehrpersonen berücksichtigt.

7.1 Die Lehrperson als Autoritätsperson

Autorität wird direkt oder indirekt mit der Lehrperson in Verbindung gebracht. Was die Autorität einer Lehrperson ausmacht, beurteilen Schüler/-innen wie Lehrpersonen recht verschieden. Im Folgenden werden die unterschiedlichen Meinungen geordnet und miteinander verglichen. Abschnitt 7.2.1 beginnt mit der Beantwortung der Frage, ob Schüler/-innen ihre Lehrperson als Autorität sehen und wie sie ihre Sichtweise begründen. Die Ergebnisse werden auf Zusammenhänge mit den unabhängigen Variablen der Schülerinnen und Schüler untersucht. Die Sicht der Lehrpersonen hinsichtlich der eigenen Autorität erfolgt in Abschnitt 7.2.2. Auch da werden die Gründe ihrer Betrachtungsweise und mögliche Zusammenhänge mit den unabhängigen Variablen beschrieben. In Abschnitt 7.2.3 steht der Vergleich der Sichtweisen zwischen Schülern/-innen und Lehrpersonen im Zentrum.

7.1.1 Nehmen die Schüler/-innen ihre Lehrperson als Autoritätsperson wahr?

„Ist deine Lehrerin/dein Lehrer in deinen Augen eine Autoritätsperson?" – Diese Frage wurde von 1447 Schülern/-innen mit Ja und von 276 Schülern/-innen mit Nein beantwortet. 80.7% der befragten Schüler/-innen betrachten somit ihre Lehrperson als Autoritätsperson, 15.3% der Schüler/-innen verneinen dies. 71 Schüler/-innen (4%) hielten sich nicht an den Vorgabemodus und antworteten mit ‚manchmal'. Sie werden in der folgenden Untersuchung nicht berücksichtigt.

Der recht hohe Prozentanteil der Autoritätsbejahenden weist darauf hin, dass auch heutige Lehrpersonen Mittel und Wege finden, um von ihren Schülern/-innen als Autorität anerkannt zu werden. Ob für den Kanton Solothurn das Stichprobenergebnis als repräsentativ betrachtet werden darf, kann nicht abschliessend beantwortet werden. Da die Untersuchung auf freiwilliger Basis beruht, beinhaltet die Stichprobe vermutlich eine Selbstselektion. Es ist nicht auszuschliessen, dass sich vorwiegend Lehrpersonen an der Untersuchung beteiligt haben, welche von den Schülern/-innen als Autoritätsperson betrachtet werden.

Zusammenhang mit der Variable ‚Wohlbefinden in der Schule'
Zwischen den autoritätsbejahenden und autoritätsnegierenden Schülern/-innen zeichnet sich mit der Variable ‚Wohlbefinden in der Schule' ein signifikanter Zusammenhang ab (Chi^2=10.10; df=2; p<.01). Schüler/-innen, die ihre Lehrperson als Autoritätsperson betrachten, geben tendenziell häufiger an, dass sie sich in der Schule eher wohl oder sehr wohl fühlen als Schüler/-innen, welche ihre Lehrperson nicht als Autorität sehen. Die Häufigkeit der Ja-Antworten liegt deutlich über dem erwarteten Wert (bei der Gruppe ‚weder wohl noch unwohl' unterscheiden sich die Autoritätsbejahenden und die -negierenden nicht signifikant). Das Wohlbefinden der Schüler/-innen scheint für die Autoritätsbeziehung ein beachtenswerter Faktor zu sein.

a) Warum meine Lehrerin/mein Lehrer eine Autoritätsperson ist

Die 1447 Schüler/-innen, welche ihre Lehrperson als Autoritätsperson betrachten, gaben insgesamt 2656 Antworteinheiten. Die Verteilung der Ja-Antworten im Kategoriensystem ist in Tabelle 7.1 zu sehen.

An erster Stelle steht die *Fachkompetenz* mit einem Anteil von 22.63%. Laut Schülern/-innen macht das Wissen und Können die Lehrperson zur Autoritätsperson. Weil die Lehrperson viel weiss und kann, wird sie als Autoritätsperson betrachtet: „Meine Lehrerin kann viel. Mein Lehrer hat ein grosses Wissen." Dann folgt die Kategorie *Überzeugungskraft* mit 18.49%. Die Schüler/-innen sehen ihre Lehrperson wegen ihrer Überzeugungskraft als Autoritätsperson; sie kann sich durchsetzen. Ein Schüler schreibt: „Der Lehrer kann mich von etwas überzeugen."

Diese Kategorie spricht die Führungskompetenz der Lehrperson an. Den dritten Rang belegt die Kategorie *Haltung und Umgang* mit einem Anteil von 17.47%. Bei dieser Kategorie steht die Haltung und der Umgang der Lehrperson im Mittelpunkt. Wenn die Lehrperson gerecht, aufmerksam, wohlwollend, verständnisvoll ist oder Rücksicht nimmt, wird sie als Autoritätsperson betrachtet. Ausserdem verstärken der Humor und das Mutmachen diese Sichtweise. An vierter Stelle, mit einem Prozentanteil von 12.88%, thematisieren die Schüler/-innen das *Lehren bzw. Unterrichten*. Sie sehen die Autorität ihrer Lehrperson vor allem in der Lehrtätigkeit: „... weil sie uns vieles lehrt." oder „... weil sie uns unterrichtet". Die Kategorien *Gehorsam, Beruf* und *Ansehen* nehmen einen Anteil von 9%, 5.01% und 4.78% ein.

Tabelle 7.1
Warum die Schüler/-innen ihre Lehrperson als Autoritätsperson sehen
Rangliste der Oberkategorien

Kategorien	Schüler/-innen – Ja, weil	
	Häufigkeit	**%**
Fachkompetenz	601	22.63
Überzeugungskraft	491	18.49
Haltung und Umgang	464	17.47
Didakt.-method. Kompetenz	342	12.88
Gehorsam	239	9.00
Beruf	133	5.01
Ansehen	127	4.78
Alter und Erfahrung	55	2.07
Kommunikative Kompetenz	26	0.98
Ausbildung	13	0.49
Persönliche Kompetenz	3	0.11
Handlungskompetenz	2	0.08
Sozio-emotionale Kompetenz	1	0.04
Diagnostische Kompetenz	—	—
Antwort unklar	117	4.41
Andere	36	1.36
Ich weiss nicht	3	0.11
Keine Antwort	13	0.49
	2656	

Die Schüler/-innen begründen die Autorität ihrer Lehrperson hauptsächlich durch die Fachkompetenz, die Überzeugungskraft, die Haltung und den Umgang und das Lehren und Unterrichten. Weniger bedeutsam sind für sie die Kategorien ‚Gehorsam', ‚Beruf', ‚Ansehen', ‚Alter' etc. Zudem wird Folgendes ersichtlich: Die Schüler/-innen haben sich von den Kategorien ‚Gehorsam' und ‚Ansehen', welche bei der Einstiegsfrage angeboten wurden, weitgehend gelöst. Sie sind nun auf Rang 5 und 7 (vgl. Kap. Überprüfung des Instrumentariums). Neu hinzugekommen sind dafür die Kategorien ‚Haltung und Umgang' und ‚Lehren bzw. Unterrichten' (auf Rang 3 und 4). Trotz der Einstiegshilfe antworten die Schüler/-innen recht eigenständig.

Bei der Kategorie *Fachkompetenz* zeichnen sich mit den Variablen ‚Schulklasse', ‚Schultypus der 8. Schulklasse' und ‚Wechsel der Lehrperson' signifikante Unterschiede ab.

Schulklasse (Chi^2=24.33; df=8; p<.01): Die Schüler/-innen der 5. Schulklasse geben die Fachkompetenz signifikant häufiger als Begründung der Autorität ihrer Lehrperson an als die Schüler/-innen der 8. Schulklasse. So liegt die Antworthäufigkeit der 5. Klässler/-innen deutlich über, diejenige der 8. Klässler/-innen unterhalb dem erwarteten Wert (bei den Schülern/-innen der 6. Schulklasse zeigt sich keine Signifikanz).

Schultypus der 8. Schulklasse (Chi^2=32.54; df=8; p<.001): Bei den Oberschülern/-innen liegt die Antworthäufigkeit der Kategorie ‚Fachkompetenz' deutlich über dem erwarteten Wert. Die Schüler/-innen der Sekundarschule nennen die Fachkompetenz signifikant weniger oft. Für die Oberschüler/-innen ist sie eine wichtigere Kategorie für die Erklärung der Lehrer-/Lehrerinnenautorität als für die Sekundarschüler/-innen (bei den Berzirksschülern/-innen zeigen sich keine signifikante Werte).

Wechsel der Lehrperson (Chi^2=24.89; df=4; p<.001): Schüler/-innen mit Wechsel 1998 (sie werden bereits 1 Jahr und 3 Monate von ihrer Lehrperson unterrichtet) nennen die Kategorie ‚Fachkompetenz' signifikant weniger oft als erwartet; bei den Schülern/-innen mit Wechsel 1999 (sie werden erst 3 Monate von ihrer Lehrperson unterrichtet) liegt die Häufigkeit der Fachkompetenz deutlich (signifikant) über dem Erwartungswert. Die Fachkompetenz scheint für die Schüler/-innen nach 3 Monaten Schulerfahrung mit der Lehrperson eine wichtigere Rolle zu spielen als nach einem Jahr und 3 Monaten.

b) Warum meine Lehrerin/mein Lehrer *keine* Autoritätsperson ist

Warum betrachten die Schüler/-innen ihre Lehrperson nicht als Autorität? Die 276 Schüler/-innen mit den Nein-Antworten nannten insgesamt 451 Begründungseinheiten. Auch bei dieser Schülerinnen- und Schülergruppe – den Autoritätsnegierenden – sind die Begründungen, weshalb sie ihre Lehrpersonen nicht als Autoritätsperson betrachten, vielfältig. In Tabelle 7.2 ist die Häufigkeit der Kategorien zu sehen.

Schüler/-innen, die ihre Lehrperson nicht als Autoritätsperson betrachten, begründen dies in erster Linie mit der mangelnden *Überzeugungskraft* (31.71%).

Sie wollen eine Lehrperson, die ihre Führungsaufgabe wahrnimmt und sich durchsetzen und überzeugen kann. An zweiter Stelle kommt mit 18.85% die Kategorie *Haltung und Umgang*, welche ihren Erwartungen nicht entspricht. Sind Lehrpersonen ungerecht, parteiisch, humorlos, zu wenig aufmerksam oder zu wenig rücksichtsvoll, wird ihnen die Autorität abgesprochen. Mit 10.42% folgt das *Ansehen* der Lehrperson, welches die Schüler/-innen bei der Lehrperson bemängeln. An vierter Stelle figuriert die Kategorie ‚Gehorsam' mit 7.32%. Diese Schüler/-innen begründen die fehlende Autorität der Lehrperson damit, dass sie dieser nicht folgen oder auch nicht folgen müssen (können). Das *Lehren bzw. Unterrichten* und die *Fachkompetenz* erscheinen erst an fünfter und sechster Stelle mit 5.76% und 4.43%.

Tabelle 7.2
Warum die Schüler/-innen ihre Lehrperson **nicht** als Autoritätsperson sehen
Rangliste der Oberkategorien

Kategorien	Schüler/-innen – Nein, weil	
	Häufigkeit	%
fehlende Überzeugungskraft	143	31.71
schlechte Haltung und schlechter Umgang	85	18.85
mangelndes Ansehen	47	10.42
kann/muss nicht gehorchen	33	7.32
schlechtes Lehren bzw. Unterrichten	26	5.76
fehlende Fachkompetenz	20	4.43
fehlendes Pflichtgefühl; keine Liebe zum Beruf	8	1.77
zu wenig alt; zu wenig Erfahrung	3	0.67
fehlende kommunikative Kompetenz	2	0.44
mangelhafte Ausbildung	1	0.22
fehlende persönliche Kompetenz	—	—
fehlende Handlungskompetenz	—	—
fehlende sozio-emotionale Kompetenz	—	—
fehlende diagnostische Kompetenz	—	—
Antwort unklar	65	14.41
Andere	13	2.88
Ich weiss nicht	4	0.89
Keine Antwort	1	0.22
	451	

Autoritätsnegierende Schüler/-innen begründen ihre Meinung primär mit der fehlenden Überzeugungskraft der Lehrperson, mit der Haltung und dem Umgang, die ihnen wenig konstruktiv erscheinen und dem mangelnden Ansehen. Weniger

Bedeutung haben die Kategorien ‚Lehren bzw. Unterrichten' und ‚Fachkompetenz'. Diese schulischen Kernkompetenzen scheinen für die autoritätsnegierenden Schüler/-innen eher zweitrangig zu sein.

Mit den unabhängigen Variablen zeigen sich keine bedeutsamen Zusammenhänge.

c) Autoritätsbejahende und autoritätsnegierende Schüler/-innen im Vergleich

Worin unterscheiden sich Schüler/-innen, die ihre Lehrperson als Autorität anerkennen, von solchen, die dies nicht tun? Sind die Erklärungskategorien dieselben oder nicht? Folgende Tabelle erleichtert den Vergleich:

Tabelle 7.3
Vergleich der Häufigkeiten: Signifikanzen

Kategorien	Schüler/-innen Ja, weil ...		Schüler/-innen Nein, weil ... keine		Chi-Quadrat df=1
	Häufigkeit	%	Häufigkeit	%	x^2
Fachkompetenz	601	22.63	20	4.43	63.85 ***
Überzeugungskraft	491	18.49	143	31.71	33.02 ***
Haltung und Umgang	464	17.47	85	18.85	00.41
Lehren bzw. Unterrichten	342	12.88	26	5.76	16.46 ***
Gehorsam	239	9.00	33	7.32	01.24
Beruf	133	5.01	8	1.77	(08.89 *)
Ansehen	127	4.78	47	10.42	21.89 ***

Signifikanz: *p<.05; **p<.01; ***p<.001

Die Gruppe der Autoritätsbejahenden unterscheidet sich von der Gruppe der Autoritätsnegierenden einerseits durch die Rangfolge und andererseits durch die Gewichtung der einzelnen Kategorien. Beide Gruppen haben jedoch auch *Gemeinsames*, so erstrecken sich die wichtigen Kategorien (insgesamt 14) von Rang eins bis Rang sieben. Zudem sind die Kategorien ‚Überzeugungskraft' und ‚Haltung und Umgang' bei beiden Gruppen auf den ersten drei Plätzen anzutreffen; d.h., diese Begründungskategorien sind für beide zentral.

Beim Vergleich der Häufigkeiten im Hinblick auf die Rangfolge zeigen sich *Unterschiede*: Die Fachkompetenz ist bei den Autoritätsbejahenden an erster Stelle, gefolgt von den Kategorien ‚Überzeugungskraft', ‚Haltung und Umgang' und ‚Lehren bzw. Unterrichten'. Bei den Autoritätsnegierenden befindet sich die Fachkompetenz auf Rang sechs; dafür nehmen die Kategorien ‚Überzeugungskraft', ‚Haltung und Umgang' und ‚Ansehen' vordere Ränge ein.

Der Chi-Quadrat-Test ermittelt folgende Signifikanzen: Vier der sieben ersten Kategorien unterscheiden sich signifikant in der Häufigkeit zwischen den Schülern/-innen, die ihre Lehrperson als Autorität wahrnehmen und jenen, die es nicht tun; es sind dies die Kategorien ,Fachkompetenz', ,Überzeugungskraft', ,Lehren bzw. Unterrichten' und ,Ansehen'. Die Kategorie ,Beruf' differiert nur geringfügig mit einer Signifikanz von <0.05 und die Kategorien *Haltung und Umgang* und *Gehorsam* sind von beiden Gruppen etwa gleich stark (Haltung und Umgang) oder gleich schwach (Gehorsam) gewichtet.

Autoritätsbejahende Schüler/-innen geben die Kategorien *Fachkompetenz* und *Lehren bzw. Unterrichten* signifikant häufiger als Begründung an als die Autoritätsnegierenden. In ihren Augen ist ihre Lehrerin/ihr Lehrer dann eine Autoritätsperson, wenn sie viel weiss und kann. Das Fachwissen beeindruckt diese Schüler/-innen und trägt dazu bei, die Autorität der Lehrerin/des Lehrers anzuerkennen. Im Weiteren gewichten diese Schüler/-innen das Lehren bzw. Unterrichten. Sie nennen ihre Lehrperson deswegen eine Autoritätsperson, weil sie lehrt oder/und gut unterrichtet bzw. die Sache gut erklären kann. Die Autoritätsnegierenden legen grundsätzlich mehr Wert auf die Kategorien *Überzeugungskraft* und *Ansehen*. Sie vermissen bei der Lehrperson die Überzeugungskraft; d.h., sie wollen, dass die Lehrperson durch ihre Führung überzeugend wirkt. Fehlt es der Lehrerin/dem Lehrer an Beliebtheit, so können die Schüler/-innen ihr/ihm auch keinen Respekt entgegenbringen, was wiederum der Autorität abträglich ist. Bei den autoritätsnegierenden Schülern/-innen tritt die Fachkompetenz in den Hintergrund (Rang sechs).

7.1.2 Betrachten sich die Lehrerinnen und Lehrer als Autoritätspersonen?

Auf die Frage „Betrachten Sie sich als Autoritätsperson?" antworteten von den insgesamt 99 Lehrpersonen 89 mit Ja, 1 Lehrperson mit Nein und 9 Lehrpersonen mit ,manchmal'. Für die folgende Analyse werden die Manchmal-Antworten und die einzige Nein-Antwort nicht miteinbezogen. Somit stehen für die Auswertung 89 Lehrpersonen zur Verfügung.

a) Warum sich Lehrpersonen als Autoritätspersonen sehen

Die 89 Lehrpersonen, welche sich als Autoritätspersonen betrachteten, gaben insgesamt 385 Begründungseinheiten an. In Tabelle 7.4 ist die Rangfolge der Erklärungskategorien aufgeführt.

Auf Rang eins mit 25.97% finden wir die Kategorie *Haltung und Umgang* (Erzieherische Kompetenz) vor. Für die Lehrerinnen und Lehrer ist die Haltung, welche sie gegenüber den Schülern/-innen einnehmen und wie sie mit ihnen umgehen, sehr zentral für die Einschätzung der eigenen Autorität. Auf Rang zwei folgt die *Überzeugungskraft* mit 20.26%. Die Lehrerinnen und Lehrer geben kund, dass sie mittels des Durchsetzungsvermögens und der Überzeugungskraft zu Autorität gelangen. Auf dem dritten Platz folgt mit 11.95% das *Ansehen*; hier kommen Lehrpersonen durch das Ansehen und die Beliebtheit zu Autorität. Die *Fachkompetenz* (9.09%) steht auf Rang vier, gefolgt von der Kategorie *Lehren bzw. Unterrichten* (7.01%) auf Rang fünf. Die Begründung, der *Beruf* verleihe ihnen Autorität, folgt auf Rang sechs (5.19%).

Tabelle 7.4
Warum die Lehrpersonen sich als Autoritätspersonen sehen
Rangliste der Oberkategorien

Kategorien	Lehrpersonen – Ja, weil	
	Häufigkeit	%
Haltung und Umgang	100	25.97
Überzeugungskraft	78	20.26
Ansehen	46	11.95
Fachkompetenz	35	9.09
Lehren bzw. Unterrichten	27	7.01
Beruf	20	5.19
Gehorsam	3	0.78
Persönliche Kompetenz	15	3.90
Kommunikative Kompetenz	13	3.38
Alter und Erfahrung	10	2.60
Ausbildung	5	1.30
Sozio-emotionale Kompetenz	4	1.04
Diagnostische Kompetenz	1	0.26
Handlungskompetenz	—	—
Antwort unklar	20	5.19
Andere	7	1.82
Ich weiss nicht	—	—
Keine Antwort	1	0.26
	385	

Die Lehrpersonen sind davon überzeugt, dass ihnen vor allem erzieherische Kompetenz und Durchsetzungsvermögen Autorität verleihen und nicht etwa die spezifisch schulischen Bereiche wie ‚Fachkompetenz' und ‚Lehren bzw. Unterrichten', welche sie bedeutend weniger oft nennen.

Zwischen den beschriebenen Kategorien und den unabhängigen Variablen zeigen sich keine signifikanten Zusammenhänge.

7.1.3 Schüler/-innen und Lehrpersonen im Vergleich

Im Folgenden werden zuerst die Antwortkategorien von autoritätsbejahenden Schülern/-innen und Lehrpersonen unter dem Aspekt der Gewichtung miteinander verglichen. In einem weiteren Abschnitt sollen die Antworten der autoritäts-negierenden Schüler/-innen denen der autoritätsbejahenden Lehrpersonen gegen-übergestellt werden.

a) Autoritätsbejahende Schüler/-innen und Lehrpersonen, die sich als Auto-ritätspersonen betrachten, im Vergleich

Beim Vergleich der Rangliste der autoritätsbejahenden Schüler/-innen mit der-jenigen der Lehrpersonen, zeigt sich folgendes Bild:

Tabelle 7.5
Schüler/-innen und Lehrpersonen im Vergleich:
Oberkategorien von autoritätsbejahenden Schülern/-innen und Lehrpersonen,
die sich als Autoritätspersonen betrachten

Kategorien	Schüler/-innen Ja, weil		Lehrpersonen Ja, weil		Chi-Quadrat df=1
	Häufigkeit	%	Häufigkeit	%	x^2
Fachkompetenz	601	22.63	35	9.09	29.46 ***
Überzeugungskraft	491	18.49	78	20.26	00.56
Haltung und Umgang	464	17.47	100	25.97	13.12 **
Lehren bzw. Unter-richten	342	12.88	27	7.01	09.53 **
Gehorsam	239	9.00	3	0.78	(28.54 ***)
Beruf	133	5.01	20	5.19	00.02
Ansehen	127	4.78	46	11.95	30.36 ***

Signifikanz: *$p<0.05$; **$p<0.01$; ***$p<0.001$

Beiden gemeinsam sind die drei Begründungskategorien ‚Fachkompetenz', ‚Über-zeugungskraft' und ‚Haltung und Umgang', die in beiden Listen auf den ersten vier Rängen platziert sind. Sowohl die Lehrpersonen wie auch die autoritätsbejahenden Schüler/-innen erachten diese Kompetenzen als zentral.

In der Meinung der Lehrpersonen beruht ihre Autorität vor allem auf dem ‚Um-gang' und der ‚Haltung' gegenüber den Schülern/-innen. Bei den Schülern/-innen erfolgt diese Kategorie erst auf Rang drei. Dafür ist bei ihnen die ‚Fachkompetenz' an erster Stelle angeführt; während diese bei den Lehrpersonen erst auf Rang vier folgt.

Wie aus der Tabelle hervorgeht, ermittelt der Chi-Quadrat-Test fünf signifikante Unterschiede in der Häufigkeit der Begründungskategorien: Die *autoritäts-bejahenden Schüler/-innen* begründen die Autorität ihrer Lehrperson signifikant häufiger (p<.001) mit den Kategorien ,Fachkompetenz', ,Lehren bzw. Unterrichten' und ,Gehorsam' als die Lehrpersonen. Die ersten beiden Begründungskategorien sind spezifische Schulkompetenzen, die aus der Sicht der Schüler/-innen die Lehrer- oder Lehrerinnenautorität ausmachen. Bei den autoritätsbejahenden Schülern/-innen nimmt auch die Kategorie ,Gehorsam' einen höheren Stellenwert ein als bei den Lehrpersonen. Die Schüler/-innen erachten es im Hinblick auf die Autorität als nicht unwichtig, ob sie ihren Lehrpersonen gehorchen müssen (können, sollen). Dafür sind für die Schüler/-innen die Begründungskategorie ,Haltung und Umgang' und vor allem das ,Ansehen' weniger bedeutsam als für Lehrpersonen.

Die Lehrpersonen – die sich als Autorität betrachten – nennen die beiden Kategorien ,Haltung und Umgang' und ,Ansehen' signifikant häufiger als die Schüler/-innen. Ihre Haltung gegenüber den Schülern/-innen und der Umgang mit ihnen beeinflussen recht stark ihre Selbsteinschätzung in Bezug auf die Autorität. Ebenso gewichten die Lehrpersonen das Ansehen weitaus stärker als ihre Schüler/-innen. Anders als die Schüler/-innen definieren Lehrpersonen ihre Autorität mehr über die erzieherischen Kompetenzen und über das Ansehen. Das Lehren bzw. Unterrichten erhält dafür weniger Gewicht und die Fachkompetenz spielt für sie eine untergeordnete Rolle. Auffallend ist, dass sie der Begründungskategorie ,Gehorsam' praktisch keine Bedeutung beimessen. Die Kategorien ,Überzeugungskraft' und ,Beruf' (weil Autorität einfach zum Beruf der Lehrperson gehört) sind von Schülern/-innen und Lehrpersonen ungefähr gleich wichtig eingestuft worden.

b) Autoritätsnegierende Schüler/-innen und Lehrpersonen, die sich als Autoritätspersonen betrachten, im Vergleich

Interessanterweise unterscheiden sich die autoritätsnegierenden Schüler/-innen und die Lehrpersonen, die sich als Autoritätspersonen betrachten, gar nicht so sehr in der Gewichtung der Argumentationskategorien. So sind auf den ersten drei Rängen die Kategorien ,Überzeugungskraft', ,Haltung und Umgang' und ,Ansehen'. Auch die Kategorie ,Lehren bzw. Unterrichten' ist bei beiden auf Rang fünf. Beide Gruppen scheinen die nicht vorhandene oder die eigene Autorität mit den gleichen Argumenten zu begründen, nur mit umgekehrten Vorzeichen.

Die autoritätsnegierenden Schüler/-innen argumentieren vor allem mit der fehlenden Überzeugungskraft und erst in zweiter Linie mit der Haltung und dem Umgang der Lehrperson. Bei den Lehrpersonen verhält es sich umgekehrt. Aus den Ergebnissen des Chi-Quadrat-Tests geht hervor, dass nur eine Begründungskategorie mit der Signifikanz von p<.001 verschieden häufig genannt wurde, nämlich die Kategorie ,Gehorsam' – eine Kategorie, die bei beiden nicht die obersten Ränge belegt. Dass die Schüler/-innen der Lehrperson nicht folgen müssen, dass sie ihr nicht gehorchen können, erachten sie als Grund für die Nichtanerkennung der Autorität ihrer Lehrperson. Für die Lehrpersonen ist – wie im Vergleich mit den autoritätsbejahenden Schülern/-innen – der Gehorsam für die Selbsteinschätzung der eigenen Autorität von geringer Bedeutung.

Tabelle 7.6
Schüler/-innen und Lehrpersonen im Vergleich:
Oberkategorien von autoritätsnegierenden Schülern/-innen und Lehrpersonen,
die sich als Autoritätspersonen betrachten

	Schüler/-innen – Nein, weil		Lehrpersonen – Ja, weil		Chi-Quadrat df=2
Kategorien	**Häufigkeit**	**%**	**Häufigkeit**	**%**	**x2**
Überzeugungskraft	143	31.71	78	20.26	10.29 **
Haltung und Umgang	85	18.85	100	25.97	04.76
Ansehen	47	10.42	46	11.95	00.43
Gehorsam	33	7.32	3	0.78	(20.62 ***)
Lehren bzw. Unterrichten	26	5.76	27	7.01	00.50
Fachkompetenz	20	4.43	35	9.09	06.84 *
Beruf	8	1.77	20	5.19	07.27 *

Signifikanz: *p<.05; **p<.01; ***p<.001

Die autoritätsnegierenden Schüler/-innen gewichten die Überzeugungskraft stärker als die Lehrpersonen (Signifikanz p<.01). Ihnen scheint sehr wichtig zu sein, dass die Lehrperson überzeugend wirkt, sich durchsetzt und führen kann. Vermissen sie diese Kompetenz, beeinträchtigt dies die Autorität der Lehrperson.

Weitere Differenzen, die jedoch nicht mehr so zentral sind, liegen in den Kategorien ‚Fachkompetenz' und ‚Beruf'. Lehrpersonen geben in ihren Begründungen sowohl die Fachkompetenz als auch den Beruf häufiger an als die autoritätsnegierenden Schülerinnen und Schüler. Sie legen mehr Wert auf das Wissen und Können und führen ihre Autorität eher auf den Beruf, nämlich auf ihren Auftrag und ihre Pflicht, zurück als autoritätsnegierende Schüler/-innen es tun.

7.2 Autorität und der ‚Unterschied'

Ein grundlegendes Merkmal von Autoritätsverhältnissen ist der ‚Unterschied' zwischen der autoritätsinnehabenden Person und der gegenüberstehenden Seite (Reichwein, 1989, S. 322; Rebel, 1967, S. 2; Hättich et al., 1970, S. 49). Er verleiht dem Autoritätsverhältnis eine bestimmte Qualität als Dynamik oder Kraft. Im

Folgenden wird nach dem ‚Unterschied' in schulischen Autoritätsverhältnissen gefragt und zwar aus der Sichtweise der Schüler/-innen sowie der Lehrpersonen. Die offene Frage ist so allgemein gestellt, damit sie auch von den autoritätsnegierenden Schülern/-innen und Lehrpersonen, die sich nicht als Autorität betrachten, beantwortet werden kann.

In Abschnitt 7.2.1 stehen die Ergebnisse der Schüler/-innen sowie die Zusammenhänge mit den autoritätsbejahenden bzw. autoritätsnegierenden Schülern/-innen im Mittelpunkt. Über die Perspektive der Lehrpersonen erfahren wir in Abschnitt 7.2.2. Abschnitt 7.2.3 enthält den Vergleich zwischen den Schülern/-innen und den Lehrpersonen.

7.2.1 Die Sicht der Schüler/-innen: Der ‚Unterschied'

„Was ist der Unterschied zwischen dir und einer Lehrerinnen-/Lehrerautorität?" Die 1794 Schüler/-innen gaben insgesamt 2966 Antworten, aus denen zu entnehmen ist, dass die Schüler/-innen grundsätzlich zwischen ihnen und einer Lehrerinnen-/Lehrerautorität einen ‚Unterschied' sehen. Nur mit 58 Angaben (1.96%) wird dies negiert. Die Antworten sind in Tabelle 7.7 aufgelistet.

Die Schüler/-innen beantworten die Frage nach dem ‚Unterschied' zwischen ihnen und einer Lehrerinnen-/Lehrerautorität am häufigsten mit dem Wissen und Können (26.06%). Die Lehrpersonen verfügen über mehr *Fachkompetenz*; sie wissen und können mehr als die Schüler/-innen. Diese Antwortkategorie steht klar auf Rang eins. Die Kategorie *Alter und Erfahrung* folgt mit 18.37% auf Rang zwei. Sie erfasst das eigentliche Alter, die Erfahrung, das Erwachsensein der Lehrperson sowie die Begründung, dass Schüler/-innen eben noch Schüler/-innen sind, dass die Lehrperson wegen des Alters mehr Freiheit geniesst. Die Kategorie *Überzeugungskraft* mit 14.01% steht auf Rang drei. Schülern/-innen ist das Durchsetzungsvermögen von zentraler Bedeutung, vom ‚Streng-sein' bis zum ‚Strafen'. Die Lehrperson kann sich im Unterschied zu den Schülern/-innen besser durchsetzen und überzeugen. Dabei wird auch die Führungskraft als wesentlicher ‚Unterschied' betrachtet. Mit gleich vielen Antworten erscheinen auf Rang fünf und sechs die Kategorien *Lehren bzw. Unterrichten* und *Gehorsam* (beide 5.23%). Die Lehrperson muss, darf, kann lehren bzw. unterrichten, die Schüler/-innen nicht; die Schüler/-innen müssen der Lehrperson gehorchen, die Lehrperson jedoch nicht der Schülerin/dem Schüler.

Tabelle 7.7
Sicht der Schüler/-innen: Was ist der Unterschied zwischen einer Schülerin/einem
Schüler und einer Lehrerinnen- oder Lehrerautorität?
Rangliste der Oberkategorien

Oberkategorien	Anzahl	%
Fachkompetenz	773	26.06
Alter und Erfahrung	545	18.37
Überzeugungskraft	418	14.09
Haltung und Umgang	179	6.04
Lehren bzw. Unterrichten	167	5.23
Gehorsam	167	5.23
Ansehen	111	3.74
Beruf	94	3.17
Ausbildung	51	1.72
Persönliche Kompetenz	21	0.71
Kommunikative Kompetenz	13	0.44
Handlungskompetenz	2	0.07
Sozio-emotionale Kompetenz	0	0
Diagnostische Kompetenz	0	0
Antwort unklar	197	6.64
Andere	56	1.89
Kein Unterschied	58	1.96
Ich weiss nicht	76	2.56
Keine Antwort	38	1.28
	2966	

Aus der Sichtweise der Schüler/-innen besteht der ‚Unterschied' zwischen ihnen
und einer Lehrpersonen-Autorität vor allem in der Fachkompetenz, im Alter und in
der Überzeugungskraft, wobei die Fachkompetenz mit den meisten Antworteinheiten an erster Stelle steht.

Interessanterweise tritt bei dieser Frage die Kategorie Alter und Erfahrung in
den Vordergrund. Dass die Lehrerinnen-/Lehrerautorität älter ist, erwachsen ist,
mehr Erfahrung hat und dadurch mehr Freiheit geniesst, sind wichtige Unterschiede. Der Vergleich zwischen den Einstiegskategorien und den ersten vier
Rängen zeigt, dass die Kategorien ‚Alter und Erfahrung' und ‚Haltung und
Umgang' die Kategorien ‚Gehorsam' und ‚Ansehen' ersetzt haben; d.h., die
Schüler/-innen haben diese Frage durchaus mit eigenen Gedanken beantwortet.

Zwischen den autoritätsbejahenden und den autoritätsnegierenden Schülern/-
innen ermittelt der Chi²-Test bei der Kategorie *Fachkompetenz* signifikante Unterschiede (Chi²=31.01; df=3; p<.001). Die Autoritätsbejahenden nennen die Fach-

kompetenz signifikant häufiger als erwartet; die Autoritätsnegierenden nennen sie dementsprechend weniger oft.

Bei der Kategorie *Haltung und Umgang* ist es umgekehrt: Die Antworthäufigkeit dieser Kategorie liegt bei den Autoritätsbejahenden signifikant unter dem erwarteten Wert; bei den Autoritätsnegierenden entsprechend darüber (Chi^2=11.53; df=3; p<.01). Bei der Frage nach dem ‚Unterschied' zwischen den Schülern/-innen und der Lehrperson wird von den Autoritätsnegierenden die Haltung und der Umgang der Lehrperson tendenziell stärker gewichtet als von den Autoritätsbejahenden.

Mit den anderen unabhängigen Variablen zeigen sich keine nennenswerten Zusammenhänge.

7.2.2 Die Sicht der Lehrpersonen: Der ‚Unterschied'

Die Lehrpersonen tendieren bei der Beantwortung der Frage nach dem ‚Unterschied' zwischen Schülern/-innen und einer Lehrpersonen-Autorität teilweise in eine andere Richtung. Es muss jedoch zuvor darauf hingewiesen werden, dass 8 Personen keine Antwort gaben und der Anteil der Kategorien mit Häufigkeit >4% geringer ist als bei den anderen Fragestellungen, nämlich nur 63.80%[8]. Im Weiteren ist der Prozentanteil der unklaren Antworten recht hoch, darum müssen die Ergebnisse mit Vorsicht interpretiert werden. Insgesamt sind es 304 Antworteinheiten, deren Häufigkeit nach üblichem Kategoriensystem in der Tabelle 7.8 aufgelistet ist.

Auf Rang eins steht als ‚Unterschied' mit 14.14% die Kategorie *Haltung und Umgang*. Die Lehrpersonen beantworteten die Frage nach dem ‚Unterschied' zwischen den Schülern/-innen und einer Lehrerinnen-/Lehrerautorität, indem sie die erzieherische Kompetenz nennen, die sich vor allem in einer konstruktiven Haltung und einem konstruktiven Umgang ausdrückt. Die Lehrperson ist aufmerksamer, gerechter und humorvoller als die Schüler/-innen. Die Ränge zwei und drei sind mit 12.50% durch die Kategorien *Überzeugungskraft* und *Alter und Erfahrung* gleich gewichtet. Laut Lehrpersonen unterscheiden sich Lehrerinnen und Lehrer von ihren Schülern/-innen in der Überzeugungskraft. Die Lehrperson kann sich besser durchsetzen als die Schüler/-innen. Auch das *Alter* fällt ins Gewicht, vor allem die grössere Erfahrung. Auf Rang vier folgt mit 9.53% der ‚Unterschied' *Lehren bzw. Unterrichten*. Die Lehrerin/der Lehrer lehrt, bringt den Schülern/-innen etwas bei. Die Schüler/-innen werden unterrichtet. Die *Fachkompetenz* – mit 8.88% auf Rang fünf – weist auf die Differenz im Wissen und Können hin. Die Lehrerin/der Lehrer weiss und kann mehr. Den sechsten Rang nimmt die Kategorie *Ansehen* ein (6.25%). Für die Lehrpersonen spielen das Ansehen sowie das Vorbild-Sein ebenfalls eine Rolle.

---

8 Bei der Frage „Warum sind Sie eine Autoritätsperson?" 79.47% und bei der Frage „Warum ist eine Lehrperson berechtigt, eine Autorität zu sein?" 78.36%.

Tabelle 7.8
Sicht der Lehrpersonen: Was ist der Unterschied zwischen
einer Schülerin/einem Schüler und einer Lehrerinnen- oder Lehrerautorität?
Rangliste der Oberkategorien

Oberkategorien	Anzahl	%
Haltung und Umgang	43	14.14
Überzeugungskraft	38	12.50
Alter und Erfahrung	38	12.50
Lehren bzw. Unterrichten	29	9.53
Fachkompetenz	27	8.88
Ansehen	19	6.25
Beruf	12	3.95
Sozio-emotionale Kompetenz	11	3.62
Persönliche Kompetenz	7	2.30
Kommunikative Kompetenz	6	1.97
Gehorsam	3	0.99
Ausbildung	2	0.66
Handlungskompetenz	1	0.33
Diagnostische Kompetenz	—	—
Antwort unklar	53	17.43
Andere	4	1.32
Kein Unterschied	2	0.66
Ich weiss nicht	1	0.33
Keine Antwort	8	2.63
	304	

Lehrpersonen sehen die Differenz zwischen der Lehrpersonen-Autorität und den
Schülern/-innen tendenziell in der Erzieherischen Kompetenz (Haltung und Umgang), der Überzeugungskraft und im Alter und in der Erfahrung. Die Kategorien
‚Lehren bzw. Unterrichten' und ‚Fachkompetenz' werden von ihnen weniger
gewichtet (Rang 4 und 5).

Mit den demographischen Variablen zeigen sich keine signifikanten Zusammenhänge.

7.2.3 Schüler/-innen und Lehrpersonen im Vergleich

Obwohl bei der Frage nach dem ‚Unterschied' die Antworten der Lehrpersonen weniger aussagekräftig sind, sollen die Sichtweisen von Schülern/-innen und Lehrpersonen im Folgenden verglichen werden. Wiederum werden Rangliste und Gewichtung zueinander in Beziehung gesetzt.

Tabelle 7.9
Schüler/-innen und Lehrpersonen im Vergleich:
Was ist der Unterschied zwischen Schülern/-innen und einer Lehrpersonen-Autorität?
Oberkategorien

Kategorien	Schüler/-innen		Lehrpersonen		Chi-Quadrat-Test
	Häufigkeit	%	Häufigkeit	%	x2 (df=1)
Fachkompetenz	773	26.06	27	8.88	33.26 ***
Alter und Erfahrung	545	18.37	38	12.50	05.34
Überzeugungskraft	418	14.09	38	12.50	00.05
Haltung und Umgang	179	6.04	43	14.14	26.70 ***
Lehren bzw. Unterrichten	167	5.23	29	9.53	07.03
Gehorsam	167	5.23	3	0.99	11.43 **
Ansehen	111	3.74	19	6.25	04.35

Signifikanz: *p<.05; **p<.01; ***p<.001

Beiderseits stehen auf den ersten vier Rängen die Kategorien ‚Alter und Erfahrung', ‚Überzeugungskraft' und ‚Haltung und Umgang'. Davon gewichten Schüler/-innen und Lehrpersonen das Alter und die Überzeugungskraft etwa gleich. Auch die weniger stark besetzten Kategorien Lehren bzw. Unterrichten und Ansehen unterscheiden sich nach dem Chi-Quadrat-Test nicht signifikant. Schüler/-innen wie Lehrpersonen haben in diesen Bereichen etwa die gleiche Sichtweise, was den ‚Unterschied' zwischen den Schülern/-innen und einer Lehrerinnen-/Lehrerautorität betrifft.

Differenzen bei der Beantwortung der Frage ergeben sich bei den Kategorien ‚Fachkompetenz' und ‚Haltung und Umgang' und ‚Gehorsam'. Die Schüler/-innen nennen die Fachkompetenz signifikant häufiger (p<.001 und Rang eins) als die Lehrpersonen. Sie sehen vor allem im Wissen und Können einen zentralen ‚Unterschied' zwischen den Schülern/-innen und einer Lehrpersonen-Autorität. Die Lehrperson weiss und kann viel mehr als die Schüler/-innen. Auch der Kategorie ‚Gehorsam' geben die Schüler/-innen einen höheren Stellenwert (Signifikanz p<.01). Die Lehrpersonen geben dafür als Antwort auf die Frage nach dem ‚Unterschied' signifikant häufiger die Erzieherische Kompetenz an (p<0.001 und Rang eins). Dabei ist ihr vor allem die Haltung und der Umgang mit den Schülern/-innen wichtig.

7.3 Autorität und Legitimation

Ein weiteres wichtiges Merkmal von Autorität ist die Legitimation (Reichwein, 1989, S. 322; Rebel, 1967, S. 2; Hättich et al., 1970, S. 49). Die Frage nach der Legitimation der Autorität von Lehrerinnen und Lehrern ist aktueller denn je, denn immer dort, wo die Autorität in Frage gestellt wird, schwingt auch die Frage nach deren Berechtigung mit. „Mein Lehrer hat nicht das Recht, mir dies zu verbieten; meine Lehrerin hat mir nichts zu sagen ..." sind nur zwei Beispiele. Schülern/-innen wie Lehrpersonen wurde folgende Frage vorgelegt: „Warum ist eine Lehrerin/ein Lehrer berechtigt, eine Autorität zu sein?" Die Frage ist wiederum allgemein formuliert, damit sie auch von Autoritätsnegierenden beantwortet werden kann.

Das Kapitel ist in drei Abschnitte gegliedert: Abschnitt 7.3.1 enthält die Ergebnisse der Schüler/-innen und Abschnitt 7.3.2 die Resultate der Lehrpersonen. In Abschnitt 7.3.3 werden die Schüler/-innen- und die Lehrpersonen-Ergebnisse miteinander verglichen.

7.3.1 Die Sicht der Schüler/-innen: Die Legitimation

„Warum ist eine Lehrerin/ein Lehrer berechtigt, eine Autorität zu sein?" Auf die Frage gaben die Schüler/-innen der Stichprobe insgesamt 2782 Antworten; die Häufigkeiten der Kategorien sind in der folgenden Tabelle aufgelistet.

Auf dem ersten Rang steht die Kategorie *Beruf* mit 18.98%. Darin sind Antworten enthalten wie „Das ist die Pflicht des Lehrers; es ist der Beruf, den die Lehrerin berechtigt, eine Autorität zu sein; es ist der Auftrag." Weil die Lehrperson diesen Beruf ausübt, ist sie auch legitimiert, eine Autorität zu sein. Es ist sogar ihr Auftrag und ihre Pflicht dies zu sein. Schüler/-innen erwarten von der Lehrperson, dass sie mit der Besetzung der Berufsrolle gleichzeitig auch die Autoritätsrolle einnimmt. Mit einem Prozentanteil von 14.85% folgt auf Rang zwei die Kategorie *Lehren bzw. Unterrichten.* In den Augen der Schüler/-innen bezieht die Lehrperson die Legitimation für ihre Autorität aus der Fähigkeit des Lehrens und Unterrichtens: „... weil die Lehrerin uns etwas lehrt; weil der Lehrer uns unterrichtet." Das Kerngeschäft ‚Lehren bzw. Unterrichten' trägt hauptsächlich zur Berechtigung der Lehrer/-innen-Autorität bei. Etwa gleich wichtig auf Rang drei ist die Fachkompetenz mit dem Wissen und Können der Lehrperson (14.09%). Für die Schüler/-innen ist das Wissen und Können der Lehrperson ein wichtiger Grund für die Legitimation der Lehrerinnen-/Lehrerautorität: „Die Lehrperson weiss viel, kann viel." Auch die *Überzeugungskraft* ist für die Schüler/-innen ein wichtiger Legitimationsgrund für die Lehrer-/Lehrerinnenautorität (11.14%). Die Fähigkeit sich durchzusetzen und die Kraft zu überzeugen, sind Legitimationsquellen der Autorität: „Der Lehrer hat viel Durchsetzungsvermögen; die Lehrerin sagt, wo's lang geht; der Lehrer ist der Chef." Zur Überzeugungskraft gehört ‚Disziplin schaffen'.

Tabelle 7.10
Sicht der Schüler/-innen: Warum ist eine Lehrperson berechtigt, eine Autoritätsperson zu sein? Rangliste der Oberkategorien

Oberkategorien	Anzahl	%
Beruf	528	18.98
Lehren bzw. Unterrichten	413	14.85
Fachkompetenz	392	14.09
Überzeugungskraft	310	11.14
Alter und Erfahrung	214	7.69
Haltung und Umgang	191	6.87
Ausbildung	116	4.17
Gehorsam	102	3.67
Ansehen	92	3.31
Persönliche Kompetenz	28	1.01
Kommunikative Kompetenz	7	0.25
Sozio-emotionale Kompetenz	2	0.07
Handlungskompetenz	1	0.04
Diagnostische Kompetenz	0	0
Kein Unterschied	1	0.04
Antwort unklar	173	6.22
Andere	51	1.83
Ich weiss nicht	85	3.06
Keine Antwort	76	2.73
	2782	

Das *Alter und Erfahrung* steht mit einem Prozentanteil von 7.69% auf Rang fünf. Das Faktum, dass die Lehrperson älter ist, legitimiert sie als Autoritätsperson. Dabei spielen neben dem Alter auch das Erwachsensein und die Erfahrungen eine wichtige Rolle: „Der Lehrer ist erwachsen; ich bin noch ein Kind; die Lehrerin hat mehr Erfahrung." Auf Rang sechs folgt die Kategorie *Haltung und Umgang* (6.87%). Die Erziehung und somit auch die Verantwortung der Lehrperson legitimieren ihre Autorität: „Die Lehrerin trägt die Verantwortung, ich nicht; der Lehrer ist gerecht; er hat Humor." Mit 4.17% erscheint auf Rang sieben die *Ausbildung*. Schüler/-innen sehen auch die besondere Ausbildung der Lehrperson als Legitimationsquelle ihrer Autorität. Zum Beispiel: „Mein Lehrer hat mehr Schulen besucht."

Schüler/-innen begründen die Legitimation der Lehrerinnen-/Lehrerautorität in erster Linie mit dem Beruf (Aufgabe, Pflicht), dem Lehren bzw. Unterrichten und der Fachkompetenz. Erst in zweiter Linie stehen Kategorien, die mehr zum persönlichen Bereich gehören, wie die Überzeugungskraft, das Alter und die

Erzieherische Kompetenz. Der Vergleich mit den Einstiegskategorien (Gehorsam, Überzeugungskraft, Ansehen und Fachkompetenz) zeigt, dass sich die Schüler/-innen von den Kategorien ‚Gehorsam' und ‚Ansehen' gelöst haben. Dafür ist der Beruf und das Lehren bzw. das Unterrichten neu dazugekommen. Mit den unabhängigen Variablen zeichnen sich keine bedeutenden Zusammenhänge ab.

7.3.2 Die Sicht der Lehrpersonen: Die Legitimation

Die Lehrpersonen wurden ebenfalls nach der Legitimation der Lehrpersonen-Autorität gefragt: „Warum glauben Sie, ist eine Lehrperson berechtigt, eine Autorität zu sein?" Von den 99 Lehrpersonen konnten insgesamt 365 Antwort-einheiten nach dem obigen Kodierungssystem bearbeitet werden. In der folgenden Tabelle sind die Ergebnisse nach Häufigkeit, Prozentanteilen und Mittelwerten der Begründungskategorien aufgelistet.

Tabelle 7.11
Sicht der Lehrpersonen: Warum ist eine Lehrperson berechtigt, eine Autoritätsperson zu sein? Rangliste der Oberkategorien

Oberkategorien	Anzahl	%
Überzeugungskraft	66	18.08
Haltung und Umgang	61	16.71
Beruf	60	16.44
Lehren bzw. Unterrichten	37	10.14
Ansehen	28	7.67
Fachkompetenz	19	5.21
Sozio-emotionale Kompetenz	15	4.11
Alter und Erfahrung	9	2.47
Persönliche Kompetenz	5	1.37
Ausbildung	4	1.10
Gehorsam	2	0.55
Kommunikative Kompetenz	1	0.27
Handlungskompetenz	1	0.27
Diagnostische Kompetenz	—	—
Antwort unklar	44	12.05
Andere	12	3.29
Ich weiss nicht	—	—
Keine Antwort	1	0.27
	365	

An oberster Stelle der Antworten befindet sich mit 18.08% die Begründungskategorie *Überzeugungskraft*. Die Lehrpersonen erachten sie als wichtigsten Grund
für ihre Autorität. Wenn eine Lehrerin/ein Lehrer sich durchsetzen kann, überzeugend wirkt und die Führungsrolle einnimmt, ist sie/er berechtigt, eine Autorität
zu sein. Auf Rang zwei folgt die Kategorie *Haltung und Umgang* (16.71%). Eine
konstruktive Haltung und ein sachlicher Umgang mit den Schülern/-innen verschaffen den Lehrpersonen Autorität. Wenn die Lehrperson gerecht, rücksichtsvoll,
humorvoll, hilfsbereit etc. ist, wenn sie ihre Erziehungsaufgabe und Verantwortung
wahrnimmt, ist sie berechtigt, eine Autoritätsperson zu sein. Mit einem ähnlich
hohen Prozentanteil kommt auf Rang drei die Kategorie *Beruf* (16.44%). Es ist vor
allem die im Lehrberuf innewohnende Aufgabe und Pflicht, die Lehrpersonen als
Autorität legitimiert. Die Kategorie *Lehren bzw. Unterrichten* folgt mit 10.14% auf
Rang vier. Die Autorität einer Lehrerin/eines Lehrers gründet im Lehren und
Unterrichten. Das *Ansehen* der Lehrperson erreicht mit 7.67% Rang fünf. Damit ist
die Anerkennung und die Akzeptanz der Lehrerin/des Lehrers gemeint sowie die
Achtung gegenüber der Lehrperson. Auf Rang sechs folgt die Fachkompetenz
(5.21%) und auf Rang sieben die Sozio-emotionale Kompetenz (4.11%). Letztere
beinhaltet das Wissen über die Gemeinschaftsförderung und dessen Umsetzung.

Mit den unabhängigen Variablen zeichnen sich keine bedeutsamen Zusammenhänge ab[9].

7.3.3 Schüler/-innen und Lehrpersonen im Vergleich

Sehen die Schüler/-innen die Legitimation der Lehrerinnen- und Lehrerautorität
anders als die Lehrpersonen? Beim Vergleich der Antworteinheiten kann einerseits
die Rangliste und andererseits die Gewichtung (Chi-Quadrat-Test) der Begründungskategorien dienen. Die Tabelle 7.12 soll den Vergleich erleichtern.

Aus den Rangfolgen der Vergleichsgruppen zeigen sich folgende Gemeinsamkeiten: Auf den ersten vier Rängen stehen die Kategorien ‚Beruf‘, ‚Überzeugungskraft‘ und ‚Lehren bzw. Unterrichten‘.

Bei den Schülern/-innen befindet sich die Kategorie *Beruf* auf Rang eins, bei
den Lehrpersonen auf Rang drei. Sie wird sowohl von Schülern/-innen als auch von
Lehrpersonen etwa gleich gewichtet (der Chi-Quadrat-Test zeigt keinen signifikanten Unterschied). Von beiden wird zum Ausdruck gebracht, dass die Autorität
der Lehrperson im Beruf (in der Berufsrolle) begründet liegt.

Auch das *Lehren bzw. Unterrichten* wird sowohl von Schülern/-innen (Rang
zwei) als auch von den Lehrpersonen (Rang vier) als wichtig eingestuft. Der Chi-
Quadrat-Test ermittelt keinen signifikanten Unterschied. Das Lehren bzw. Unterrichten ist nach Meinung der Schüler/-innen wie der Lehrpersonen ein wichtiger
Legitimationsgrund für die Lehrpersonen-Autorität.

---

9   Einige Teilstichproben sind zu klein, um gültige Resultate zu erzielen, oder signifikante
    Ergebnisse erweisen sich wegen zu kleiner Zellbesetzung als unbedeutend.

Tabelle 7.12
Schüler/-innen und Lehrpersonen im Vergleich:
Warum ist eine Lehrperson berechtigt, eine Autoritätsperson zu sein?
Oberkategorien

	Schüler/-innen		Lehrpersonen		Chi-Quad-rat-Test
Kategorien	**Häufigkeit**	**%**	**Häufigkeit**	**%**	**x2 (df=2)**
Beruf	528	18.98	60	16.44	01.12
Lehren bzw. Unter-richten	413	14.85	37	10.14	05.00
Fachkompetenz	392	14.09	19	5.21	19.50 ***
Überzeugungskraft	310	11.14	66	18.08	13.01 **
Alter und Erfahrung	214	7.69	9	2.47	(12.43 **)
Haltung und Umgang	191	6.87	61	16.71	39.06 ***
Ausbildung	116	4.17	4	1.10	(08.00 *)
Ansehen	92	3.31	28	7.67	16.11 ***
Sozio-emotionale K.	2	0.07	15	4.11	(30.36 ***)

Signifikanz: *p<0.05; **p<0.01; ***p<0.001

In der *Fachkompetenz* liegt hinsichtlich der Rangfolge und Gewichtung ein wesentlicher Unterschied zwischen Schülern/-innen und Lehrpersonen (bei den Schülern/-innen auf Rang drei, bei den Lehrpersonen auf Rang sechs). In den Augen der Schüler/-innen ist das Wissen und Können der Lehrperson ein wichtiger Legitimationsgrund, warum eine Lehrperson berechtigt ist, eine Autorität zu sein. Die Lehrpersonen gewichten diese Begründungskategorie signifikant weniger stark ($Chi^2<.001$); in ihren Augen dient die Fachkompetenz weniger als Autoritätsgrundlage.

Die Kategorie *Überzeugungskraft* steht bei den Lehrpersonen auf Rang eins, bei den Schülern/-innen auf Rang vier. Sie wird von den Lehrpersonen auch signifikant häufiger genannt als von den Schülern/-innen ($chi^2<.01$); d.h., sie sehen die Legitimation der Lehrerinnen- und Lehrerautorität häufiger in der Überzeugungskraft, dem Durchsetzungs- oder Führungsvermögen.

Auch bei der Begründungskategorie *Alter und Erfahrung* zeichnet sich beim Vergleich der Häufigkeiten zwischen Schülern/-innen und Lehrpersonen einen offensichtlichen Unterschied ab. Das Alter ist für die Schüler/-innen hinsichtlich der Legitimation ein Thema, so die Erfahrung und das Erwachsensein, für die Lehrpersonen hingegen nicht (nur 9 Nennungen).

Dafür nimmt bei den Lehrpersonen die Begründungskategorie *Haltung und Umgang* (Erzieherische Kompetenz) eine zentrale Stellung ein (bei Lehrpersonen auf Rang zwei, bei den Schülern/-innen auf Rang sechs). Die Lehrerinnen und Lehrer begründen die Legitimation signifikant häufiger mit der Kategorie Haltung und Umgang als die Schüler/-innen ($chi^2<.001$). Für sie bilden eine konstruktive

Haltung und ein sachbezogener Umgang gegenüber den Schülern/-innen einen guten Boden für die Lehrpersonen-Autorität. Die Schüler/-innen gewichten in ihrer Argumentation die Kategorie ‚Haltung und Umgang' bedeutend weniger.

Obwohl die Kategorie Ansehen weder bei den Schülern/-innen noch bei den Lehrpersonen unter den ersten vier Rängen zu finden ist, lohnt sich ein Vergleich: Das *Ansehen* wird von den Lehrpersonen öfters thematisiert (Signifikanz von chi^2<.001). Auf Rang fünf und mit einem Anteil von 7.67% ist diese Kategorie für sie wichtiger als die Fachkompetenz und das Alter.

Zusammenfassend kann gesagt werden: Schüler/-innen und Lehrpersonen gewichten die Kategorien ‚Beruf' und ‚Lehren bzw. Unterrichten' etwa gleich. Die Kategorien ‚Fachkompetenz' und ‚Alter und Erfahrung' werden von den Schülern/-innen, die Kategorien ‚Überzeugungskraft', ‚Haltung und Umgang' und ‚Ansehen' von den Lehrpersonen signifikant häufiger genannt.

7.4 Autorität und Zuständigkeitsbereiche

Bei der Autoritätsfrage geht es nicht nur darum, warum die Lehrperson legitimiert ist, eine Autorität zu sein, sondern auch um die Frage, in welchen Bereichen die Legitimation zugesprochen wird. Die von Turiel (1983) entwickelte Bereichs-theorie zeigt auf, dass Kinder (Schüler/-innen) sehr differenziert unterscheiden, wann eine Person Einfluss nehmen darf oder nicht. Sie unterschieden zwischen dem moralischen Bereich, dem Bereich der sozialen Konventionen und dem persönlichen Bereich.

Smetana & Bitz (1996) haben in ihrer empirischen Studie die Bereichstheorie ausdifferenziert. Die folgende Analyse stützt sich vor allem auf diese Unter-suchung.

Im Zentrum des Abschnitts 7.4.1 steht die Sichtweise der Schüler/-innen; es wird nach Unterschieden zwischen den autoritätsbejahenden bzw. autoritäts-negierenden Schülern/-innen und den unabhängigen Variablen gesucht. Der Ab-schnitt 7.4.2 widmet sich ganz der Perspektive der Lehrpersonen. Der Vergleich zwischen Schülern/-innen und Lehrpersonen ist in Abschnitt 7.4.3 zu finden.

7.4.1 Die Sicht der Schüler/-innen: Die Zuständigkeitsbereiche

Smetana & Bitz (1996) erfassen anstelle von drei Bereichen die folgenden fünf: ‚Moral', ‚Allgemeine Konventionen', ‚Schulbezogene Konventionen', ‚Persön-liches' und ‚Vernünftiges Handeln' (Gesundheitsbereich). In Anlehnung an diese Studie erfassen 18 Items[10] diese fünf Zuständigkeitsbereiche. Die Items sind in folgende Fragestellung eingebettet: „Gehört es zur Aufgabe der Lehrperson oder ist deine Lehrerin/dein Lehrer berechtigt, einzugreifen, wenn ...?" Zu jedem Bereich

---

10 vgl. Kap. 6.4.2 (Items 13 und 20 wurden weggelassen)

gehören 3 bis 4 Items mit dem Antwortmodus Ja oder Nein. In der folgenden Tabelle sind die Prozentwerte der Ja-Antworten, die Gesamtmittelwerte der Bereiche und die Anzahl Schüler/-innen aufgelistet.

Im *Bereich Moral* bewegen sich die Werte zwischen 73% und 93%. Der Gesamtmittelwert der Ja-Antworten beträgt 3.48. Bei den Fragen zu den moralischen Belangen sind sich die Schüler/-innen relativ einig, dass die Lehrperson verpflichtet ist, einzugreifen. Bei Vorkommnissen wie Stehlen, Bekämpfen, Bedrohen, Bücher nicht zurückgeben, ist es die Aufgabe der Lehrperson, zu intervenieren. Am wenigsten Ja-Antworten hat das Item 4 (wenn sich Schüler/-innen über andere lustig machen, 73% Zustimmung) erhalten.

Tabelle 7.13
Antworten der Schüler/-innen zu den Zuständigkeitsbereichen
Mittelwerte der Bereiche und Prozentwerte der Items sowie Anzahl Schülerinnen und Schüler

Ist deine Lehrerin/dein Lehrer berechtigt, einzugreifen, ...	Ja-Antworten in %	Anzahl Schüler/-innen
4 Items zur Moral	**M=3.48**	**1745**
1. wenn Geld von einem Schüler, einer Schülerin gestohlen wird?	88%	1763
2. wenn andere Schüler/-innen bekämpft oder bedroht werden?	93%	1770
3. wenn Bücher am Ende des Jahres nicht zurückgegeben werden?	91%	1766
4. wenn sich Schülerinnen/Schüler über andere lustig machen?	73%	1763
4 Items zum Bereich Allgemeine Konventionen	**M=3.51**	**1753**
5. wenn sich Schülerinnen und Schüler in der Klasse schlecht betragen (benehmen)?	93%	1788
6. wenn in den Gängen herumgeschrien wird?	84%	1781
7. wenn Schülerinnen/Schüler zu spät in die Stunde kommen?	79%	1773
8. wenn Schülerinnen/Schüler der Lehrperson frech antworten?	92%	1784
4 Items zum Bereich Schulische Konventionen	**M=1.76**	**1727**
9. wenn Schülerinnen/Schüler ohne Erlaubnis das Schulzimmer verlassen, um auf die Toilette zu gehen?	49%	1781
10. wenn Schülerinnen/Schüler ihren Freund oder ihre Freundin im Gang küssen?	13%	1760
11. wenn Schülerinnen/Schüler Nacktbilder im Pult aufbewahren?	45%	1762
12. wenn Schülerinnen/Schüler in der Klasse Zettel herumgeben?	70%	1777

3 Items zum Persönlichen Bereich	M=0.17	1756
14. bei der Wahl der eigenen Frisur?	05%	1782
15. bei der Wahl, wo und mit wem Schülerinnen/Schüler essen gehen?	06%	1772
16. beim Entscheid, wie Schülerinnen/Schüler ihr Essensgeld verwenden?	07%	1776
3 Items zum Bereich Vernünftiges Handeln	M=2.79	1781
17. wenn Schülerinnen/Schüler in den Schultoiletten rauchen?	91%	1785
18. wenn Schülerinnen/Schüler ‚high‘ oder betrunken in die Schule kommen?	93%	1784
19. wenn Schülerinnen/Schüler in der Schule Alkohol oder Drogen konsumieren?	95%	1787

Antwortskala: Ja=1; Nein=0

Im Bereich *Allgemeine Konventionen* sieht es ähnlich aus. Die Ja-Antworten haben einen Anteil von 79% bis 93%. Der Gesamtmittelwert von 3.50 zeigt deutlich, dass es zur Aufgabe der Lehperson gehört zu intervenieren. Dies ist der Fall, wenn sich Schüler/-innen schlecht betragen, wenn in den Gängen herumgeschrien wird, beim ‚Zu-spät-in-die-Schule-Kommen‘ sowie wenn Schüler/-innen frech antworten.

Uneinheitlich sieht es im Bereich *Schulische Konventionen* aus. Die Anteile der Items mit Ja-Antworten bewegen sich zwischen 13% (10. Im Gang küssen) und 70% (12. In der Klasse Zettel herumgeben). In der Mitte liegen mit 49% Item 9 (Ohne Erlaubnis das Schulzimmer verlassen, um auf die Toilette zu gehen) und mit 45% Item 11 (Nacktbilder im Pult aufbewahren). Bei diesen beiden Items sind sich die Schüler/-innen nicht einig; je nachdem spielt der Kontext, abhängig von den im Schulzimmer geltenden Rahmenbedingungen, eine wichtige Rolle.

Im *Persönlichen Bereich* (M=0.16) haben die drei Items fast die gleichen Prozentwerte (5%, 6%, 7%). Die Schüler/-innen vertreten die recht einheitliche Meinung, dass die Lehrperson in diesem Bereich keine Berechtigung hat, ihren Einfluss geltend zu machen. Bei der Wahl der eigenen Frisur, wo und mit wem Schülerinnen/Schüler essen gehen und beim Entscheid, wie Schülerinnen/Schüler ihr Essensgeld verwenden, wünschen Schüler/-innen, dass sich die Lehrperson nicht einmischt.

Die drei Items des Bereichs *Vernünftiges Handeln* mit Ja-Antworten von über 90% sprechen das Rauchen, den Alkoholkonsum und andere Drogen an (M=2.82). Die grosse Mehrheit der Schüler/-innen erachtet eine Intervention als Aufgabe der Lehrerin/des Lehrers. Sie gehen davon aus, dass die Lehrperson berechtigt ist, einzugreifen.

Aus der Sicht der Schüler/-innen gehören die Bereiche ‚Moral‘, ‚Allgemeine Konventionen‘ und ‚Vernünftiges Handeln‘ in den Einflussbereich der Lehrperson. Im Bereich ‚Schulische Konventionen‘ sind die Schüler/-innen geteilter Meinung, ob die Lehrperson intervenieren darf oder nicht. Der Kontext spielt hier die entscheidende Rolle. Im Persönlichen Bereich bekunden die Schüler/-innen sehr klar, dass es nicht zur Aufgabe der Lehrperson gehört, Einfluss zu nehmen. Mit Ausnahme der Schulischen Konventionen weisen die Schüler/-innen klar darauf hin, für welche Bereiche die Lehrperson zuständig ist. Ob Lehrpersonen diese Sichtweise teilen, wird weiter unten untersucht.

a) Autoritätsbejahende und autoritätsnegierende Schüler/-innen im Vergleich

Im Bereich 'Vernünftiges Handeln', in dem vor allem Fragen der Gesundheit angesprochen werden, differieren die Mittelwerte zwischen den autoritätsbejahenden und autoritätsnegierenden Schülern/-innen leicht (Tabelle 7.14). Zur Erinnerung: Bei Analysen mit der Gesamtstichprobe sollen nur Ergebnisse mit Signifikanzwerten $p < .01$ und einer aufgeklärten Varianz von 1% und mehr besprochen werden.

Autoritätsbejahende Schüler/-innen finden etwas häufiger als Autoritätsnegierende, dass die Lehrperson im Bereich 'Vernünftiges Handeln' berechtigt ist, einzugreifen. Dies trifft vor allem dann zu, wenn Schüler/-innen in den Schultoiletten rauchen, wenn Schüler/-innen 'high' oder betrunken in die Schule kommen und in der Schule Alkohol oder Drogen konsumieren.

Mit anderen unabhängigen Variablen zeigen sich keine bedeutenden Zusammenhänge.

Tabelle 7.14
Vergleich zwischen autoritätsbejahenden und autoritätsnegierenden Schülern/-innen
Zuständigkeitsbereiche: Mittelwerte, Standardabweichungen, F-Werte und aufgeklärte
Varianzen

	Autoritäts-bejahende N=1447		Autoritäts-negierende N=276			
Zuständigkeitsbereich	M	S	M	S	F-Wert (df)	aufgekl. Varianz
Moral	3.44	.69	3.49	.67	1.29 (1, 1674)	0.1%
Allgemeine Konventionen	3.42	.75	3.53	.69	5.52 * (1, 1680)	0.3%
Schulische Konventionen	1.63	1.14	1.78	1.14	4.21 * (1, 1656)	0.3%
Persönliches	0.14	.51	0.19	.55	1.83 (1, 1683)	0.1%
Vernünftiges Handeln	**2.81**	**.58**	**2.60**	**.89**	**25.64*** (1, 708)**	**1.5%**

Signifikanz: $*p < .05$; $**p < .01$; $***p < .001$

b) Zusammenhänge mit den unabhängigen Variablen

Zwischen den Zuständigkeitsbereichen und den unabhängigen Variablen bestehen folgende Zusammenhänge:

Zuständigkeitsbereiche und Schulklasse

In der Untersuchung wurden drei verschiedene Altersstufen mit der Variable ‚Schulklasse' erfasst, so die 5. Schulklasse (10.9 Jahre), 6. Schulklasse (12.1 Jahre) und 8. Schulklasse (14.17 Jahre). In dieser Zeitspanne vollzieht sich der Übergang von der Kindheit zur Adoleszenz. Wie in Abschnitt 3.1 dargelegt, ereignet sich nach klassischer, entwicklungspsychologischer Konzeption eine fundamentale Reorganisation der Persönlichkeit. Im Folgenden steht die Frage im Mittelpunkt, ob die Schulklasse einen Einfluss auf die Einschätzung der Zuständigkeitsbereiche der Schüler/-innen hinsichtlich ihrer Lehrerinnen und Lehrer hat. Die durch die Varianzanalysen (Anova) ermittelten Ergebnisse sind in Tabelle 7.15 dargestellt.

Tabelle 7.15
Sicht der Schüler/-innen: Vergleich der Schulklassen
Zuständigkeitsbereiche: Mittelwerte, Standardabweichungen, F-Werte und aufgeklärte
Varianzen

Zuständigkeits-bereiche	5. Schulklasse N=754		6. Schulklasse N=371		8. Schulklasse N=654		df	F-Wert p	aufgekl. Varianz
	M	S	M	S	M	S			
Moral	**3.56**	**.64**	**3.48**	**.72**	**3.40**	**.72**	**2, 1742**	**9.65** ***	**1.1%**
Allgemeine Konventionen	3.55	.67	3.39	.74	3.53	.69	2, 1750	7.12 ***	0.8%
Schulische Konventionen	**2.08**	**1.12**	**1.74**	**1.16**	**1.40**	**105**	**2, 1724**	**63.05** ***	**6.8%**
Persönliches	**.28**	**.68**	**.16**	**.49**	**.06**	**.29**	**2, 1753**	**29.15** ***	**3.2%**
Vernünftiges Handeln	2.84	.56	2.76	.68	2.74	.70	2, 1778	4.33 *	0.5%

Signifikanz: *p<.05; **p<.01; ***p<.001

Zwischen den Zuständigkeitsbereichen und der Variable ‚Schulklasse' (5., 6. und 8. Schulklasse) existieren signifikante Zusammenhänge. Grundsätzlich finden die Schüler/-innen aller drei Schulklassen, dass die Lehrperson berechtigt ist, im Bereich *Moral* einzugreifen. Trotzdem sinkt der Ja-Antwort-Anteil der Schüler/-innen mit zunehmender Schulklasse etwas. Ein signifikanter Mittelwert-Unterschied besteht jedoch nur zwischen den Schülern/-innen der 5. und 8. Schulklasse (Scheffé-Test). Die 5. Klässler/-innen sehen ihre Lehrperson im Bereich der Moral berechtigter einzugreifen als die 8. Klässler/-innen (wenn Geld gestohlen wird, Schüler/-innen bekämpft oder bedroht werden, wenn Bücher am Ende des Jahres nicht zurückgegeben werden oder wenn sich Schüler/-innen über andere lustig machen). Mit zunehmendem Alter betrachten die Schüler/-innen ihre Lehrperson in diesem Bereich weniger legitimiert.

Bei den *Schulischen Konventionen* sind einerseits die Antworten der Schüler/-innen recht unterschiedlich und andererseits wirkt sich der Alterseffekt am stärksten aus. Die Mittelwertunterschiede – sie sind zwischen der 5., 6. und 8. Schulklasse signifikant verschieden (Scheffé-Test) – verdeutlichen, dass mit zunehmendem Alter die Schüler/-innen ihrer Lehrperson immer weniger erlauben, diesen Bereich zu beeinflussen. Dazu gehören: ohne Erlaubnis das Schulzimmer verlassen, um auf die Toilette zu gehen; im Gang küssen; Nacktbilder im Pult aufbewahren oder in der Klasse Zettel herumgeben. Obwohl es hier eher um persönliche Handlungen geht, müssen sie im schulischen Kontext geregelt werden. In den oberen Schulklassen wird dies weniger toleriert.

Der Bereich *Persönliches* gehört nach Meinung der Schüler/-innen generell nicht zur Aufgabe der Lehrperson. Mit fortgeschrittenem Alter (Klassenstufe) kommt dies noch stärker zum Ausdruck: Die Lehrperson ist immer weniger befugt, im persönlichen Bereich ihren Einfluss geltend zu machen, wie bei der Wahl der Frisur, wo und mit wem Schüler/-innen essen gehen oder wie sie ihr Essensgeld verwenden. Laut Varianzanalyse und Scheffé-Test sind die Mittelwerte zwischen allen Schulklassen (5., 6. und 8. Schulklasse) signifikant verschieden.

Zuständigkeitsbereiche und Schultyp der 8. Schulklasse

Mit der Variable ‚Schultypus' wurden unterschiedliche Schülerinnen- und Schülergruppen der 8. Schulklasse erfasst: Schüler/-innen der Oberschule, der Sekundarschule und der Bezirksschule. Die Bezirksschule bereitet die Schüler/-innen auf die weiterführenden Mittelschulen und die anspruchsvollen Berufslehren vor. In der gleichen Stichprobe befindet sich auch die kleine Gruppe der Gymnasiastinnen und Gymnasiasten. Die Sekundarschule hat vor allem die breite Vorbereitung auf die Berufswahl zum Ziel und die Oberschule schliesslich, die mehr und mehr von fremdsprachigen Kindern besucht wird, stellt ebenfalls die Vorbereitung für die Berufswahl in den Mittelpunkt der Ausbildung (vgl. Criblez, 1998).

Wie in der Tabelle 7.16 dargestellt ist, zeigen sich in den Zuständigkeitsbereichen ‚Schulische Konventionen' und ‚Persönliches' zwischen den verschiedenen Schultypen der 8. Schulklasse signifikante Unterschiede (in beiden Bereichen ist die aufgeklärte Varianz grösser als 1%).

Tabelle 7.16
Sicht der Schüler/-innen: Vergleich der Schultypen
Zuständigkeitsbereiche: Mittelwerte, Standardabweichungen, F-Werte und aufgeklärte
Varianzen

Zuständigkeits-bereiche	Oberschule N=101		Sekundarschule N=307		Bezirksschule N=246		F (df)	aufgekl. Varianz
	M	S	M	S	M	S		
Moral	3.37	.73	3.35	.74	3.46	.68	1.65 (2, 634)	0.5%
Allgemeine Konventionen	3.61	.64	3.47	.71	3.58	.68	2.55 (2, 631)	0.8%
Schulische Konventionen	**1.76**	**1.10**	**1.31**	**1.10**	**1.37**	**0.95**	**6.82**** (2, 631)	**2.1%**
Persönliches	**0.17**	**0.47**	**0.07**	**0.29**	**0.01**	**0.06**	**12.4***** (2, 639)	**3.8%**
Vernünftiges Handeln	2.89	.45	2.70	.77	2.74	.69	2.95 (2, 646)	0.9%

Signifikanz: **p<0.01; ***p<0.001

Im Bereich *Schulische Konventionen* zeigt sich zwischen dem Schultypus und der Leistung ein *Interaktionseffekt*. (F=4.75; df=2, 601; p<.01; aufgeklärte Varianz 2.3%). Wie in Tabelle 7.16 ersichtlich ist, besteht bei der Variable ‚Schultypus' ein Haupteffekt. Hingegen ist bei der Variable ‚Leistung' kein Haupteffekt fest-zustellen. Das heisst, dass nur bei den Oberschülern/-innen ein signifikanter Effekt besteht. Wenn Oberschüler/-innen weniger gute Leistungen haben (Note: 3 bis 4.77), geben sie ihrer Lehrperson im Bereich ‚Schulische Konventionen' mehr Berechtigung, einzugreifen (M=2.05) als wenn sie gute bis sehr gute Leistungen haben (M=1.37). Im Bereich *Persönliches* differieren die Mittelwerte zwischen allen drei Schultypen (der Scheffé-Test bestätigt dies). Die Oberschüler/-innen schreiben ihrer Lehrperson mehr Legitimation zu als die Sekundarschüler/-innen, diese wiederum mehr als die Bezirksschüler/-innen. Bei den Schülern/-innen der Bezirksschule deutet der Mittelwert 0.01 darauf hin, dass sie ihrer Lehrperson im persönlichen Bereich praktisch keine Legitimation zugestehen.

Zuständigkeitsbereiche und Wechsel der Lehrperson
In diesem Absatz wird der Frage nachgegangen, ob die Zeitdauer seit dem letzten Wechsel der Klassen-Lehrperson einen Einfluss auf die Kompetenzeinschätzungen der Schüler/-innen hinsichtlich ihrer Lehrperson hat. Bei 930 Schülern/-innen erfolgte der Wechsel der Haupt-Lehrperson (Klassenlehrperson) im August 1999. Er liegt also vom Erhebungszeitpunkt 3 Monate zurück. Bei 789 Schülern/-innen fand der Wechsel der Klassenlehrperson 1998 statt, also ein Jahr und 3 Monate vor der Befragung. Die Mittelwerte der Zuständigkeitsbereiche unterscheiden sich

hinsichtlich des Wechsels der Lehrperson 1999 und 1998. In der folgenden Tabelle sind diese aufgeführt.

Tabelle 7.17
Sicht der Schüler/-innen: Wechsel der Lehrperson im Vergleich
Zuständigkeitsbereiche: Mittelwerte, Standardabweichungen, F-Werte und aufgeklärte Varianzen

Zuständigkeits-bereiche	1999 N=918		1998 N=765		F (df)	aufgekl. Varianz
	M	S	M	S		
Moral	3.52	.67	3.42	.72	9.21** (1, 1638)	0.6%
Allgemeine Konventionen	3.54	.69	3.47	.71	3.55 (1, 1643)	0.2%
Schulische Konventionen	**1.96**	**1.13**	**1.52**	**1.14**	**61.98*** (1, 1617)**	**3.7%**
Persönliches	**0.24**	**0.63**	**0.10**	**0.41**	**28.10*** (1, 1645)**	**1.7%**
Vernünftiges Handeln	2.81	.61	2.77	.67	2.00 (1, 1670)	0.1%

Signifikanz: **p<0.01; ***p<0.001

Sind die Schüler/-innen bereits ein Jahr und drei Monate bei ihrer Lehrperson (Wechsel 1998), erachten sie ihre Lehrperson als weniger berechtigt, in die Bereiche ‚Schulische Konventionen' und ‚Persönliches' einzugreifen, als wenn sie erst drei Monate von ihr unterrichtet werden (Wechsel 1999).
    Mit den anderen unabhängigen Variablen bestehen keine Haupteffekte.

Zuständigkeitsbereiche und Wohlbefinden in der Schule
Das Wohlbefinden als subjektives Erleben ist ein wichtiger Faktor im Alltag der Schüler/-innen. Im folgenden Abschnitt wird der Frage nachgegangen, ob das Wohlbefinden in der Schule die Einschätzungen der Schüler/-innen in Bezug auf die Zuständigkeitsbereiche beeinflusst. Zu untersuchen sind die drei Gruppen: ‚weder wohl noch unwohl' (darin sind auch die wenigen Schüler/-innen, die sich eher nicht wohl (N=22) oder sehr unwohl (N=17) fühlen), ‚eher wohl' und ‚sehr wohl'. In Tabelle 7.18 sind die Ergebnisse dargestellt.

Tabelle 7.18
Sicht der Schüler/-innen: Befindlichkeit im Vergleich
Zuständigkeitsbereiche: Mittelwerte, Standardabweichungen, F-Werte und aufgeklärte
Varianzen

	weder wohl noch unwohl N=354		eher wohl N=675		sehr wohl N=748		F	
Zuständigkeits-bereiche	M	S	M	S	M	S	F (df)	aufgekl. Varianz
Moral	3.36	0.76	3.49	0.68	3.54	0.65	08.61 *** (2, 1725)	1.0%
Allgemeine Konventionen	3.43	.74	3.51	.71	3.55	.66	3.41 (2, 1733)	0.4%
Schulische Konventionen	**1.44**	**1.09**	**1.76**	**1.17**	**1.91**	**1.12**	**19.73 *** (2, 1708)**	**2.3%**
Persönliches	.17	.53	.15	.47	.20	.59	1.19 (2, 1738)	0.1%
Vernünftiges Handeln	**2.65**	**0.83**	**2.81**	**0.61**	**2.83**	**0.56**	**10.74 *** (2, 1762)**	**1.2%**

Signifikanz: ***$p<0.001$

Das Wohlbefinden beeinflusst die Einschätzungen der Zuständigkeitsbereiche ,Schulische Konventionen' und ,Vernünftiges Handeln' (Ergebnisse $p<0.01$, aufgeklärte Varianz > 1%).

Schüler/-innen, die sich in der Schule weder wohl noch unwohl fühlen, unterscheiden sich im Bereich *Vernünftiges Handeln* von denjenigen, die sich eher wohl oder sehr wohl fühlen. Sie geben der Lehrperson im Bereich ,Vernünftiges Handeln' weniger Legitimation als Schüler/-innen, die sich eher oder sehr wohl fühlen. Der Scheffé-Test bestätigt diese Unterschiede.

Noch deutlicher zeigen sich die Unterschiede im Zuständigkeitsbereich *Schulische Konventionen*. Der Scheffé-Test ermittelt zwischen allen Wohlbefindensgruppen einen signifikanten Unterschied. Je wohler sich Schüler/-innen fühlen, desto mehr Legitimation geben sie der Lehrperson, in den Schulischen Konventionen Einfluss zu nehmen.

7.4.2 Die Sicht der Lehrpersonen: Die Zuständigkeitsbereiche

Die Lehrpersonen beantworteten den gleichen Fragenkatalog wie die Schüler/-innen. Die Ergebnisse sind in der Tabelle 7.19 aufgelistet.

In den Augen der Lehrpersonen gehören die Bereiche *Moral, Allgemeine Konventionen und Vernünftiges Handeln* zu ihrem Aufgabenfeld, in dem sie berechtigt sind, einzugreifen. Die Mittelwerte der Bereiche und die Prozentanteile der Ja-Antworten (>95%) weisen darauf hin.

Konkret heisst dies, die Lehrpersonen sehen sich berechtigt, im *Bereich Moral* zu intervenieren, so wenn Geld von einer Schülerin, einem Schüler gestohlen wird, wenn andere Schüler/-innen bekämpft oder bedroht werden, wenn Bücher am Ende des Jahres nicht zurückgegeben werden, wenn sich Schülerinnen/Schüler über andere lustig machen. Für den *Bereich Allgemeine Konventionen* bedeutet dies: Die Lehrperson ist legitimiert, einzugreifen, wenn sich Schülerinnen und Schüler in der Klasse schlecht betragen (benehmen), wenn in den Gängen herumgeschrien wird, wenn Schülerinnen/Schüler zu spät in die Stunde kommen, wenn Schülerinnen/Schüler der Lehrperson frech antworten. Auch der Bereich *Vernünftiges Handeln* gehört in den Legitimationsbereich der Lehrperson; sie sieht sich berechtigt, ihren Einfluss geltend zu machen, wenn Schülerinnen/Schüler in den Schultoiletten rauchen, wenn Schülerinnen/Schüler ‚high' oder betrunken in die Schule kommen und wenn Schülerinnen/Schüler in der Schule Alkohol oder Drogen konsumieren. Ebenso eindeutig sind die Ergebnisse im *Bereich Persönliches*. Die Lehrpersonen erachten es *nicht als ihre Aufgabe*, einzugreifen. Es handelt sich um den persönlichen Bereich der Schüler/-innen, wo nur sie selbst das Sagen haben. Lehrer/-innen sollten bei den Schülern/-innen hinsichtlich der Wahl der Frisur, beim Entscheid, wo und mit wem Schülerinnen/Schüler essen gehen und beim Entscheid, wie Schülerinnen/Schüler Ihr Essensgeld verwenden, nicht intervenieren. Uneinig sind sich die Lehrpersonen (wie die Schüler/-innen) im Bereich *Schulische Konventionen*. Die Ja-Antworten erstrecken sich zwischen 31% und 90%. Bei den einzelnen Items sieht die Zustimmung wie folgt aus: wenn Schülerinnen/Schüler ohne Erlaubnis das Schulzimmer verlassen, um auf die Toilette zu gehen (67%), wenn Schülerinnen/ Schüler ihren Freund oder ihre Freundin im Gang küssen (31%), wenn Schülerinnen/Schüler Nacktbilder im Pult aufbewahren (78%) und wenn Schülerinnen/Schüler in der Klasse Zettel herumgeben (90%). Wie der Mittelwert zeigt (M=2.67), tendieren die Lehrpersonen dazu, eher in diesem Bereich einzugreifen.

Tabelle 7.19
Antworten der Lehrpersonen zu den Zuständigkeitsbereichen
Mittelwerte der Bereiche und Prozentwerte der Items sowie Anzahl Lehrpersonen

Ist deine Lehrerin/dein Lehrer berechtigt, einzugreifen, ...	Ja-Antworten in %	Anzahl Lehrpersonen
4 Items zur Moral	**M=3.92**	**97**
1. wenn Geld von einem Schüler, einer Schülerin gestohlen wird?	96%	98
2. wenn andere Schüler/-innen bekämpft oder bedroht werden?	99%	99
3. wenn Bücher am Ende des Jahres nicht zurückgegeben werden?	99%	98
4. wenn sich Schülerinnen/Schüler über andere lustig machen?	98%	99
4 Items zum Bereich Allgemeine Konventionen	**M=3.95**	**99**
5. wenn sich Schülerinnen und Schüler in der Klasse schlecht betragen (benehmen)?	100%	99
6. wenn in den Gängen herumgeschrien wird?	96%	99
7. wenn Schülerinnen/Schüler zu spät in die Stunde kommen?	99%	99
8. wenn Schülerinnen/Schüler der Lehrperson frech antworten?	100%	99
4 Items zum Bereich Schulische Konventionen	**M=2.67**	**87**
9. wenn Schülerinnen/Schüler ohne Erlaubnis das Schulzimmer verlassen, um auf die Toilette zu gehen?	67%	91
10. wenn Schülerinnen/Schüler ihren Freund oder ihre Freundin im Gang küssen?	31%	93
11. wenn Schülerinnen/Schüler Nacktbilder im Pult aufbewahren?	78%	97
12. wenn Schülerinnen/Schüler in der Klasse Zettel herumgeben?	90%	95
3 Items zum Persönlichen Bereich	**M=0.06**	**93**
14. bei der Wahl der eigenen Frisur?	00%	97
15. bei der Wahl, wo und mit wem Schülerinnen/Schüler essen gehen?	04%	96
16. beim Entscheid, wie Schülerinnen/Schüler ihr Essensgeld verwenden?	03%	93
3 Items zum Bereich Vernünftiges Handeln	**M=2.96**	**99**
17. wenn Schülerinnen/Schüler in den Schultoiletten rauchen?	98%	99
18. wenn Schülerinnen/Schüler ‚high' oder betrunken in die Schule kommen?	99%	99
19. wenn Schülerinnen/Schüler in der Schule Alkohol oder Drogen konsumieren?	99%	99

Antwortskala: Ja=1; Nein=0

Zusammenfassend kann gesagt werden, dass sich die Lehrpersonen für die Bereiche ‚Moral', ‚Allgemeine Konventionen' und ‚Vernünftiges Handeln' als zuständig erachten. Sie sind der Ansicht, dass sie berechtigt seien, einzugreifen. Im

Bereich ‚Persönliches' verhält es sich umgekehrt. Die Lehrpersonen meinen, dass die Privatsphäre der Schüler/-innen zu respektieren sei. Uneinheitlich ist es bei den ‚Schulischen Konventionen'. Die Lehrer/-innen tendieren jedoch dazu, eher einzugreifen als nicht.
Mit den unabhängigen Variablen zeichnen sich keine bedeutenden Zusammenhänge ab.

7.4.3 Schüler/-innen und Lehrpersonen im Vergleich

Im folgenden Vergleich soll eruiert werden, ob sich die Sichtweisen von Schüler/-innen und Lehrpersonen unterscheiden. Tabelle 7.20 gewährt Einblick:

Tabelle 7.20
Schüler/-innen und Lehrpersonen im Vergleich
Zuständigkeitsbereiche: Mittelwerte der Bereiche und Prozentwerte der Items

	Ja-Antworten in %	
Ist deine Lehrerin/dein Lehrer berechtigt, einzugreifen, ... Sind Sie berechtigt, einzugreifen, ...	Schülerinnen und Schüler	Lehr-personen
4 Items zur Moral	**M=3.48**	**M=3.92**
1. wenn Geld von einem Schüler, einer Schülerin gestohlen wird?	88%	96%
2. wenn andere Schüler/-innen bekämpft oder bedroht werden?	93%	99%
3. wenn Bücher am Ende des Jahres nicht zurückgegeben werden?	91%	99%
4. wenn sich Schülerinnen/Schüler über andere lustig machen?	73%	98%
4 Items zum Bereich Allgemeine Konventionen	**M=3.51**	**M=3.95**
5. wenn sich Schülerinnen und Schüler in der Klasse schlecht betragen (benehmen)?	93%	100%
6. wenn in den Gängen herumgeschrien wird?	84%	96%
7. wenn Schülerinnen/Schüler zu spät in die Stunde kommen?	79%	99%
8. wenn Schülerinnen/Schüler der Lehrperson frech antworten?	92%	100%
4 Items zum Bereich Schulische Konventionen	**M=1.76**	**M=2.67**
9. wenn Schülerinnen/Schüler ohne Erlaubnis das Schulzimmer verlassen, um auf die Toilette zu gehen?	49%	67%
10. wenn Schülerinnen/Schüler ihren Freund oder ihre Freundin im Gang küssen?	13%	31%
11. wenn Schülerinnen/Schüler Nacktbilder im Pult aufbewahren?	45%	78%
12. wenn Schülerinnen/Schüler in der Klasse Zettel herumgeben?	70%	90%

3 Items zum Persönlichen Bereich	M=0.17	M=0.06
14. bei der Wahl der eigenen Frisur?	05%	00%
15. bei der Wahl, wo und mit wem Schülerinnen/Schüler essen gehen?	06%	04%
16. beim Entscheid, wie Schülerinnen/Schüler ihr Essensgeld verwenden?	07%	03%
3 Items zum Bereich Vernünftiges Handeln	**M=2.79**	**M=2.96**
17. wenn Schülerinnen/Schüler in den Schultoiletten rauchen?	91%	98%
18. wenn Schülerinnen/Schüler ‚high' oder betrunken in die Schule kommen?	93%	99%
19. wenn Schülerinnen/Schüler in der Schule Alkohol oder Drogen konsumieren?	95%	99%

Antwortskala: 1=Ja; 0=Nein

In den Bereichen ‚Moral', ‚Allgemeine Konventionen' und ‚Vernünftiges Handeln' betrachten Schüler/-innen wie Lehrer/-innen die Lehrperson als legitimiert, ihren Einfluss geltend zu machen. Die Lehrperson hat im Persönlichen Bereiche – sowohl aus der Sichtweise der Schüler/-innen als auch der Lehrpersonen – keine Befugnis zu intervenieren. Bei den ‚Schulischen Konventionen' sind sich Schüler/-innen und Lehrer/-innen nicht einig, ob die Lehrperson eingreifen soll. Der Vergleich zeigt jedoch, dass sich Lehrpersonen selbst mit Ausnahme des Bereichs ‚Persönliches' tendenziell mehr Legitimation zusprechen als Schüler/-innen der Lehrperson. Folgende Tabelle zeigt die Mittelwerte und die Ergebnisse der T-Tests:

Tabelle 7.21
Schüler/-innen und Lehrpersonen im Vergleich
Zuständigkeitsbereiche: Mittelwerte und Resultate der T-Tests

Zuständigkeits-bereiche	Schüler/-innen N=1794	Lehrpersonen N=99	T-Wert df
Moral	3.48	3.92	13.35 *** df=1840
Allgemeine Konventionen	3.51	3.95	15.91 *** df=1850
Schulische Konventionen	1.76	2.67	7.25 *** df=1812
Persönliches	0.17	0.06	3.33 ** df=1847
Vernünftiges Handeln	2.79	2.96	4.86 *** df=1878

*p<.05; **p<.01; ***p<.001

Die Resultate der T-Tests verdeutlichen die unterschiedlichen Mittelwerte bei den Zuständigkeitsbereichen zwischen Schülern/-innen und Lehrpersonen. Die Differenzen sind in allen Bereichen signifikant verschieden (p<.01). In den Bereichen ‚Moral' und ‚Allgemeine Konventionen' sprechen sich die Lehrpersonen mehr Legitimation zu als die Schüler/-innen. Bei den Schulischen Konventionen sind die Antworten sowohl bei den Schülern/-innen als auch bei den Lehrpersonen uneinheitlich. In persönlichen Belangen gestehen die Schüler/-innen den Lehrpersonen mehr Legitimation zu als die Lehrpersonen sich selbst. Auch dieser Unterschied ist signifikant verschieden (p<.01). Der Bereich ‚Vernünftiges Handeln' gleicht den Bereichen ‚Moral' und ‚Allgemeine Konventionen'; die Lehrpersonen fühlen sich legitimierter einzugreifen als die Schüler/-innen es ihnen zugestehen.

7.5 Pädagogische Autorität

Mit dem Konstrukt ‚Pädagogische Autorität' wird versucht, spezifische Aspekte des schulischen Autoritätsverhältnisses anzusprechen. Wie in Kapitel 3 dargelegt, konstituiert sich ‚Pädagogische Autorität' aus der pädagogisch-genetischen (erzieherisch-entwicklungspsychologischen) und interaktionistischen (beziehungsspezifischen) Perspektive sowie aus dem Sachverhalt (Sachebene). Die Schüler/-innen schätzen ihre Lehrperson nach diesen in 11 Items aufgefächerten pädagogischen Aspekten ein. Zu diesem Zweck benutzen sie eine 4-stufige Antwortskala von ‚trifft nicht zu' bis ‚trifft völlig zu'. Im folgenden Abschnitt wird die Sichtweise der Schüler/-innen – auch hinsichtlich der unabhängigen Variablen – dargestellt.

7.5.1 Die Sicht der Schüler/-innen

11 Items bilden die Skala ‚Pädagogische Autorität' (Cronbach Alpha .89). Der Itemskalenwert von 3.14 (s=1.09) deutet darauf hin, dass die Schüler/-innen ihre Lehrpersonen im Konstrukt ‚Pädagogische Autorität' deutlich über dem Durchschnitt einschätzen (es trifft eher zu, dass die Lehrpersonen Pädagogische Autorität repräsentieren). Zur Erinnerung sind die Inhalte des Konstrukts ‚Pädagogische Autorität' nochmals aufgeführt: „Meine Lehrperson übernimmt immer die Verantwortung; sie passt sich uns an, wenn wir älter und selbstständiger werden; einerseits führt sie uns, andererseits lässt sie uns Freiheit; sie fördert unsere Selbstständigkeit sehr; obwohl die Lehrperson uns in gewissen Bereichen überlegen ist, ist da doch etwas, das zwischen uns gleich ist; sie verfolgt einerseits die Unterrichtsziele, andererseits berücksichtigt sie unsere Bedürfnisse und Wünsche; die Lehrperson weist mich nie zurück, wenn ich sie in Frage stelle; sie ist sich sehr bewusst, dass ihr Verhalten zu Einzelnen immer auch Auswirkungen auf die anderen Schüler/-innen hat; sie kann sehr gut immer wieder eine sachliche Ebene herstellen; meine Lehrperson führt mich immer wieder in neue Wissensgebiete ein und hilft mir, darin die Orientierung zu finden; sie ist sehr bemüht, nicht nur ihre Meinungen (Anschauungen) zu vertreten, sondern auch diejenigen anderer zu berücksichtigen."

a) Autoritätsbejahende und autoritätsnegierende Schüler/-innen im Vergleich

Der Mittelwertunterschied zwischen autoritätsbejahenden und autoritäts-negierenden Schülern/-innen ist mit $p<.01$ signifikant; da dieses Ergebnis mit einer aufgeklärten Varianz von nur 0.5% sehr wenig erklärt, verdient es keine weitere Beachtung.

b) Zusammenhänge mit den unabhängigen Variablen

Mit den unabhängigen Variablen *Schulklasse* (Alter), *Wechsel der Lehrperson* und *Wohlbefinden in der Schule* zeigen sich signifikante Unterschiede[11], die im Folgenden dargestellt werden.

Pädagogische Autorität und Schulklasse
Zwischen den Schulklassen der Schüler/-innen differieren die Mittelwerte bedeutend. Der Scheffé-Test ermittelt zwischen allen Schulklassen (5., 6. und 8. Schulklasse) signifikante Unterschiede. Die Ergebnisse der Varianzanalyse sind in Tabelle 7.22 aufgeführt:

Tabelle 7.22
Sicht der Schüler/-innen: Schulklassen im Vergleich
Pädagogische Autorität: Mittelwerte, Standardabweichungen, F-Werte und aufgeklärte Varianz

	5. Schulklasse N=754		6. Schulklasse N=371		8. Schulklasse N=654			
	M	S	M	S	M	S	F	aufgekl. Varianz
Pädagogische Autorität	3.31	.50	3.17	.55	2.92	.57	87.99*** df=2, 1719	9.3%

Signifikanz: ***p<.001

Mit steigender Schulklasse schätzen die Schüler/-innen die Pädagogische Autorität ihrer Lehrperson tiefer ein. Anders formuliert: Lehrpersonen erhalten von älteren Schülern/-innen tiefere Werte als Berufskollegen von jüngeren Schülern/-innen. Somit zeigt sich das Alter für die Pädagogische Autorität als wichtiger Einfluss-faktor.
    Mit anderen unabhängigen Variablen zeichnen sich keine signifikanten Haupt-effekte ab.

---

11 Der signifikante Mittelwertunterschied der Variable ‚Geschlecht der Lehrperson' ($p<.01$) mit der aufgeklärten Varianz von 0.5% wird nicht weiter erläutert.

Pädagogische Autorität und Wechsel der Lehrperson

Auch die Zeitspanne seit dem letzten Wechsel der Lehrperson (Klassen-Lehrperson) wirkt sich auf die Einschätzungen der Schüler/-innen aus. Die Mittelwerte unterscheiden sich signifikant.

Tabelle 7.23

Sicht der Schüler/-innen: Wechsel der Lehrperson im Vergleich
Pädagogische Autorität: Mittelwerte, Standardabweichungen, F-Werte und aufgeklärte Varianz

	1999 N=918		1998 N=765			
	M	S	M	S	F	aufgekl. Varianz
Pädagogische Autorität	3.22	.54	3.03	.59	45.00 *** df=1, 1619	2.7%

Signifikanz: ***p<.001

Schüler/-innen mit Wechsel 1999, die erst drei Monate bei ihrer Lehrperson sind, schätzen die Pädagogische Autorität signifikant höher ein als Schüler/-innen mit Wechsel 1998, die also bereits ein Jahr und drei Monate von ihrer Lehrperson unterrichtet werden. Mit zunehmender Lehrpersonen-Erfahrung geben die Schüler/-innen ihrer Lehrperson tiefere Werte.

Mit anderen unabhängigen Variablen werden keine signifikanten Interaktionseffekte sichtbar.

Pädagogische Autorität und Wohlbefinden in der Schule

Zwischen der Pädagogischen Autorität und dem Wohlbefinden zeigt sich ein Haupteffekt. Der Scheffé-Test ermittelt zwischen allen Wohlbefindensgruppen (weder wohl noch unwohl, eher wohl, sehr wohl) signifikante Unterschiede. Je wohler sich Schüler/-innen in der Schule fühlen, desto höher schätzen sie die Pädagogische Autorität ihrer Lehrperson ein. Anders formuliert: Gutes Wohlbefinden der Schüler/-innen begünstigt die Einschätzung der Lehrperson hinsichtlich Pädagogischer Autorität.

Tabelle 7.24
Sicht der Schüler/-innen: Befindlichkeit im Vergleich
Pädagogische Autorität: Mittelwerte, Standardabweichungen, F-Werte und aufgeklärte
Varianz

	weder wohl noch unwohl N=354		eher wohl N=675		sehr wohl N=748			
	M	S	M	S	M	S	F	aufgekl. Varianz
Pädagogische Autorität	2.78	.62	3.10	.52	3.34	.48	134.74*** df=2, 1703	13.7%

Signifikanz: ***p<.001

Zugleich besteht zwischen der Variable ,Wohlbefinden' und der Variable
,Geschlecht der Schüler/-innen' ein schwacher Interaktionseffekt (F=4.96; df=2,
1686; p<.01; aufgeklärte Varianz=13.6%), obwohl bei der Variable ,Geschlecht der
Schüler/-innen' kein Haupteffekt vorhanden ist. Bei der Gruppe ,eher wohl' unter-
scheiden sich Mädchen und Knaben in der Lehrpersonen-Einschätzung. Die
Knaben (M=3.16) geben ihren Lehrpersonen tendenziell höhere Werte als die
Mädchen (M=3.03). Bei den Gruppen ,weder wohl noch unwohl' und ,sehr wohl'
sind die Unterschiede zwischen Mädchen und Knaben nicht signifikant.

7.6 Die acht Kompetenzbereiche

Verschiedene Autoren bringen Autorität mit ,Kompetenz' in Verbindung (Böhm,
2000; Köck, 1994; Reichwein, 1989; Rombach & Krüger, 1977; Hättich, Hättich &
Hohmann, 1970 u.a.). Im folgenden Kapitel wird die Lehrperson in acht Kompetenzbereichen eingeschätzt. Ob diese Kompetenzbereiche damit auch die Autorität
der Lehrperson erfassen, wird an späterer Stelle erörtert. Folgende Kompetenzbereiche stehen im Mittelpunkt: Fachkompetenz, Didaktisch-methodische,
Erzieherische, Diagnostische, Sozio-emotionale, Kommunikative, Persönliche
Kompetenz und Handlungskompetenz. Die Kompetenzbereiche werden durch 59
Fragen mit vierstufigem Antwortmodus von ,trifft völlig zu' bis ,trifft gar nicht zu'
erfasst. Das Kapitel ist wie folgt gegliedert: In Abschnitt 7.6.1 soll dargestellt
werden, wie Schüler/-innen ihre Lehrperson in den acht Kompetenzen einschätzen;
anschliessend stehen Zusammenhänge mit den unabhängigen Variablen im Mittelpunkt. In Punkt 7.6.2 geht es um die Perspektive der Lehrpersonen, nämlich um die
Fragen, wie wichtig sie die acht Kompetenzen einstufen und aus welchen Kompetenzen sie ihre Autorität schöpfen. Der Vergleich zwischen der Sicht der Schüler/-
innen und derjenigen der Lehrpersonen erfolgt in Abschnitt 7.6.3.

7.6.1 Wie schätzen Schüler/-innen ihre Lehrperson in den acht Kompetenzen ein?

Welche Kompetenzen stehen heute aus der Sicht der Schüler/-innen den Lehrkräften zur Verfügung? Im Folgenden werden die Ergebnisse dieser Frage hinsichtlich der acht Kompetenzbereiche dargestellt und verglichen. In Tabelle 7.25 sind die acht Kompetenzskalen mit den Stichprobengrössen, Mittelwerten, Standardabweichungen und den Cronbach-Alpha-Werten aufgeführt.

Tabelle 7.25
Kompetenzbereiche: Skalen-Übersicht

Name der Skala	N	M	S	Cronbach-Alpha
1. Fachkompetenz	1721	3.34	.48	.76
2. Didaktisch-methodische Kompetenz	1740	3.23	.51	.80
3. Erzieherische Kompetenz	1750	3.17	.61	.78
4. Diagnostische Kompetenz	1722	3.12	.57	.87
5. Sozio-emotionale Kompetenz	1756	3.20	.55	.76
6. Kommunikative Kompetenz	1720	3.07	.64	.88
7. Persönliche Kompetenz	1738	3.19	.66	.78
8. Handlungskompetenz	1690	3.06	.50	.78

Die Varianzanalyse mit Messwiederholungen zeigt, dass die Messungen zwischen den acht Bereichen signifikant verschieden sind (F= 146.69; df=7, 1475; p<.001).

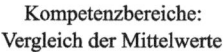

Kompetenzbereiche:
Vergleich der Mittelwerte

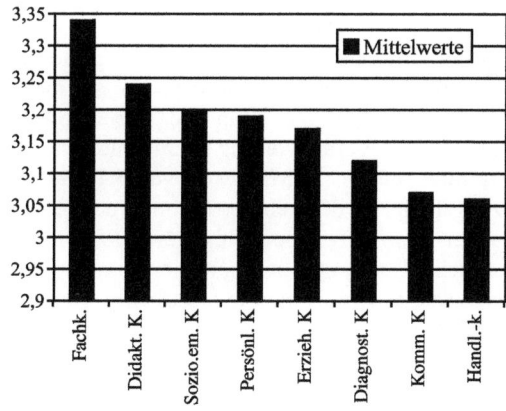

Graphik 7.1: Kompetenzbereiche: Mittelwertvergleiche

Wie aus Tabelle und Graphik ersichtlich ist, steht die *Fachkompetenz* mit einem Mittelwert von 3.34 an oberster Stelle. Die befragten Schüler/-innen stufen die Fachkompetenz ihrer Lehrpersonen am höchsten ein: „Die Lehrperson kann sehr viel in ihrem Fach; sie ist eine sehr gebildete Person; sie ist an allem interessiert; sie bildet sich stets weiter; sie ist immer auf dem Laufenden; sie sorgt immer dafür, dass wir viel lernen; sie ist von dem, was sie uns lehrt, sehr begeistert."

An zweiter Stelle folgt die *Didaktisch-methodische Kompetenz*, welche mit M=3.24 deutlich tiefer liegt als die Fachkompetenz: „Meine Lehrperson wählt für uns sehr interessante Themen aus; sie gliedert die Unterrichtsstunde immer in Abschnitte, die sehr gut aufeinander passen; wir wissen bei ihr immer genau, was wir zu arbeiten haben; sie bemerkt immer alles, was in unserer Klasse vor sich geht; sie greift gleich ein, wenn eine Schülerin/ein Schüler zu stören anfängt; sie achtet immer darauf, dass wir im Unterricht beschäftigt sind; sie hilft uns, einen Weg durch das viele Wissen zu finden; sie erklärt uns sehr oft den Sinn, weshalb wir bestimmte Inhalte lernen." In diesem Bereich sind neben den didaktisch-methodischen Absichten auch solche der *Klassenführung* enthalten; didaktisch-methodische Impulse sind verknüpft mit dem Führen der Klasse; sie stehen in enger Wechselwirkung.

Danach folgt die *Sozio-emotionale Kompetenz* mit einem Mittelwert von 3.20. Mit diesem Kompetenzbereich wird das Thema ‚Klassengemeinschaft' angesprochen, z.B.: „Die Lehrperson lässt uns sehr vieles selbst entscheiden; sie tut sehr vieles, damit wir eine gute Klassengemeinschaft werden; wir reden mit ihr sehr oft über den Unterricht und über unsere Klasse; sie freut sich sehr, wenn wir für unsere Klassengemeinschaft tätig sind; sie gibt uns sehr oft wichtige Ideen, damit wir uns als Gruppe weiterentwickeln."

Mit M=3.19 folgt an vierter Stelle die *Persönliche Kompetenz*. Dieser Bereich spricht persönliche Seiten der Lehrperson an: „Die Lehrperson bemüht sich immer, ausgeglichen und humorvoll zu sein; sie ist zu uns immer offen und ehrlich; sie beginnt jede Stunde freudig und zuversichtlich; sie mag uns sehr."

Ebenfalls zum mittleren Feld gehört die *Erzieherische Kompetenz* (M=3.16). Sie umfasst Haltung und Umgang der Lehrperson: „Von meiner Lehrperson fühle ich mich immer akzeptiert; von ihr fühle ich mich sehr verstanden; sie meint es sehr gut mit mir; sie erklärt uns oft, warum wir etwas tun oder lassen sollen; sie möchte, dass ich für bestimmte Bereiche die Verantwortung übernehme."

Die *Diagnostische Kompetenz* folgt mit einem Mittelwert von 3.12 auf Rang sechs. Mit ihr wird die Einschätzungsfähigkeit der Lehrperson im Arbeits-, Sozial- und Persönlichkeitsbereich eingestuft. Zum Arbeitsbereich gehören folgende Aussagen: „Meine Lehrperson erfasst meine Leistungen sehr gut; sie weiss über meine Begabungen sehr gut Bescheid; sie weiss über die Art, wie ich arbeite, sehr gut Bescheid; wenn ich Lernprobleme habe, schätzt sie diese sehr gut ein." Im Sozialbereich sind enthalten: „Sie weiss sehr genau, was in unserer Klasse vor sich geht; sie merkt sehr gut, wo und warum wir Klassenprobleme haben; sie weiss sehr gut, wie ich zu meinen Mitschülern/-innen stehe." Die folgenden Aussagen gehören zum Persönlichkeitsbereich: „Die Lehrperson weiss über meine Person sehr gut Bescheid; sie weiss immer, wo ich in meiner Entwicklung stehe; sie weiss genau, wo ich meine Stärken und Schwächen habe."

Auf dem zweitletzten Rang befindet sich die *Kommunikative Kompetenz* mit M=3.07. In diesem Bereich werden die Themen Kommunikation, Kooperation und Konfliktbewältigung angesprochen: „Mit meiner Lehrperson kann ich sehr gut reden; wenn ich mit ihr rede, fühle ich mich sehr gut verstanden; sie hört mir zu; bei ihr weiss ich immer, woran ich bin; sie hört auf mich, wenn ich etwas sehr Wichtiges sage; mit ihr kann ich sehr gut zusammenarbeiten; sie bemüht sich immer, unsere Ideen und Wünsche im Unterricht einzubeziehen; wenn es eine Meinungsverschiedenheit gibt, ermutigt sie uns immer, unsere Gefühle auszudrücken; in Streitsituationen reagiert sie sehr ruhig und sachlich."

Die Handlungskompetenz mit M=3.06 bildet den Schluss dieser Rangliste. In den folgenden Aussagen sind die Rollenkonformität, die situative Rollenkompetenz und Rolle der Lehrperson hinsichtlich der Öffentlichkeit zu finden: „Meine Lehrperson ist eine richtige Lehrerin/ein richtiger Lehrer; sie verhält sich in allem vorbildlich; wenn mehreres gleichzeitig geschieht, behält sie immer den Überblick; sie bewältigt sehr vieles gleichzeitig; sie reagiert auf Ereignisse sehr schnell; sie geht mit unvorhergesehenen Ereignissen sehr gelassen um; sie denkt immer daran, dass wir gemeinsame Erfahrungen und Erlebnisse haben; bei ihr nehme ich sehr grosse Unterschiede zwischen Lehrperson und Privatperson wahr; sie ist sich sehr bewusst, dass sie im Schulzimmer immer beobachtet wird."

Die Schüler/-innen schätzen ihre Lehrperson in der Fachkompetenz am höchsten ein. Mit einem grösseren Abstand folgt die Didaktisch-methodische Kompetenz. Im Mittelfeld befinden sich die Sozio-emotionale, die Persönliche, die Erzieherische und die Diagnostische Kompetenz. Die niedrigsten Mittelwerte erzielen die Kommunikative und die Handlungskompetenz.

a) Autoritätsbejahende und autoritätsnegierende Schüler/-innen im Vergleich

In allen Kompetenzbereichen unterscheiden sich die autoritätsbejahenden von den autoritätsnegierenden Schülern/-innen (Die F-Werte liegen zwischen 8.5 und 15.3; $p < .01$). Die aufgeklärten Varianzen betragen jedoch bei allen Kompetenzbereichen weniger als 1%. Die Ergebnisse sind somit wenig aussagekräftig und werden deshalb nicht weiter berücksichtigt.

b) Zusammenhänge mit den unabhängigen Variablen

Im Folgenden sollen die Zusammenhänge zwischen den Kompetenzeinschätzungen und den unabhängigen Variablen beschrieben werden. Im Mittelpunkt unseres Interesses stehen folgende unabhängigen Variablen: *Schulklasse* (5., 6. und 8.

Schulklasse), *Schultyp der 8. Schulklasse* (Ober-, Sekundar- und Bezirksschule), *Wechsel der Lehrperson* (Wechsel 1998 und Wechsel 1999) und *Wohlbefinden* (sehr wohl, eher wohl, weder wohl noch unwohl).

Wieder werden beim Einbezug der gesamten Stichprobe nur Ergebnisse mit einem Signifikanzniveau von p<.01 und aufgeklärten Varianzen, die grösser als 1% sind, dokumentiert.

Mit der Variable ‚Geschlecht der Lehrperson' zeigen sich schwache Effekte, die jedoch wegen der geringen aufgeklärten Varianz (<1%) nicht weiter beachtet werden.

Kompetenzeinschätzungen der Schüler/-innen und Schulklasse

Die Frage, ob die Schulklasse – und somit das Alter – einen Einfluss auf die Kompetenz-Einschätzungen der Schüler/-innen hinsichtlich ihrer Lehrerinnen und Lehrer hat, steht im Mittelpunkt unseres Interesses. Die durch die Varianzanalysen ermittelten Ergebnisse sind in folgender Tabelle dargestellt.

Tabelle 7.26
Sicht der Schüler/-innen: Schulklassen im Vergleich
Kompetenzbereiche: Mittelwerte, Standardabweichungen, F-Werte und aufgeklärte Varianzen

	5. Schulklasse N=754		6. Schulklasse N=371		8. Schulklasse N=654			
Kompetenzbereiche	M	S	M	S	M	S	F-Wert (df)	aufgekl. Varianz
Fachkompetenz	3.47	.46	3.32	.47	3.21	.46	53.84*** (2, 1718)	5.9%
Didakt.-method. K.	3.43	.45	3.27	.48	2.98	.50	154.62*** (2, 1737)	15.1%
Erzieherische K.	3.34	.56	3.22	.61	2.93	.60	88.10*** (2, 1747)	9.2%
Diagnostische K.	3.28	.52	3.23	.52	2.86	.55	116.81*** (2,1719)	12.0%
Sozio-emotion. K.	3.36	.46	3.23	.57	3.01	.57	78.36*** (2, 1753)	8.2%
Kommunikative K.	3.30	.54	3.08	.63	2.79	.63	123.50*** (2, 1717)	12.6%
Persönliche K.	3.43	.54	3.15	.66	2.94	.68	109.27*** (2, 1735)	11.2%
Handlungsk.	3.22	.46	3.07	.50	2.87	.47	92.77*** (2, 1687)	9.9%

Signifikanz: ***p<.001

Bei allen Kompetenzbereichen – mit Ausnahme der Diagnostischen Kompetenz – gibt es zwischen den 5., 6. und 8. Schulklassen signifikante Mittelwertunterschiede. Der Scheffé-Test bestätigt dies; d.h., alle drei Paare unterscheiden sich je signifikant.

Diese Ergebnisse weisen auf die Tendenz hin, dass die Schüler/-innen mit steigender Schulklasse ihre Lehrpersonen in der jeweiligen Kompetenz tiefer einschätzen. Die Schüler/-innen der 5. Schulklasse geben ihrer Lehrperson in den Kompetenzbereichen signifikant höhere Werte als die Schüler/-innen der 6. und der 8. Schulklasse. Die Schüler/-innen der 8. Schulklasse schätzen ihre Lehrperson in den Kompetenzbereichen signifikant tiefer ein als die Schüler/-innen der 5. und 6. Klasse. Wie oben erwähnt unterscheiden sich die Schüler/-innen der einzelnen Schulklassen in der Beurteilung der Diagnostischen Kompetenz nicht in gleicher Weise. Die bedeutenden Unterschiede liegen nur zwischen der 5. und der 8. Schulklasse und zwischen der 6. und der 8. Schulklasse.

Kompetenzeinschätzungen der Schüler/-innen und Schultypus der 8. Schulklasse

Der Schultypus der 8. Schulklasse spielt nur bedingt eine Rolle. Die Analysen mit dieser Teilstichprobe (Varianzanalyse und Scheffé-Test) zeigen lediglich in den Bereichen Didaktisch-methodische und Persönliche Kompetenz schwach signifikante Gruppen-Unterschiede. In der Oberschule schätzen die Schüler/-innen ihre Lehrpersonen in der *Didaktisch-methodischen Kompetenz* etwas höher ein als die Schüler/-innen der Bezirksschule (p<.05). Der Unterschied zwischen den Schülern/-innen der Sekundar- und jenen der Oberschule ist nicht signifikant verschieden. Bei der *Persönlichen Kompetenz* bewerten die Bezirksschüler/-innen ihre Lehrperson signifikant höher (M=3.05) als die Sekundarschüler/-innen (M=2.84). Das Signifikanzniveau beträgt p<.01.

Tabelle 7.27
Sicht der Schüler/-innen: Schultypen der 8. Schulklasse im Vergleich
Kompetenzbereiche: Mittelwerte, Standardabweichungen, F-Werte und aufgeklärte
Varianzen

	Oberschule N=101		Sekundarschule N=307		Bezirksschule N=246			
Kompetenzbereiche	M	S	M	S	M	S	F-Wert (df)	aufgekl. Varianz
Didakt.-method. K.	**3.09**	.57	2.97	.50	**2.94**	45	**3.25 *** (2, 622)	**1.0%**
Persönliche K.	2.97	.73	**2.84**	.71	**3.05**	.60	**6.28 **** (2, 626)	**2.0%**

Signifikanz: *p<.05; **p<.01

Schwache Interaktionseffekte: Schultypus und Leistung
Zwischen den leistungsstärkeren und -schwächeren Schülern/-innen zeigen sich bei der Oberschule hinsichtlich der Kompetenzeinschätzungen ihrer Lehrpersonen schwache Effekte ($p < .05$ bis $p < .01$). (Die Variable ,Leistung' wurde durch die Mediandichotomisierung des Durchschnitts der Noten Deutsch mündlich, Deutsch schriftlich und Mathematik gebildet.) Die Erklärungskraft der Ergebnisse ist jedoch gering (aufgeklärte Varianzen nur 0.1% bis 2.3%). Die Leistung hat vor allem in der *Oberschule* einen Einfluss auf die Kompetenzeinschätzungen der Schüler/-innen. Die Stufen-Analysen (One-Way) bestätigen Folgendes: In der Oberschule geben die leistungsschwächeren Schüler/-innen ihren Lehrpersonen in allen Bereichen etwas höhere Werte als die leistungsstärkeren. In der *Sekundarschule* zeigen sich ausser bei der Erzieherischen Kompetenz keine signifikanten Unterschiede zwischen den Leistungsgruppen. Die leistungsstärkeren Schüler/-innen geben ihren Lehrpersonen in der Erzieherischen Kompetenz etwas höhere Werte als die leistungsschwächeren Schüler/-innen. In der *Bezirksschule* ist nur bei der Handlungskompetenz ein signifikanter Unterschied zu sehen: Die leistungsstärkeren Schüler/-innen erteilen ihrer Lehrperson leicht tiefere Kompetenzwerte.

Kompetenzeinschätzungen der Schüler/-innen und Wechsel der Lehrperson

In diesem Abschnitt wird der Frage nachgegangen, ob die Zeitdauer seit dem letzten Wechsel der Klassen-Lehrperson einen Einfluss auf die Kompetenzeinschätzungen der Schüler/-innen hinsichtlich ihrer Lehrperson hat. Bei 930 Schülern/-innen erfolgte der Wechsel der Lehrperson (Klassenlehrperson) im August 1999. Er liegt also vom Erhebungszeitpunkt drei Monate zurück. Bei 789 Schülern/-innen fand der Wechsel der Klassenlehrperson 1998 statt, also ein Jahr und drei Monate vor der Befragung. Wie in der folgenden Tabelle zu sehen ist, beeinflusst die Zeitdauer seit dem letzten Wechsel der Klassen-Lehrperson die Schüler/-innen in ihren Kompetenzeinschätzungen. Die Effekte sind eher schwach (F-Werte und aufgeklärte Varianzen).

Tabelle 7.28
Sicht der Schüler/-innen: Wechsel der Lehrperson im Vergleich
Kompetenzbereiche: Mittelwerte, Standardabweichungen, F-Werte und aufgeklärte
Varianzen

Kompetenzbereiche	1999 N=918		1998 N=765		F-Wert (df)	aufgekl. Varianz
	M	S	M	S		
Fachkompetenz	3.41	.48	3.25	.47	43.65*** (1, 1673)	2.6%
Didakt.-method. K.	3.32	.51	3.13	.51	58.83*** (1, 1632)	3.5%
Erzieherische K.	3.26	.58	3.06	.64	47.31*** (1, 1641)	2.8%
Diagnostische K.	3.17	.57	3.07	.55	11.72*** (1, 1613)	0.7%
Sozio-emotion. K.	3.28	.52	3.11	.57	40.11*** (1, 1646)	2.4%
Kommunikative K.	3.19	.60	2.93	.66	67.52*** (1, 1610)	4.0%
Persönliche K.	3.34	.59	3.02	.71	95.94*** (1, 1628)	5.6%
Handlungsk..	3.13	.49	2.97	.50	41.56*** (1, 1585)	2.5%

Signifikanz: ***p<.001

Mit Ausnahme der Diagnostischen Kompetenz liegen alle aufgeklärten Varianzen über der 1%-Grenze. Die Ergebnisse zeigen Folgendes: Die Schüler/-innen mit Wechsel 1998 schätzen ihre Lehrpersonen in allen Kompetenzbereichen tendenziell tiefer ein als Schüler/-innen mit Wechsel 1999. Anders formuliert, Schüler/-innen geben ihren Lehrpersonen am Anfang der gemeinsamen Schulzeit höhere Werte in der Kompetenzeinschätzung als ein Jahr später.

Schwache Interaktionseffekte: Wechsel der Lehrperson und Schulklasse
Bei der Didaktisch-methodischen und Diagnostischen Kompetenz zeigen sich zwischen dem Wechsel der Lehrperson und der Schulklasse Interaktionseffekte. Der Haupteffekt ist bei der Didaktisch-methodischen Kompetenz nur bei der Schulklasse, bei der Diagnostischen Kompetenz sowohl beim Wechsel der Lehrperson als auch bei der Schulklasse. Die Zeitdauer, wie lange die Schüler/-innen von der Lehrperson unterrichtet werden (drei Monate oder ein Jahr und drei Monate), beeinflusst die Einschätzung der Schüler/-innen nicht in jeder Schulklasse gleich. Tabelle 7.29 zeigt die Ergebnisse:

Tabelle 7.29
Sicht der Schüler/-innen
Kompetenzbereiche: Interaktionseffekte zwischen Wechsel der Lehrperson und Schul-
klasse

	5. Schulklasse N=718		6. Schulklasse N=366		8. Schulklasse N=599		Interaktions-effekte	
Kompetenz-bereiche	1998	1999	1998	1999	1998	1999	F-Werte (df)	Varianz
Didaktisch-method. K	**3.29**	**3.43**	3.26	3.33	3.01	2.93	4.69 ** (2, 1628)	14.0%
Diagnostische K.	3.22	3.28	3.22	3.27	**2.94**	**2.72**	7.65*** (2, 1609)	11.2%

Signifikanz: **p<.01; ***p<.001

Eine Signifikanz liegt bei der *Didaktischen Kompetenz* in der 5. Schulklasse: Schüler/-innen mit Wechsel 1998 haben eine leichte Tendenz, ihre Lehrpersonen in der Didaktischen Kompetenz tiefer einzuschätzen als Schüler/-innen mit Wechsel 1999. Nach einem Jahr und drei Monaten geben die Schüler/-innen der 5. Schulklasse ihrer Lehrperson in der Didaktischen Kompetenz tiefere Werte. In der 8. Schulklasse gibt es bei der *Diagnostischen Kompetenz* einen signifikanten Mittelwertunterschied zwischen dem Wechsel von 1999 und demjenigen von 1998. Schüler/-innen der 8. Schulklasse mit Wechsel 1999 schätzen ihre Lehrpersonen in diesem Kompetenzbereich tiefer ein als Schüler/-innen mit Wechsel 1998. Lehrkräfte der 8. Schulklasse, die ihre Klasse bereits ein Jahr und drei Monate unterrichten, erhalten in der Diagnostischen Kompetenz höhere Werte als Lehrpersonen, die ihrer Klasse erst drei Monate vorstehen. In der 5. und 6. Schulklasse liegen die Werte der Diagnostischen Kompetenz umgekehrt (keine Signifikanzen).

Schwache Interaktionseffekte: Wechsel der Lehrperson und Leistung
Die Variablen ‚Wechsel der Lehrperson‘ und ‚Leistung‘[12] zeigen schwach signifikante Interaktionseffekte. Es liegt nur beim Wechsel der Lehrperson ein Haupteffekt vor. Die Mittelwertunterschiede bestehen vor allem bei den Schülern/-innen mit Wechsel 1998, also bei denjenigen, die schon mehr als ein Jahr von der Klassenlehrperson unterrichtet werden. Die Ergebnisse können nur als Tendenz verstanden werden (p<0.01; aufgeklärte Varianz 2.4% bis 5.8%).

---

[12] Mediandichotomisierung des Durchschnitts der Noten in Deutsch mündlich, Deutsch schriftlich und Mathematik

Schüler/-innen mit Wechsel 1999 – ob sie nun gute oder weniger gute Leistungen vorweisen – stufen ihre Lehrperson hinsichtlich der *Sozio-emotionalen, Kommuniaktiven* und *Persönlichen Kompetenz* tendenziell gleich oder nicht nennenswert verschieden ein. Beim Lehrerinnen-/Lehrerwechsel 1998 hingegen differieren in den genannten Kompetenzbereichen die Einschätzungen der Schüler/-innen mit guten Leistungen von denen, die weniger gute Leistungen vollbringen. Sind die Leistungen gut (4.75-6.00), wird die Lehrperson in der Sozio-emotionalen, Kommunikativen und Persönlichen Kompetenz besser bewertet als wenn sich die Leistungen zwischen den Noten 3-4.67 bewegen. Das heisst, dass die Leistungen erst nach einem Jahr und drei Monaten die Kompetenzeinschätzungen beeinflussen.

Kompetenzeinschätzungen der Schüler/-innen und Wohlbefinden in der Schule

Das Wohlbefinden als subjektives Erleben ist ein wichtiger Faktor im Alltag der Schüler/-innen. Im folgenden Abschnitt wird der Frage nachgegangen, inwiefern das Wohlbefinden in der Schule die Schüler/-innen in Bezug auf die Kompetenzeinschätzungen ihrer Lehrperson beeinflusst. Zu untersuchen sind die drei Gruppen: ,weder wohl noch unwohl' (darin sind auch die wenigen Schüler/-innen, die sich eher nicht wohl (N=22) oder sehr unwohl (N=17) fühlen), ,eher wohl' und ,sehr wohl'.

Aus den Ergebnissen in Tabelle 7.30 ist zu sehen, dass ein direkter Zusammenhang zwischen den Kompetenzeinschätzungen der Schüler/-innen und ihrem Wohlbefinden in der Schule besteht; das Wohlbefinden in der Schule beeinflusst die Kompetenzeinschätzungen der Schüler/-innen oder umgekehrt. Der Scheffé-Test ermittelt zwischen den Wohlbefindensgruppen signifikante Unterschiede und macht folgenden Zusammenhang deutlich: Je wohler sich die Schüler/-innen in der Schule fühlen, desto kompetenter schätzen sie in allen Bereichen ihre Lehrperson ein. Oder: Je weniger wohl sich die Schüler/-innen fühlen, desto tiefere Kompetenzwerte geben sie ihrer Lehrperson.

Tabelle 7.30
Sicht der Schüler/-innen: Befindlichkeit im Vergleich
Kompetenzbereiche: Mittelwerte, Standardabweichungen, F-Werte und aufgeklärte
Varianzen

	weder wohl noch unwohl N=354		eher wohl N=675		sehr wohl N=748			
Kompetenzbereiche	M	S	M	S	M	S	F-Wert (df)	aufgekl. Varianz
Fachkompetenz	3.09	.50	3.30	.46	3.50	.43	101.28*** (2, 1703)	10.6%
Didakt.-method. K.	2.91	.54	3.19	.48	3.42	.45	136.59*** (2, 1720)	13.7%
Erzieherische K.	2.73	.63	3.12	.54	3.41	.52	183.15*** (2, 1731)	17.5%
Diagnostische K.	2.76	.61	3.08	.50	3.33	.50	136.04*** (2, 1704)	13.8%
Sozio-emotion. K.	2.87	.60	3.16	.51	3.40	.46	131.44*** (2, 1738)	13.1%
Kommunikative K.	2.63	.67	3.01	.59	3.33	.52	172.73*** (2, 1702)	16.9%
Persönliche K.	2.78	.73	3.16	.60	3.43	.56	130.16*** (2, 1718)	13.2%
Handlungsk..	2.77	.51	3.02	.44	3.23	.47	114.85*** (2, 1675)	12.1%

Signifikanz: ***p<.001

Schwacher Interaktionseffekt: Wohlbefinden und Schultypus der 8. Schulklasse
Bei der *Handlungskompetenz* besteht zwischen dem Wohlbefinden in der Schule
und dem Schultypus ein Interaktionseffekt (F-Wert von 4.01; df=4, 601; p<.01;
aufgeklärte Varianz 9.8%). Der Haupteffekt liegt nur beim Wohlbefinden vor. Der
Mittelwertvergleich (Teilstichprobe) zeigt, dass nur in der *Sekundarschule* das
Wohlbefinden einen Einfluss auf die Einschätzung der Handlungskompetenz der
Lehrkräfte hat. Mit Anstieg des Wohlbefindens schätzen Sekundarschüler/-innen
ihre Lehrperson etwas höher ein.

Interaktionseffekt: Wohlbefinden und Wechsel der Lehrperson

Das Wohlbefinden der Schüler/-innen bewirkt auch mit dem Wechsel der Lehrperson und zwar hinsichtlich der *Kommunikativen Kompetenz* einen Interaktionseffekt (F-Wert 5.75; df=2, 1595; p<.01; aufgeklärte Varianz 20.1%). Es lassen sich sowohl beim Wohlbefinden als auch beim Wechsel der Lehrperson Haupteffekte feststellen.

Tabelle 7.31
Sicht der Schüler/-innen
Kommunikative Kompetenz: Interaktionseffekt zwischen Wohlbefinden in der Schule und Wechsel der Lehrperson

	sehr wohl N=748		eher wohl N=675		weder wohl noch unwohl, N=354	
Kompetenzbereich	1999	1998	1999	1998	1999	1998
Kommunikative K.	3.37	3.28	**3.15**	**2.86**	**2.78**	**2.47**

Der Interaktionseffekt deutet darauf hin, dass bei der Kommunikativen Kompetenz neben dem Wohlbefinden die Erfahrungsdauer mit der Lehrperson (Zeitspanne seit dem letzten Lehrer-/Lehrerinnenwechsel) ein wichtiger Einflussfaktor bei der Einschätzung ihrer Lehrperson ist. Die Schüler/-innen, die sich *sehr wohl* fühlen, unterscheiden sich hinsichtlich des Wechsels der Lehrperson nur unbedeutend in der Einschätzung der Kommunikativen Kompetenz (Teilstichprobe: F=5.22; p<.05). Fühlen sich die Schüler/-innen jedoch *eher wohl* oder *weder wohl noch unwohl*, bestehen zwischen den Gruppen 1998 und 1999 in der Kommunikativen Kompetenz signifikante Unterschiede von (p<.001). Nach einem Jahr und drei Monaten liegen die Kompetenzwerte signifikant tiefer als nach nur drei Monaten.

7.6.2 Die Bedeutung der acht Kompetenzbereiche für die Lehrpersonen

Die Lehrpersonen wurden gebeten, die Wichtigkeit der acht Kompetenzbereiche sowohl allgemein als auch im Hinblick auf die eigene Autorität anzugeben. Am Schluss dieses Abschnitts werden diese beiden Einschätzungen miteinander verglichen.

a) Die ‚Allgemeine Bedeutung' der acht Kompetenzbereiche

„Welche Bedeutung messen Sie als Lehrperson dem jeweiligen Kompetenzbereich bei?" Mit dieser Frage wurden die Lehrpersonen gebeten, die acht Kompetenzbereiche allgemein zu begutachten. Eine Zusatzfrage gab den Lehrerinnen und

Lehrern die Möglichkeit, die Kompetenzbereiche zu ergänzen. Zur Beantwortung der Fragen stand ihnen der vierstufige Antwortmodus ‚unwichtig', ‚eher unwichtig', ‚eher wichtig' und ‚sehr wichtig' zur Verfügung.

Die Ergebnisse der Befragung zeigen nicht die gewünschte Streuung. Keine der Fragen haben die ganze Skalabreite von unwichtig bis sehr wichtig erreicht; d.h., die Lehrpersonen erachten keine der angebotenen Kompetenzbereiche als unwichtig. Die folgende Tabelle zeigt die Mittelwerte, die Standardabweichungen, das Antwortspektrum und die Anzahl Antworten.

Tabelle 7.32
Sicht der Lehrpersonen
‚Allgemeine Bedeutung' der Kompetenzbereiche
Mittelwerte, Standardabweichungen, Ausprägung und Anzahl der Antworten

Kompetenzbereiche	M	S	Minimum	Maximum	N
Fachkompetenz	3.81	.40	3	4	99
Didakt.-method. K.	3.79	.41	3	4	99
Persönliche K.	3.76	.43	3	4	99
Erzieherische K.	3.75	.44	3	4	99
Kommunikative K.	3.74	.49	2	4	99
Sozio-emotion. K.	3.74	.46	2	4	99
Handlungsk.	3.59	.59	2	4	98
Diagnostische K.	3.44	.58	2	4	98

1=unwichtig; 2=eher unwichtig; 3=eher wichtig; 4=sehr wichtig

Die aufgeführten Bereiche sind für die Lehrpersonen von allgemeiner Bedeutung (Wichtigkeit), die Mittelwerte der Kompetenzbereiche liegen zwischen 3.44 und 3.81. An oberster Stelle steht klar die Fachkompetenz, gefolgt von der Didaktisch-methodischen Kompetenz. Mit nur wenig tieferen Mittelwerten folgen die Persönliche, die Erzieherische, die Kommunikative und die Sozio-emotionale Kompetenz. Die Handlungskompetenz und die Diagnostische Kompetenz werden von den Lehrerinnen und Lehrern etwas weniger gewichtet.

Die neunte Frage, die Frage nach nicht aufgeführten, jedoch wichtigen Kompetenzbereichen, wurde von 7 Lehrpersonen beantwortet. Dabei nannten sie folgende Kompetenzen: Abgrenzungskompetenz (1), Selbstkompetenz (3), Sozialkompetenz (1), Vorbildkompetenz (1) und die Kompetenz, einem Wirbel sachlich, ruhig zu begegnen, Schwerpunkte zu setzen, sie zu erkennen (1). Die Selbstkompetenz könnte der Persönlichen Kompetenz zugeordnet werden und die Sozialkompetenz der Sozio-emotionalen Kompetenz. Die Restlichen sind als Anregung bemerkenswert. Wegen der einseitigen Ausprägung der Antworten werden mit diesen Daten keine Analysen mit den unabhängigen Variablen durchgeführt.

b) Die Bedeutung der acht Kompetenzbereiche für die eigene Autorität

Die Einschätzung der Kompetenzbereiche im Hinblick auf die eigene Autorität wurde durch folgende Frage eröffnet: „Wenn Sie sich als Autorität betrachten, aus welchen Kompetenzbereichen ziehen Sie als Lehrperson Ihre Autorität?" – Wiederum konnten die Lehrpersonen (N=89) die Kompetenzbereiche ergänzen. Der vierstufige Antwortmodus lautete: ‚trifft überhaupt nicht zu', ‚trifft eher nicht zu', ‚trifft eher zu' und ‚trifft völlig zu'.

Tabelle 7.33
Sichtweise der Lehrpersonen
Bedeutung der Kompetenzbereiche hinsichtlich der eigenen Autorität
Mittelwerte, Standardabweichungen, Ausprägung und Anzahl der Antworten

Kompetenzbereiche	M	S	Minimum	Maximum	N
Erzieherische K.	3.62	.53	2	4	89
Persönliche K.	3.55	.58	2	4	89
Didakt.-method. K.	3.41	.62	2	4	88
Handlungsk.	3.39	.65	1	4	89
Kommunikative K.	3.38	.63	2	4	89
Fachkompetenz	3.36	.63	2	4	89
Sozio-emotion. K.	3.25	.68	1	4	89
Diagnostische K.	3.02	.72	1	4	89

1=trifft überhaupt nicht zu; 2=trifft eher nicht zu; 3=trifft eher zu; 4=trifft völlig zu

Hinsichtlich der eigenen Autorität gewichten die Lehrpersonen vor allem die Erzieherische und die Persönliche Kompetenz. Im Mittelfeld liegen die Didaktisch-methodische und die Handlungkompetenz sowie die Kommunikative und die Fach-kompetenz. Noch tiefer liegt der Mittelwert der Sozio-emotionalen Kompetenz. Ganz am Schluss folgt die Diagnostische Kompetenz mit M=3.02; sie erlangt hinsichtlich der eigenen Autorität am wenigsten Bedeutung.

Die neunte Frage, die Frage nach nicht aufgeführten Kompetenzen, beantworteten nur 2 Lehrpersonen; genannt wurden wieder die Kompetenz: ‚einem

Wirbel sachlich, ruhig zu begegnen, Schwerpunkte zu setzen, sie zu erkennen' (1) und die Vorbildkompetenz (1). Mit den unabhängigen Variablen zeigen sich keine bedeutsamen Effekte.

c) ‚Allgemeine Bedeutung' der Kompetenzbereiche und deren Bedeutung für die eigene Autorität im Vergleich

Gibt es Unterschiede zwischen der allgemeinen Kompetenzeinschätzung und derjenigen hinsichtlich der eigenen Autorität? Für den Vergleich dient die Stichprobe N=89 (ohne Lehrpersonen, die sich nur manchmal oder gar nicht als Autorität sehen). Im Folgenden werden die Mittelwerte der beiden Einschätzungen einander gegenübergestellt.

Tabelle 7.34
Sicht der Lehrpersonen: Kompetenzbereiche
‚Allgemeine Bedeutung' und Bedeutung für die eigene Autorität im Vergleich

	Allgemeine Bedeutung	Bedeutung für die eigene Autorität	T-Test Paired Samples
Kompetenzbereiche	M	M	T-Wert df
Fachkompetenz	3.82	3.36	7.43 *** df=88
Didakt.-method. K.	3.80	3.41	6.29 *** df=87
Erzieherische K.	3.74	3.62	2.35 * df=88
Diagnostische K.	3.46	3.02	5.72 *** df=88
Sozio-emotion. K.	3.74	3.25	7.27 *** df=88
Kommunikative K.	3.74	3.38	5.76 *** df=88
Persönliche K.	3.73	3.55	2.85 ** df=88
Handlungsk.	3.59	3.39	3.06 ** df=87

Signifikanz: *p<.05; **p<.01; ***p<.001

Die Lehrpersonen schätzen die allgemeine Wichtigkeit der Kompetenzbereiche grundsätzlich höher ein als die Bedeutung, die sie ihnen für die eigene Autorität beimessen. Die Mittelwerte der beiden Einschätzungen unterscheiden sich bei allen Kompetenzbereichen signifikant: Bei der Fachkompetenz, der Didaktisch-methodischen, der Diagnostischen, der Sozio-emotionalen und der Kommunikativen Kompetenz ist das Signifikanzniveau p<.001, bei der Persönlichen Kompetenz sowie der Handlungskompetenz p<.01 und bei der Erzieherischen Kompetenz p<.05. Die folgende Graphik illustriert den Vergleich.

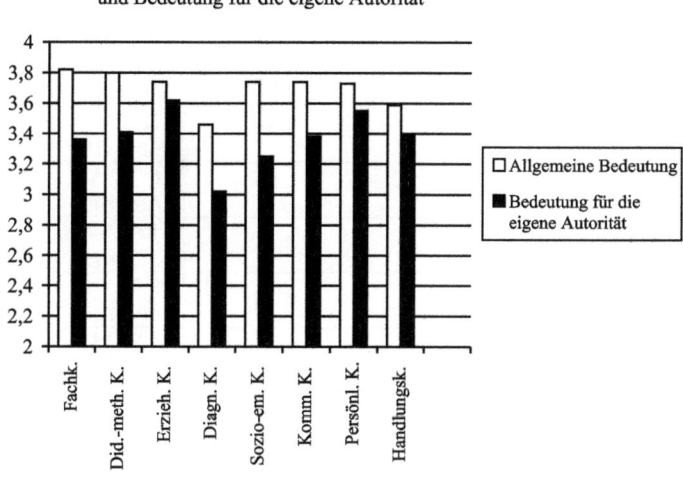

Graphik 7.2: Kompetenzbereiche: ‚Allgemeine Bedeutung' und Bedeutung für die eigene Autorität

7.6.3 Lehrpersonen und Schüler/-innen im Vergleich

Im Mittelpunkt des folgenden Vergleichs stehen wiederum die acht Kompetenzbereiche. Die Fragestellungen, die den Lehrpersonen und Schülern/-innen vorgelegt wurden, unterscheiden sich. Die Lehrpersonen beurteilten die Kompetenzbereiche im Hinblick auf die Autorität bereichsweise (durch acht Fragen). Die Schüler/-innen hatten die Aufgabe, ihre Lehrpersonen in den acht Kompetenzbereichen mittels Instrumentarium (59 Items) einzuschätzen. Trotz dieser Verschiedenheit werden die Ergebnisse einander gegenübergestellt. In Tabelle 7.35 sind die Ergebnisse dargestellt.

Tabelle 7.35
Lehrpersonen und Schüler/-innen im Vergleich
Kompetenzbereiche: Mittelwerte, T-Test

	Lehrpersonen N=99	Schüler/-innen N=1794	T-Test unabhängig
Kompetenzbereiche	M	M	T-Wert df
Fachkompetenz	3.37	3.34	0.51 df=1818
Didakt.-method. K.	3.38	3.23	2.35 * df=1836
Erzieherische K.	3.59	3.17	6.77 *** df=1846
Diagnostische K.	3.00	3.11	1.96 * df=1819
Sozio-emotion. K.	3.23	3.20	0.43 df=1853
Kommunikative K.	3.38	3.07	4.84 *** df=1817
Persönliche K.	3.56	3.20	5.33 *** df=1835
Handlungsk.	3.34	3.06	4.05 *** df=1787

Signifikanz: *p<.05; **p<.01; ***p<.001

Die Mittelwerte zeigen, dass sich – mit Ausnahme der Diagnostischen Kompetenz – die Lehrpersonen tendenziell höher einschätzen als die Schüler/-innen. Die folgende Graphik verdeutlicht die Unterschiede.

Kompetenzbereiche

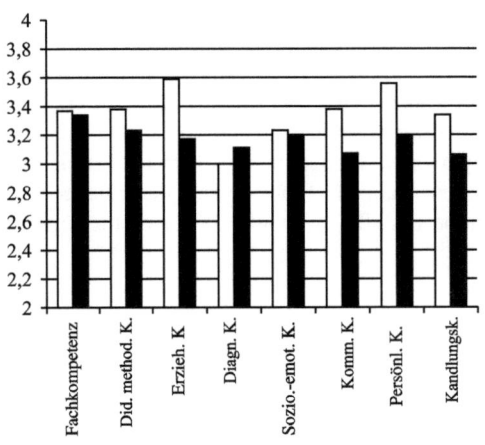

☐ Lehrpersonen: Einschätzung der Kompetenzbereiche hinsichtlich ihrer Autorität

■ Schüler/-innen: Einschätzung der Kompetenzbereicheder Lehrperson

Graphik 7.3: Vergleich zwischen Selbsteinschätzungen der Lehrpersonen und Einschätzungen der Schüler/-innen

Bei der Erzieherischen Kompetenz, Kommunikativen Kompetenz, Persönlichen Kompetenz und bei der Handlungskompetenz gehen die Einschätzungen am stärksten auseinander. Die Lehrpersonen schätzen diese Kompetenzbereiche hinsichtlich der Autorität höher ein als die Schüler/-innen dies hinsichtlich der Kompetenzen ihrer Lehrpersonen tun. Die Mittelwerte der Didaktisch-methodischen und Diagnostischen Kompetenz unterscheiden sich hingegen nur wenig. In der Sozio-emotionalen Kompetenz und in der Fachkompetenz ist die Differenz nur geringfügig. Bei der Diagnostischen Kompetenz geben die Schüler/-innen ihren Lehrpersonen etwas höhere Werte als diese sich selbst.

7.7 Überblick und Zusammenhänge

Dieses Kapitel versucht einige Ergebnisse der Untersuchung überblickend einzuordnen. In Abschnitt 7.7.1 soll erörtert werden, welche Kompetenzbereiche von der Inhaltsanalyse bestätigt werden. Diese Zusammenschau ermöglicht zugleich, die Hauptfrage dieser Untersuchung zu beantworten. Abschnitt 7.7.2 analysiert auf der Ebene der Schüler/-innen den Zusammenhang zwischen den Kompetenzbereichen und dem Konstrukt ‚Pädagogische Autorität'.

7.7.1 Kategorien und Kompetenzbereiche:
Die Beantwortung der Hauptfrage

„Welche Ressourcen (psychologischen, pädagogischen und didaktisch-methodischen) stehen heute den Lehrpersonen zur Verfügung, um von Seiten der Schüler/-innen als Autoritätsperson anerkannt zu werden?" Die vorhergehenden Analysen geben die Möglichkeit, diese Frage auf der Schülerinnen-/Schülerebene und der Ebene der Lehrpersonen zu beantworten.

Ebene der Schüler/-innen
Sowohl das Kategoriensystem als auch das Instrumentarium zur Erfassung der Kompetenzbereiche geben Hinweise, welche Ressourcen den befragten Lehrpersonen zur Verfügung stehen. In der Tabelle 7.36 ist die Zusammenstellung der Ergebnisse zu sehen.

Tabelle 7.36
Autoritätsanerkennende Schüler/-innen
Überblick: Kategoriensystem und Kompetenzbereiche

	KATEGORIENSYSTEM			KOMPETENZBEREICHE	
Rang	Autoritätsanerkennende Schüler/-innen (N=1447)	Anzahl	%	Autoritätsanerkennende Schüler/-innen (N=1447)	M
1	**Fachkompetenz**	**601**	**22.63**	**Fachkompetenz**	**3.36**
2	**Überzeugungskraft**	**491**	**18.49**	—	
3	**Haltung und Umgang**	**464**	**17.47**	**Erzieherische K.**	**3.19**
4	**Lehren bzw. Unterricht.**	**342**	**12.88**	**Didaktisch-method. K.**	**3.26**
5	*Gehorsam*	*239*	*9.00*	—	
6	*Beruf*	*133*	*5.01*	—	
7	*Ansehen*	*127*	*4.78*	—	
8	Alter und Erfahrung	55	2.07	—	
9	Kommunikative K.	26	0.98	**Kommunikative K.**	**3.10**
10	Ausbildung	13	0.49	—	
11	Persönliche Kompetenz	**3**	**0.11**	**Persönliche K.**	**3.22**
12	Handlungskompetenz	2	0.08	**Handlungskompetenz**	**3.08**
13	Sozio-emot. Kompetenz	**1**	**0.04**	**Sozio-emot. Kompetenz**	**3.23**
14	Diagnost. Kompetenz	—	0	**Diagnost. Kompetenz**	**3.14**

Aus der Zusammenstellung lässt sich Folgendes ableiten: Die Inhaltsanalyse bestätigt drei Kompetenzbereiche, nämlich die *Fachkompetenz,* die *Didaktisch-methodische Kompetenz* und die *Erzieherische Kompetenz.* Die Ergebnisse der Inhaltsanalyse weisen jedoch auch auf Aspekte hin, welche die acht Kompetenzbereiche nicht explizit enthalten. Es zeigt sich, dass die Schüler/-innen die Kategorie *Überzeugungskraft* als bedeutend einstufen (sie ist nur als Teilbereich in der Didaktisch-methodischen Kompetenz enthalten). Von mittlerer Wichtigkeit sind die Kategorien *Gehorsam, Beruf* und *Ansehen.* Die Kategorie *Ausbildung* erachten die Schüler/-innen als unwichtig. Die Kommunikative Kompetenz, die Persönliche Kompetenz, die Handlungskompetenz, die Sozio-emotionale Kompetenz und die Diagnostische Kompetenz werden durch die Inhaltsanalyse nur wenig oder gar nicht bestätigt.

Werden den Schülern/-innen jedoch die Kompetenzbereiche in Form von acht Skalen vorgelegt, um ihre Lehrpersonen einzuschätzen, so werden – wie wir oben gesehen haben – alle acht Bereiche gewichtet.

Die Hauptfrage kann somit in zweifacher Weise beantwortet werden:

---

1. Aus inhaltsanalytischer Schülerinnen-/Schülersicht stehen heute den Lehrpersonen in erster Linie die Kernbereiche ‚Fachkompetenz', ‚Überzeugungskraft', ‚Haltung und Umgang' und ‚Lehren bzw. Unterrichten', in zweiter Linie die Bereiche ‚Gehorsam' ‚Beruf' und ‚Ansehen' zur Verfügung, um von den Schülern/-innen als Autoritätspersonen wahrgenommen zu werden.

---

2. Die Schüler/-innen nehmen mit Hilfe des vorgegebenen Strukturierungsnetzes (Instrumentarium zur Erfassung der Kompetenzbereiche) wahr, dass den Lehrpersonen alle acht Kompetenzbereiche zur Verfügung stehen, um von den Schülern/-innen als Autoritätspersonen wahrgenommen zu werden. Die Schüler/-innen gewichten sie in folgender Reihenfolge: Fachkompetenz, Didaktisch-methodische Kompetenz, Sozio-emotionale Kompetenz, Persönliche Kompetenz, Erzieherische Kompetenz, Diagnostische Kompetenz, Kommunikative Kompetenz und Handlungskompetenz.

Ebene der Lehrpersonen
Auch aus der Sicht der Lehrpersonen kann die Hauptfrage beantwortet werden. Die Zusammenstellung der Kategorien der Inhaltsanalyse und der Kompetenzbereiche ist in Tabelle 7.37 zu sehen.

Tabelle 7.37
Autoritätsanerkennende Lehrpersonen
Überblick: Kategoriensystem, Kompetenzbereiche und Skala ‚Pädagogische Autorität'

	KATEGORIENSYSTEM			KOMPETENZBEREICHE	
Rang	Lehrpersonen, die sich als Autoritätspersonen sehen (N=89)	An-zahl	%	Lehrpersonen, die sich als Autoritätspersonen sehen (N=89)	M
1	**Haltung und Umgang**	**100**	**25.97**	**Erzieherische K.**	**3.62**
2	**Überzeugungskraft**	**78**	**20.26**	—	
3	**Ansehen**	**46**	**11.95**	—	
4	*Fachkompetenz*	*35*	*9.09*	**Fachkompetenz**	**3.36**
5	*Lehren bzw. Unterrichten*	*27*	*7.01*	**Didaktisch-method. K.**	**3.41**
6	*Beruf*	*20*	*5.19*	—	
7	Persönliche K.	15	3.90	**Persönliche K.**	**3.55**
8	Kommunikative K.	13	3.38	**Kommunikative K.**	**3.38**
9	Alter und Erfahrung	10	2.60	—	
10	Ausbildung	5	1.30	—	
11	Sozio-emotionale K.	4	1.04	**Sozio-emotionale K.**	**3.25**
12	Gehorsam	3	0.78	—	
13	Diagnostische K.	1	0.26	**Diagnostische K.**	**3.02**
14	Handlungskompetenz	0	0	**Handlungskompetenz**	**3.39**

Die Kategorien der Inhaltsanalyse bestätigen die Kompetenzbereiche *Haltung und Umgang* sowie *Lehren bzw. Unterrichten*. Sie sind für die Lehrpersonen von zentraler Bedeutung. Die Inhaltsanalyse der Lehrpersonen weist auch auf die Wichtigkeit der *Überzeugungskraft* hin, die mit den Kompetenzbereichen nur am Rande theamtisiert wird. Zudem zeigen sich die Kategorien ‚Fachkompetenz‘, ‚Lehren bzw. Unterrichten‘ und ‚Beruf‘ von mittlerer Bedeutung.

Die Bereiche ‚Persönliche Kompetenz‘, ‚Kommunikative Kompetenz‘, ‚Handlungskompetenz‘, ‚Sozio-emotionale Kompetenz‘ und ‚Diagnostische Kompetenz‘ werden wenig bis gar nicht gewichtet.

Werden den Lehrpersonen die acht Kompetenzbereiche zur Einschätzung vorgelegt, werden diese als bedeutend eingestuft.

Die Hauptfrage kann somit auch aus der Perspektive der Lehrpersonen in zweifacher Weise beantwortet werden:

---

1. Aus inhaltsanalytischer Sicht erkennen Lehrpersonen, dass ihnen in erster Linie die Kernbereiche ‚Haltung und Umgang‘, ‚Überzeugungskraft‘ und ‚Ansehen‘ zur Verfügung stehen, um von den Schülern/-innen als Autoritätspersonen wahrgenommen zu werden. Die Bereiche ‚Fachkompetenz‘, ‚Lehren bzw. Unterrichten‘ und ‚Beruf‘ sind von sekundärer Bedeutung.

---

2. Aus den Kompetenzeinschätzungen der Lehrpersonen geht hervor, dass alle acht Kompetenzbereiche wichtig sind, um von den Schülern/-innen als Autoritätspersonen wahrgenommen zu werden. In der Reihenfolge der Bedeutung lauten sie: Erzieherische Kompetenz, Persönliche Kompetenz, Kommunikative Kompetenz, Fachkompetenz, Didaktisch-methodische Kompetenz, Handlungskompetenz, Sozio-emotionale Kompetenz und Diagnostische Kompetenz.

7.7.2 Kompetenzbereiche und Pädagogische Autorität: Der Zusammenhang

Die Skala ‚Pädagogische Autorität‘ wurde aus dem theoretischen Teil des 3. Kapitels entwickelt. Nebst der Kontrollfunktion hat sie eine einordnende Aufgabe. Im folgenden Abschnitt soll der Frage nachgegangen werden, wie die Skala ‚Pädagogische Autorität‘ mit den Kompetenz-Skalen zusammenhängt. Die Tabelle 7.38 gibt Einblick in die Korrelationswerte.

Tabelle 7.38
Interkorrelationswerte der Skala ‚Pädagogische Autorität' und der acht Kompetenz-Skalen

Skalen	Fachk.	Didakt. K.	Erzieh. K.	Diagn. K.	Sozio. K.	Komm. K.	Persön. K.	Hand-lungsk.
Pädago-gische Autorität	.76***	.75***	.77***	.75***	.76***	.83***	.79***	.77***

Signifikanz: ***p<.001 K=Kompetenz

Die Interkorrelationswerte liegen mit einem Signifikanz-Niveau von p<.001 zwischen .75 und .83. Daraus ist zu schliessen, dass die Skala ‚Pädagogische Autorität' und die Kompetenz-Skalen in einem engen Zusammenhang stehen; d.h., dass sie eine Verwandtschaft aufweisen. Mit verschiedenen Instrumenten wurde etwas Ähnliches gemessen. Die acht Kompetenzen decken einen Grossteil des Konstrukts ‚Pädagogische Autorität' ab. Ein Erklärungsrest bleibt jedoch. Die Kompetenzskalen erfassen etwas Ähnliches wie die Skala ‚Pädagogische Autorität' und umgekehrt.

8. Besprechung der Ergebnisse

Mit einem zweipoligen methodischen Ansatz wurde in dieser Arbeit versucht, das vielschichtige Thema ‚Pädagogische Autorität in der Schule' aus mehreren Perspektiven zu erfassen. Zum einen führte ein qualitatives, auf Entdeckung von Neuem gerichtetes Verfahren zu Ergebnissen, zum anderen ermöglichte das Kompetenzkonzept mit der Kontrollskala ‚Pädagogische Autorität' den Forschungsgegenstand quantitativ anzugehen, woraus weitere Ergebnisse ermittelt wurden. Es sei hier angemerkt, dass die Untersuchung sowohl die Sichtweise der Schülerinnen und Schüler als auch diejenige der Lehrpersonen berücksichtigt.

Im Folgenden werden die Ergebnisse den in Kapitel 2 und 3 ausgeführten Überlegungen gegenübergestellt und versucht, sie in das theoretische Modell einzuordnen. Dafür sind das Fundament von Pädagogischer Autorität, der ‚Unterschied' und die Legitimation sowie die Struktur aufbauenden Elemente von Pädagogischer Autorität, die pädagogisch-genetische und interaktionistische Perspektive, der Sachverhalt von besonderer Bedeutung.

Kapitel 8 enthält vier Schwerpunkte. In Abschnitt 8.1 wird Pädagogische Autorität beziehungsweise das Pädagogische Autoritätsverhältnis in Bezug auf die Ergebnisse hin beleuchtet. Die beiden Voraussetzungen für Autorität, der ‚Unterschied' und die Legitimation, die in Kapitel 2 dargelegt sind, werden in Abschnitt 8.2 erörtert. Abschnitt 8.3 diskutiert die Ergebnisse aus der Untersuchung der Bereichstheorie, die sich damit beschäftigt, in welchen Bereichen die Lehrperson legitimiert ist, Einfluss zu nehmen. Das Kapitel 8 schliesst mit zusammenfassenden Gedanken und einigen Hinweisen in Abschnitt 8.4.

8.1 Pädagogische Autorität

In den folgenden Ausführungen bildet das Pädagogische Autoritätsverhältnis den Rahmen, in dem die Lehrerin/der Lehrer als Autoritätsperson im Zentrum der Untersuchung steht. Aus den Ergebnissen erfahren wir einiges sowohl über die Autoritätspersonen als auch über die Schülerinnen und Schüler.

Der Abschnitt 8.1 ist in fünf Teile gegliedert. Abschnitt 8.1.1 beantwortet die Frage, ob Schülerinnen und Schüler ihre Lehrperson als Autorität sehen, und ob Lehrerinnen und Lehrer sich selbst als Autorität betrachten. In Abschnitt 8.1.2 stehen die Begründungen der autoritätsbejahenden Schülerinnen und Schüler sowie der Lehrpersonen im Mittelpunkt des Interesses. Dass auch autoritätsablehnende Schülerinnen und Schüler wichtige Hinweise zu Autorität – zu Person und Verhältnis – geben, wird in 8.1.3 aufgezeigt. In Abschnitt 8.1.4 bilden die Ergebnisse der Kompetenzzuschreibungen den Inhalt der Erörterungen. Abschnitt 8.1.5 geht der Frage nach, welche unabhängigen Variablen Pädagogische Autorität beeinflussen.

8.1.1 Die breite Anerkennung von Autorität

Wie in der Einleitung angeführt, wird Autorität auch im Zusammenhang mit ‚Autoritätsverlust' thematisiert. Stimmen gehen dahin, dass in der hochzivilisierten westlichen Kultur der Lehrer kaum noch als der Weise beziehungsweise Gebildete und demzufolge als eine Autorität angesehen wird (Rudow, 1999, S. 56; vgl. Ziehe, 1996).

Betrachtet man die Ergebnisse dieser Untersuchung, kann jedoch nicht von Autoritätsverlust gesprochen werden. Autorität respektive Autoritätspersonen werden in der Schule durchaus wahrgenommen. 80.7% der befragten Schülerinnen und Schüler (1447) sehen ihre Lehrperson als Autorität, 4% (71 Schüler/-innen) tun dies manchmal und 15.3% (276 Schüler/-innen) sprechen ihrer Lehrperson die Autorität ab. Die Grosszahl der Schülerinnen und Schüler anerkennt die Autorität ihrer Lehrperson. Die Kinder und Jugendlichen bringen damit zum Ausdruck, dass sie bei ihrer Lehrerin, bei ihrem Lehrer etwas finden, das ihrem Autoritätsverständnis entspricht. Auch die Antworten der Lehrpersonen bieten keine Anzeichen für einen Autoritätsverlust. Der Grossteil der Lehrerinnen und Lehrer betrachten sich selbst als Autorität. Von den 99 Lehrerinnen und Lehrern sehen sich 89 als Autoritätsperson, 9 Lehrpersonen tun dies manchmal und nur eine Lehrperson verneinte die Frage. Die breite Anerkennung beider Gruppen lässt den Schluss zu, dass Lehrerinnen und Lehrer auch heute Wege und Mittel finden, um von ihren Schülerinnen und Schülern als Autoritätsperson respektiert zu werden. Die Lehrpersonen sind in der Lage, das ihre beizutragen, damit Autoritätsbeziehungen mit den Lernenden entstehen und bestehen können.

Trotz Bewegkräften der Moderne wie der Individualisierung, Egalisierung, Pluralisierung und Dynamisierung – wie eingangs dargelegt wurde – spielen Autoritätsbeziehungen in der Schule in grosser Mehrzahl. Autorität scheint in diesem Kontext recht resistent zu sein, erklärbar durch die spezifisch pädagogische Situation in der Schule. Kinder und Jugendliche sind auf dem Weg zu Autonomie und Mündigkeit auf die Hilfe von Erwachsenen angewiesen. Im Prozess der Selbstfindung und auf der Suche nach dem Platz in der Gesellschaft brauchen sie Unterstützung und Orientierung.

Die Ergebnisse zeigen, dass Autorität in der Schule auch heute wahrgenommen wird. Wie diese Autorität aus der Perspektive der Schülerinnen und Schüler sowie der Lehrpersonen gesehen wird, ist Gegenstand der folgenden Ausführungen.

8.1.2 Wie die Autorität der Lehrperson gesehen wird

Die Lehrperson als Autoritätsperson steht im Zentrum der nun folgenden Betrachtungen. Zwei Standpunkte werden miteinander verglichen: Die Antworten der autoritätsanerkennenden Schülerinnen und Schüler auf die Frage, warum ihre Lehrperson eine Autoritätsperson ist sowie die Erklärungen der Lehrerinnen und Lehrer, weshalb sie sich selbst als Autorität sehen.

Die Schülerinnen und Schüler begründen die Autorität ihrer Lehrperson vor allem mit der *Fachkompetenz*. Es macht ihnen Eindruck, wenn ihre Lehrerin/ihr Lehrer viel weiss und kann. Damit schreiben sie dem Wissen und Können für die Autoritätsbeziehung eine wichtige Funktion zu, nämlich diejenige der *Objektivierung*. Wie in Abschnitt 3.3 dargelegt, vermag erst die Sache, die sowohl der Lehrperson als auch dem Schüler/der Schülerin gegenübersteht, das pädagogische Verhältnis zu objektivieren (vgl. Herzog, 1991a, S. 423). Im Wissen und Können – Geissler & Wollersheim (1991) nennen die Sachebene die ,übergeordnete Dritte' – ereignet sich die eigentliche Öffnung zu einem fruchtbaren Erziehungs- respektive Autoritätsverhältnis. Die Sache verleiht diesem die neutralisierende Konstante und ermöglicht den Lernenden wie der Lehrperson eine fruchtbare Distanzierung (vgl. Stierlin, 1976). Neben der Objektivierungsfunktion kommt der Sache auch eine Orientierungsfunktion zu. Somit dient sie den Schülerinnen und Schülern als Medium für Wachstum, Autonomie und Mündigkeit. Die Antworten der Schülerinnen und Schüler widerspiegeln die Fachkompetenz als Schlüsselkompetenz für Pädagogische Autorität.

Lehrerinnen und Lehrer geben der Fachkompetenz nicht diese Bedeutung. Sie begründen ihre Autorität in erster Linie mit der erzieherischen Kompetenz wie mit ihrer *Haltung* bzw. ihrem *Umgang*. Sie beziehen ihre Autorität vor allem aus der Art und Weise, wie sie den Lernenden begegnen. Damit weisen sie auf die *Bedeutung des interaktionistischen Aspekts* wie einer wohlwollenden zwischenmenschlichen Beziehung für ihre Autorität hin. Lehrerinnen und Lehrer fühlen sich gerade in diesem Bereich stark herausgefordert, was insbesondere im Falle von schwierigem Schülerinnen- und Schülerverhalten wie Aggressivität, Unlust und Unmotiviertheit, Vandalismus, Lärm und Konflikte zum Ausdruck kommt (Frei, 1996; Gerwing, 1994; Pieren & Schärer, 1994; vgl. Berg et al., 1998). Es sind Konfliktsituationen, in denen vor allem ihre Person gefragt ist. Lehrpersonen sind mit Kindern und Jugendlichen konfrontiert, die viele Probleme zu bewältigen und mit Widersprüchen zu leben haben. In der Auseinandersetzung mit ihnen hat sie die Aufgabe, ihnen immer wieder mit einer konstruktiven Haltung, mit Respekt vor der Persönlichkeit und der erreichten Reife zu begegnen. Darin gewinnt das Pädagogische Autoritätsverhältnis eine besondere Relevanz.

Auch für die Schülerinnen und Schüler ist die Haltung und der Umgang ihrer Lehrperson wichtig, jedoch nicht in dieser Priorität wie bei den Lehrpersonen. Sie nennen diesen Bereich am dritthäufigsten und bringen damit zum Ausdruck, dass ihre Lehrperson auch auf Grund ihres gerechten, wohlwollenden, aufmerksamen Verhaltens eine Autorität ist.

Die Lehrpersonen verknüpfen im Weiteren ihre Autorität mit dem *Ansehen*, mit einem Bereich, der ebenfalls stark mit der Person der Lehrerin/des Lehrers verbunden ist. Als öffentliche Personen sind sie in ihrer Tätigkeit stark exponiert und die Frage nach dem Respekt und der Achtung beschäftigt sie. Damit bringen sie ihr Bedürfnis nach Wertschätzung ihrer Person und ihrer Arbeit zum Ausdruck.

Auf Grund der bisherigen Betrachtungen fällt auf, dass autoritätsbejahende Schülerinnen und Schüler die Autorität ihrer Lehrperson in anderer Weise begründen als Lehrpersonen dies im Hinblick auf die eigene Autorität tun. Eine mehr fachspezifische Sichtweise steht einer personbezogenen gegenüber.

Bei einem wichtigen Kompetenzbereich jedoch sind sich die Lernenden und Lehrenden einig (bei beiden auf Rang zwei). Beide Gruppen sehen die zentrale Bedeutung der *Überzeugungskraft* für die Lehrerinnen- und Lehrerautorität. Sie verbinden Autorität mit Überzeugungskraft, Durchsetzungsvermögen und Führungskompetenz. Die Lehrperson muss sich behaupten, sie muss im Kräftespiel des Alltags überzeugen und sich durchsetzen können; sie hat die Führungsrolle inne. Führungskompetenz beinhaltet die Fähigkeit mit Geschick sowohl Einzelne als auch Gruppen zu leiten. Dabei weiss die Lehrperson, wann es angebracht ist, zu lenken oder gewähren zu lassen. Auf dem Hintergrund der vorhergehenden Überlegungen könnte es sein, dass Schülerinnen respektive Schüler und Lehrpersonen Unterschiedliches mit der Überzeugungskraft verbinden. Schülerinnen und Schüler sehen sie mehr fachspezifisch; d.h., ihre Lehrperson überzeugt durch Wissen und Können. Im Unterschied dazu, assoziieren die Lehrerinnen und Lehrer die Überzeugungskraft mit der eigenen Person; sie überzeugen und führen durch eine konstruktive Haltung und durch einen entsprechenden Umgang mit den Lernenden.

Im Zusammenhang mit der Überzeugungskraft lohnt sich ein Blick auf die Antworten zum Thema *Gehorsam*. Obwohl sie in der Rangfolge weiter unten stehen (bei den Schülerinnen und Schülern auf Rang 5, bei den Lehrpersonen auf Rang 7) weisen sie auf Folgendes hin: Die autoritätsbejahenden Schülerinnen und Schüler nennen in ihrer Argumentation die Kategorie *Gehorsam* signifikant häufiger als die Lehrpersonen. Sie begründen die Autorität ihrer Lehrperson auch mit dem Gehorchen-Müssen (Gehorchen-Können, Gehorchen-Sollen) und anerkennen damit das Durchsetzungsvermögen der Lehrerin/des Lehrers, indem sie ihrer/seiner Führung vertrauen. Es fällt auf, dass die Lehrpersonen gegenüber der Kategorie ‚Gehorsam' zurückhaltend sind. Möglicherweise sind es Erinnerungen an autoritäre Persönlichkeiten und an das Gedankengut der 68er-Bewegung mit den antiautoritären Impulsen, welche eine Scheu vor dem Phänomen Gehorsam hinterlassen haben. Auch die kritischen Stimmen der Antipädagogik könnten das ihre dazu beigetragen haben. Hier wäre aufzuzeigen, dass Gehorsam nicht nur negativ im Sinne von Zwang zu verstehen ist, sondern auch positiv konnotiert ist. Beispielsweise könnte dem Zuhören und besonders ‚auf jemanden hören' (wieder) mehr Beachtung geschenkt werden (Geissler & Wollersheim, 1991, S. 912). Ein weiterer

Aspekt von Gehorsam ist die Verbindlichkeit gegenüber Normen und Konventionen (Hoppe-Graff et al., 1998, S. 139). Ferner wird Gehorsam in gewissen Situationen auch freiwillig geleistet, wenn die Kinder und Jugendlichen die Lehrperson beziehungsweise die Autoritätsperson anerkennen.

Nicht alle Schülerinnen und Schüler sehen die Lehrperson als Autorität; das Beziehungsverhältnis zeigt sich bei Autoritätsablehnenden in anderer Weise. Im folgenden Abschnitt wird auf Grund der Ergebnisse aufgezeigt, warum Autoritätsnegierende ihre Lehrperson als ‚Nicht-Autorität' sehen.

8.1.3 Autoritätsablehnende Schülerinnen und Schüler

Warum können Schülerinnen und Schüler in ihrer Lehrperson keine Autorität sehen? – Autoritätsnegierende Schülerinnen sprechen ihrer Lehrperson die Autorität vor allem deswegen ab, weil es ihr an Überzeugungskraft fehlt. Diese Begründung hebt sich klar von allen anderen ab. An zweiter Stelle steht die schlechte Haltung bzw. der schlechte Umgang gefolgt vom mangelnden Ansehen. Mit dieser Rangliste zeichnen die autoritätsablehnenden Schülerinnen und Schüler ein Negativbild – eine Nichtautorität.

Autoritätsablehnende legen grundsätzlich mehr Wert auf die *Überzeugungskraft* und drücken damit aus, dass sie bei ihrer Lehrperson das Durchsetzungsvermögen, d.h. eine überzeugende Führung vermissen. Denn die Überzeugungskraft impliziert eine Stärke, die auf einem „... Vorsprung des Wissens, des Könnens und der Erfahrung, auf grösserer Umsicht, Sachkenntnis und grösserem Weitblick ..." (Hobmair, 1996, S. 86) beruht. Wie bereits dargelegt, suchen Kinder und Jugendliche diese Stärke, um sich im Prozess der Selbstfindung und des Weltverstehens zu orientieren. Im Unterschied zu den Autoritätsbejahenden finden Autoritätsablehnende diesen Vorsprung an Stärke nicht. Möglicherweise haben Lehrpersonen in diesem Bereich ein Defizit oder diese Schülerinnen und Schüler haben selbst viel Durchsetzungsvermögen und suchen ein starkes Gegenüber, das sie nicht finden. – Im Weiteren gehört die schlechte *Haltung* und der schlechte *Umgang* der Lehrperson dazu. Autoritätsablehnende vermissen eine Lehrperson, die aufmerksam, rücksichtsvoll, gerecht, humorvoll etc. ist. Diese Äusserungen deuten auf eine Beziehung hin, die nicht in der erwarteten Weise spielt. Zudem fehlt es der Lehrperson an *Ansehen*, was heisst, Autoritätsablehnende hätten gerne eine Lehrperson, die geschätzt und respektiert wird.

In dieser Skizze steht mit den Bereichen ‚Überzeugungskraft', ‚Haltung und Umgang' und ‚Ansehen' vor allem die Person des Lehrers respektive der Lehrerin im Mittelpunkt des Interesses; d.h., die Argumentation der autoritätsablehnenden Schülerinnen und Schüler läuft fast ausschliesslich person- und nicht wie bei den Autoritätsbejahenden sachbezogen. Autoritätsnegierende thematisieren die Bereiche ‚Wissen und Können' und ‚Lehren bzw. Unterrichten' signifikant weniger oft als die Autoritätsanerkennenden. Sie sprechen ihren Lehrpersonen das Fachwissen nicht ab, sondern es ist in ihren Augen für die Beantwortung der Frage wenig relevant. Vielmehr weisen sie mit den personbezogenen Angaben darauf hin, dass die Beziehung nicht zu ihrer Zufriedenheit spielt. Auf diesem Hintergrund geht das Fachwissen unter. Anders ausgedrückt: Die Autoritätsablehnenden bleiben in vielen Fällen bei der Lehrperson stehen und dringen nicht zur Sache vor.

Was wäre zu tun, damit die autoritätsablehnenden Schülerinnen und Schüler zur Sache kommen? Die Autoritätsablehnenden sagen es indirekt: Überzeugungskraft, eine konstruktive Haltung respektive einen konstruktiven Umgang und eine Portion Ansehen bieten eine gute Voraussetzung für einen guten pädagogischen Bezug, damit auch bei ihnen die Fachkompetenz ins Blickfeld rücken kann. Gelingt es der Lehrperson, bevor sie auf die Sachebene umsteigt, Beziehungsprobleme zu klären, dann hat sie zwei Ziele erreicht: einer schwierigen Beziehung die notwendige Sach- und Fachlichkeit zurückgegeben und die Beziehung von den hinderlichen Spannungen entlastet. Das pädagogische Beziehungsverhältnis spielt wieder.

Selbst wenn die Autoritätsperson negiert wird, besteht eine Bindung zwischen Lehrperson und Lernenden. Nach den Ausführungen von Sennett sind die Ablehnung der Autoritätsperson und die Bindung an sie nicht voneinander zu trennen. Die qualitative Bindung drückt sich in verborgenen Wünschen und Erwartungen der Schülerinnen und Schüler aus. Dazu nochmals Sennett, der aus der Sicht eines Autoritätsablehnenden spricht: „Die Sprache, mit der wir diese tatsächlichen Gestalten ablehnen, kann uns helfen, jenen, die wir uns wünschen, eine Kontur zu geben, so wie man in der Photographie ein Negativ benötigt, um ein Positivbild herstellen zu können. Zu den Menschen, die wir ablehnen, bauen wir eine Bindung auf. Indem wir sie verstehen lernen, erkennen wir, was wir selbst wollen" (Sennett, 1990, S. 35). Selbst die Ablehnung der Autoritätsperson kann die Selbstwerdung der Schülerin/des Schülers begünstigen. Indem die Autoritätsnegierenden wissen, was bei ihrer Lehrperson nicht ist, jedoch zu sein hätte, ereignet sich eine Auseinandersetzung mit dem Negativbild. Auch dieses ‚Negativwissen' kann Orientierung bieten. Die Auseinandersetzung mit autoritätsablehnenden Schülerinnen und Schülern bedarf einer besonderen Lesart der Beziehung. In der Kritik und Infragestellung kommen wichtige Komponenten zum Vorschein, die für die Lehrerinnen-/Lehrerautorität von Bedeutung sind.

Die Autoritätsnegierenden weisen noch auf Weiteres hin: Sie fühlen sich im Unterschied zu den Autoritätsanerkennenden signifikant weniger wohl in der Schule. Das *Wohlbefinden* steht in einem auffallenden Zusammenhang, ob Schülerinnen und Schüler ihre Lehrperson als Autorität anerkennen oder nicht. Die Befindlichkeit der Lernenden scheint für die Autoritätsbeziehung ein nicht unbedeutender Indikator zu sein, wie es um sie bestellt ist. Gelingt es den Lehrpersonen diese zu verbessern, beeinflussen sie die Autoritätsbeziehung positiv.

Andere Variablen wie das Geschlecht, die Leistung, die Art der Herkunftsfamilie, die Herkunftsregion der Schülerinnen sowie das Geschlecht der Lehrperson haben keinen signifikanten Einfluss darauf, ob Schülerinnen ihre Lehrperson als Autoritätsperson betrachten oder nicht.

8.1.4 Die Bedeutung der Kompetenzbereiche für Pädagogische Autorität

Ausgehend von den theoretischen Darlegungen im 4. Kapitel repräsentieren verschiedene Kompetenzen ‚Pädagogische Autorität in der Schule'. Diese lassen sich in acht Bereiche aufgliedern: Fachkompetenz, Didaktisch-methodische, Erzieherische, Diagnostische, Sozio-emotionale, Kommunikative, Persönliche Kompetenz und Handlungskompetenz. Damit die Kompetenzbereiche mit Pädagogischer Autorität in Verbindung gebracht werden können, wurde die Skala ‚Pädagogische Autorität' erstellt, welche auf dem theoretischen Ansatz des 3. Kapitels basiert.

Aus der Untersuchung geht hervor, dass Kompetenz und ‚Pädagogische Autorität' viel Gemeinsamkeiten aufweisen. Alle Kompetenzbereiche korrelieren mit der Kontrollskala ‚Pädagogische Autorität' recht hoch (r > .75), was heisst, dass die acht Bereiche stark mit der in der Theorie idealtypisch gezeichneten ‚Pädagogischen Autorität' zusammenhängen. Dies bietet uns die Möglichkeit, aus den Ergebnissen der Untersuchung Aussagen über ‚Pädagogische Autorität' abzuleiten. Da die Korrelationen nicht 100% sind, werden einige Fragen hinsichtlich ‚Pädagogischer Autorität' offen bleiben. So unterscheiden sich die Autoritätsbejahenden von Autoritätsnegierenden nicht in ihren Kompetenzeinschätzungen. Diese erscheinen unabhängig davon, ob sie ihre Lehrperson als Autorität anerkennen oder nicht.

Von den Lehrpersonen wird der Bereichsumfang des Kompetenzkonzepts bestätigt. Eine Zusatzfrage bringt in Erfahrung, ob die Lehrpersonen nebst den aufgeführten Kompetenzbereichen weitere ebenfalls als wichtig erachten. Von den 99 Lehrpersonen bringen nur 7 eine Ergänzung an, die den acht Bereichen zugeordnet werden können. In den Antworten nennen sie folgende Kompetenzen: Selbstkompetenz, Sozialkompetenz, Vorbildkompetenz und die Kompetenz „einem Wirbel sachlich, ruhig zu begegnen, Schwerpunkte zu setzen, sie zu erkennen". Aus den Angaben der Lehrpersonen ist zu schliessen, dass das Kompetenzfeld mit den angebotenen acht Bereichen gut abgedeckt ist.

Die Ergebnisse aus der Skalenanalyse weisen im Weiteren auf die Beschaffenheit des Konstrukts ‚Kompetenz' hin. Obwohl die acht Bereiche theoretisch unterschiedliche Inhalte aufweisen, grenzen sie sich nicht in der erwarteten Weise voneinander ab[13]; d.h., sie lassen sich faktorenanalytisch nicht bestätigen. Die Kompetenzbereiche stehen in starkem Zusammenhang zueinander. Die empirische Analyse hebt das Gemeinsame der Kompetenzskalen hervor, die *Kompetenz*. Der theoretischen Konzeption folgend, sind die acht Bereiche trotzdem empirisch gesondert bearbeitet worden. In der nachstehenden Diskussion wird jedoch nur dann zwischen ihnen differenziert, wenn es die Ergebnisse erfordern.

In den folgenden Ausführungen wird zuerst auf die Sichtweise der Schülerinnen und Schüler eingegangen, mit welchen Kompetenzen sie ihre Lehrpersonen ausstatten. Dabei ist die Hierarchie der Kompetenzen und die darausfolgende Konsequenz für ‚Pädagogische Autorität' von besonderem Interesse. In einem zweiten

---

13 Die Interkorrelationswerte (r=.68 bis r=.82) befinden sich im Anhang in Tabelle A10.

Teil stehen die Lehrpersonen mit ihren Einschätzungen im Mittelpunkt der Erörterungen, und am Schluss befindet sich ein Vergleich zwischen Lehrpersonen und Schülerinnen respektive Schülern.

Die Kompetenzzuschreibungen der Schülerinnen und Schüler

Schülerinnen und Schüler nehmen bei ihren Lehrpersonen alle acht Kompetenzbereiche wahr und schreiben ihnen durchwegs eine hohe Kompetenz zu. Ihre subjektiven Einschätzungen untermauern die Wichtigkeit der acht Bereiche. Zugleich zeichnen sie für ihre Lehrpersonen ein Kompetenzprofil, das in der Gewichtung hierarchisch strukturiert ist. Die höchsten Werte erreicht die Fachkompetenz. Mit einem grösseren Abstand folgt die Didaktisch-methodische Kompetenz. Im Mittelfeld befinden sich die Sozio-emotionale, die Persönliche, die Erzieherische und die Diagnostische Kompetenz. Die niedrigsten Mittelwerte erhalten die Kommunikative und die Handlungskompetenz.

Aus dieser Rangordnung geht Folgendes hervor. Verglichen mit anderen Bereichen schreiben die Lernenden ihren Lehrpersonen viel *Fachkompetenz* zu. Damit bestätigen sie – auch auf dem Hintergrund des Kompetenzkonzepts – die Relevanz des Sachaspekts für die Pädagogische Autorität in der Schule. Im Folgenden soll die Sonderstellung der Fachkompetenz im Hinblick auf die kritischen Stimmen betrachtet werden, welche der Ansicht sind, das Fachwissen habe im Hinblick auf Autorität in der Schule an Bedeutung eingebüsst; die Schule als Monopol des Wissens hätte die Vormachtstellung an die Medienwelt verloren und dadurch würden die Schüler/-innen andere Möglichkeiten des Wissenserwerbs bevorzugen (Ziehe, 1996; Luhmann, 1990, S. 89; vgl. Mead, 1971).

Diese Einschätzungen stehen einem Befund gegenüber, der im Kontext der Schule und insbesondere im Hinblick auf Pädagogische Autorität erhoben wurde. Schülerinnen und Schüler betonen mit ihren Angaben die Bedeutung der Fachkompetenz. Der Glaube an die Autorität des Wissens, also an die inhaltliche Kompetenz, besteht in ihren Augen nach wie vor. Die Fachkompetenz zeigt sich im Modernisierungsprozess resistenter als angenommen. Grund dafür könnte der Auftrag der Schule sein, Wissen oder Zugänge zu Wissen zu vermitteln, dass selbst starke Wandlungsprozesse diese Enkulturation – auch Tradierung von Kultur genannt – in ihrer Wirksamkeit nicht schmälern können. Der Schule, besser gesagt den Lehrerinnen und Lehrern, könnte es auch gelungen sein, einem neuen Wissensverständnis zu folgen. Betrachtet man die Items der Skala ‚Fachkompetenz‘, zeigt sich folgendes Bild: Die Lehrperson kann in ihrem Fach sehr viel; sie sorgt dafür, dass die Schülerinnen und Schüler viel lernen; sie ist gebildet und bildet sich stets weiter; sie ist auf dem Laufenden und zeichnet sich durch Begeisterung und Interesse aus. – Die Fachkompetenz zeigt sich weder statisch noch nur wissensorientiert; sie ist vielmehr durch eine Lehrperson geprägt, die selbst engagiert und innovativ im Lernprozess steht. Auch wenn die Schule und somit Pädagogische Autorität von gesellschaftlichen Veränderungen erfasst und bewegt wird, heisst dies nicht zwingend, dass sich die Grundaspekte von Pädagogischer Autorität – der pädagogisch-genetische, interaktionistische und Sachaspekt – an Bedeutung verlieren. Ganz klar schält sich heraus, dass sich die Fachkompetenz als wichtige Komponente ‚Pädagogischer Autorität' im Wandel gesellschaftlicher Prozesse immer wieder neu zeigt. Diese These wird auch von den Untersuchungsergebnissen von *Didaktisch-methodischer Kompetenz* (auf Rang zwei) gestützt. Damit geben die Lernenden an, dass ihre Lehrerinnen und Lehrer neben den Auswahl- und Vermittlungsfähigkeiten auch über solche der Klassenführung verfügen. Den Lehrpersonen gelingt es, die Schülerinnen und Schüler auf eine wahrnehmbare und ihnen verständliche Weise zum Fachlichen zu führen. Sie finden Wege und Mittel, um Wissen und Können zu vermitteln.

Zusammenfassend kann gesagt werden, dass in der Hierarchie der Kompetenzen mit der Fachkompetenz und Didaktisch-methodischen Kompetenz, zwei Bereiche an oberster Stelle stehen, die den Sachaspekt repräsentieren (vgl. Fend, 1998, 348). Dafür erscheinen im Mittelfeld der Rangliste mehr personbezogene Kompetenzbereiche, so die *Sozio-emotionale*, die *Persönliche* und die *Erzieherische Kompetenz*. Mit der Sozio-emotionalen Kompetenz sind Fähigkeiten der Lehrperson gemeint, welche die Gemeinschaftsförderung betreffen. Die Persönliche Kompetenz beinhaltet u.a. Offenheit, Zuversichtlichkeit und Humor; die Erzieherische Kompetenz umfasst die Dimension ‚Haltung und Umgang'. Die drei Bereiche werden von den Lernenden weniger wahrgenommen. Dies könnte bedeuten, dass Lehrerinnen und Lehrer im Sozio-emotionalen, im Persönlichen und im Erzieherischen Bereich weniger kompetent sind. Die tieferen Werte könnten jedoch auch ein Ausdruck davon sein, dass sie sich in diesen Gebieten weniger zuständig fühlen. Andererseits wäre auch zu überlegen, ob fachbezogene Kompetenzen für Schülerinnen und Schüler besser zu erfassen sind als solche, die stärker mit der Person des Lehrers/der Lehrerin in Verbindung stehen und vielleicht ein Metawissen bedingen.

Die *Diagnostische Kompetenz* erscheint auf den hinteren Rängen. Innerhalb dieser Kompetenz liegen der Arbeits-, Sozial- und Persönlichkeitsbereich der Schüler/-innen. Die Befragten nehmen diese Kompetenz wenig wahr oder sind sich dieses Bereichs grundsätzlich wenig bewusst. Die Diagnostische Kompetenz beruht vermutlich auf einer Wahrnehmungs- und Ausdrucksfähigkeit, über welche die Schüler/-innen erst ansatzweise verfügen. Trotzdem wäre zu prüfen, ob Lehrpersonen dem Bereich Diagnostik genügend Aufmerksamkeit schenken, und ob in der Lehrerinnen- und Lehrerbildung in dieser Hinsicht ein Handlungsbedarf ansteht.

Auf den letzten Rängen stehen die *Kommunikative* und die *Handlungskompetenz*. Die Schülerinnen und Schüler geben an, dass es ‚eher zutrifft', dass ihre Lehrpersonen diese Kompetenzen besitzen. Im kommunikativen Bereich sind neben der Gesprächsführung die Themen ‚Zusammenarbeit' und ‚Konfliktbewältigung' angesprochen, bei der Handlungskompetenz die Fähigkeit zu raschem und situationsangemessenem Handeln sowohl in komplexen Situationen als auch in der Öffentlichkeit. Beide Kompetenzen werden von den Schülern/-innen entweder wenig beachtet oder die Lehrpersonen weisen sie zu wenig vor. Letzteres müsste als Impuls dahin verstanden werden, dass in der Ausbildung von Lehrpersonen dem Kommunikationstraining und der Schulung der Handlungskompetenz in komplexen Situationen – wie beim Handeln unter Druck – mehr Raum zugesprochen würden (vgl. Wahl, 1991, S. 226).

Für die Pädagogische Autorität in der Schule bedeutet diese Hierarchie, dass es Kompetenzfelder gibt, auf denen die Autorität der Lehrperson mehr als andere basieren. Eine Schlüsselfunktion erhält die Fachkompetenz, wie schon an anderer Stelle ausgeführt wurde. Die anderen Kompetenzen erscheinen nicht in dem Masse, tragen jedoch auch das ihre bei. Denn wie die empirische Analyse aufgezeigt hat, hängen die Kompetenzbereiche unmittelbar miteinander zusammen. Vermutlich ergibt sich durch die Hierarchie der Kompetenzen und deren Vernetzung (durch die Synergien) die optimale ‚Pädagogische Autorität' beziehungsweise die Lehrerinnen- und Lehrerautorität.

Die Kompetenzzuschreibungen der Lehrpersonen

Auch die Lehrerinnen und Lehrer messen den Kompetenzbereichen[14] viel Bedeutung bei. Sie tun dies in zweierlei Hinsicht. Zum einen geben sie an, wie wichtig die Bereiche grundsätzlich sind, zum anderen nehmen sie eine Einschätzung hinsichtlich der eigenen Autorität vor.

In der *allgemeinen Einschätzung* erachten die Lehrpersonen alle Kompetenzbereiche grundsätzlich als wichtig bis sehr wichtig. Bei dieser Fragestellung steht auch bei den Lehrerinnen und Lehrern die Fachkompetenz auf Rang eins; sie unterscheidet sich jedoch nur minimal von allen anderen. Aus dem Rahmen fallen einzig die Handlungskompetenz und Diagnostische Kompetenz; Letzteren wird auffallend wenig Bedeutung zugeschrieben.

Die *Einschätzungen hinsichtlich der eigenen Autorität* ergeben mit der folgenden Rangfolge ein weniger einheitliches Bild: Die Lehrpersonen stufen vor allem die *Erzieherische* und die *Persönliche Kompetenz* als zentral ein. Im Mittelfeld liegen die Didaktisch-methodische und die Handlungskompetenz sowie die Kommunikative und die Fachkompetenz. Weiter hinten ist die Sozio-emotionale Kompetenz zu finden und wieder am Schluss folgt die Diagnostische. Diese Rangliste bestätigt die Ergebnisse aus den qualitativen Analysen: Lehrpersonen schöpfen vor allem aus personbezogenen Bereichen am meisten Autorität. Ausschlaggebend für ihre Autorität ist ihre Haltung und ihr Umgang hinsichtlich der Schülerinnen und Schüler wie auch Offenheit, Humor und Selbstreflexion. Damit untermauern die Lehrpersonen auch auf dem Hintergrund des Kompetenzkonzeptes die zentrale Funktion der Person für Pädagogische Autorität und bestätigen auch die These, dass Lehrerinnen und Lehrer von heute ihre Autorität vorwiegend aus persönlicher Anstrengung, nämlich durch Beziehungsarbeit, zu erbringen haben (Ziehe, 1996).

---

14 Die acht Kompetenzbereiche werden nicht in der gleichen Ausdifferenzierung wie bei den Schülern/-innen eingeschätzt.

Wenig Gewinn bringt laut Ergebnissen die Diagnostische Kompetenz. Sowohl in der allgemeinen Einschätzung als auch im Hinblick auf die eigene Autorität wird diesem Bereich weniger Bedeutung zugeschrieben. Wie in Abschnitt 4.3 dargelegt, ist jedoch die Diagnostik für den Lehrberuf relevant (Fend, 1998; Bromme, 1997; Weinert, 1996; Gruehn, 1995). Die kompetente Einschätzung der Schülerinnen und Schüler durch die Lehrperson im Hinblick auf die Lernprobleme, Arbeitsstrategien, Leistungen, Klassenprobleme u.a. ist ein nicht zu unterschätzendes Arbeitsmittel. Die mangelnde Estimierung der Diagnostischen Kompetenz könnte auf ein geringeres Bewusstsein heutiger Lehrerinnen und Lehrer und dementsprechend auf ein Manko in deren Ausbildung hinweisen.

Lehrpersonen stufen alle Kompetenzbereiche bei den allgemeinen Einschätzungen wichtiger ein als bei den Einschätzungen in Bezug auf die eigene Autorität. Besonders gross sind die Unterschiede in den Bereichen Fachkompetenz, Didaktisch-methodische, Diagnostische, Sozio-emotionale und Kommunikative Kompetenz. Bei der Persönlichen Kompetenz, der Handlungskompetenz und der Erzieherischen Kompetenz sind sie geringer (vgl. Tab. 7.34 und Graphik 7.2). Die Unterschiede könnten einerseits darauf hindeuten, dass die Lehrpersonen mit der allgemeinen Einschätzung eher ein Soll-(Ideal) und mit der Einschätzung hinsichtlich der eigenen Autorität eher ein Ist-Zustand (Realität) angeben. Die Lehrpersonen wissen um die Wichtigkeit dieser Kompetenzen, geben jedoch an, diese nicht im vollen Umfang zu besitzen. Andererseits könnten gerade diese Unterschiede aufzeigen, dass für Lehrpersonen die Bereiche im Hinblick auf die eigene Autorität eine andere Bedeutung erhalten. Wie die Korrelationen zwischen den Kompetenzbereichen und der Kontrollskala ‚Pädagogische Autorität' zeigen, sind sich Autorität und Kompetenz ähnlich, jedoch nicht identisch.

Lehrpersonen und Schüler/-innen im Vergleich
Trotz unterschiedlicher Fragebogen beider Gruppen werden die Ergebnisse einander gegenübergestellt. Die Einschätzungen gehen bei der Erzieherischen, Kommunikativen, Persönlichen und bei der Handlungskompetenz am stärksten auseinander. Lehrerinnen und Lehrer messen diesen Bereichen (im Hinblick auf die eigene Autorität) mehr Bedeutung bei als Schülerinnen und Schüler dies in ihren Kompetenzeinschätzungen tun. Fremd- und Selbstbild decken sich nicht. Dies könnte damit erklärt werden, dass es sich bei diesen Kompetenzen um mehr personbezogene Bereiche handelt, die – wie anderorts dargelegt – von den Lehrpersonen mehr Aufmerksamkeit und Relevanz erhalten. Die unterschiedlichen Einschätzungen könnten jedoch auch aufzeigen, dass das Autoritätsbild der Lehrpersonen einem Wunschbild entspricht, das von den Lernenden nicht in dieser Weise wahrgenommen wird. Bei der Sozio-emotionalen Kompetenz und interessanterweise auch bei der Fachkompetenz sind die Differenzen zwischen den beiden Gruppen (Lehrpersonen und Schüler/-innen) unbedeutend. Die Lehrpersonen messen den beiden Bereichen ungefähr die gleiche Bedeutung zu wie die Lernenden. Anders verhält es sich bei der Diagnostischen Kompetenz: Schülerin-

nen und Schüler geben ihren Lehrpersonen etwas höhere Werte als die Lehrpersonen sich selbst. Dies könnte die bereits erwähnte Annahme bestätigen, dass Lehrpersonen diesem Bereich wenig Aufmerksamkeit schenken.

Die Differenz liesse sich jedoch auch durch die unterschiedlichen Instrumentarien erklären: Im Unterschied zu den Lehrpersonen ermöglicht der differenzierte Fragebogen der Lernenden eine bessere Erfassung der Bereiche. Mit der einfacheren Datenerhebung bei den Lehrpersonen wird ein Vergleich mit den Schülern/-innen problematisch. Für weiterführende Vergleiche wäre darauf zu achten, dass auch die Sichtweise der Lehrpersonen entsprechend erfasst wird.

In den letzten Abschnitten standen die Kompetenzbereiche im Zusammenhang mit Pädagogischer Autorität im Mittelpunkt der Erörterungen. Im Folgenden wird nun der Frage nachgegangen, welche Variablen Pädagogische Autorität beeinflussen.

8.1.5 Pädagogische Autorität als relativ stabiles Muster

Die Analysen mit den gewonnenen Daten zeigen im Weiteren, dass es sich beim Autoritätsverständnis und bei der Dynamik der Autoritätsbeziehung um relativ stabile Muster handelt. Nur wenige Variablen[15] beeinflussen Pädagogische Autorität, wie sie vorausgehend herausgezeichnet wurde. Leichte Verschiebungen bei den Hauptergebnissen zeigen sich in Abhängigkeit vom *Alter* (Schulstufe), vom *Zeitpunkt des letzten Lehrerwechsels* sowie vom *Wohlbefinden in der Schule*. Hingegen stehen Geschlechtsunterschiede mit den Einschätzungen der Lernenden in keiner signifikanten Beziehung. Auch die Herkunft der Lernenden (Staatsangehörigkeit) beeinflusst die Beurteilungen nicht. Vermutungen, dass die Auswirkungen der Migrationsbewegungen (wie hoher Anteil von Lernenden aus anderen Staaten) Autoritätsverhältnisse signifikant verändern, bewahrheiten sich nicht. Ebenfalls keine Bedeutung hat die Wohnform der Schülerinnen und Schüler sowie deren Geschwisterzahl. Bei den Einschätzungen der Lehrerinnen und Lehrer bestehen keine signifikanten Zusammenhänge mit den unabhängigen Variablen wie dem Geschlecht der Lehrperson, dem Dienstalter, der Grösse des Pensums sowie der Klasse und ob eine oder zwei Klasse gemeinsam unterrichtet werden.

Der Einfluss des Alters
Der Zusammenhang zwischen Alter und Kompetenzeinschätzungen widerspiegelt den dynamischen Charakter von ‚Pädagogischer Autorität‘. Bei allen Kompetenzbereichen – mit Ausnahme der Diagnostischen Kompetenz – unterscheiden sich die Zuschreibungen der 11-, 12- und 14-Jährigen[16] (5., 6. und 8. Schulklasse)

---

15 In diesem Abschnitt werden nur diejenigen Haupteffekte beachtet, die von der Kontrollskala ‚Pädagogische Autorität‘ bestätigt werden. Dies gilt in der Regel auch für verschiedene Interaktionseffekte.

16 Das genaue Durchschnittsalter beträgt 10.9 Jahre (5. Kl.), 12.1 Jahre (6. Kl.) und 14.2 Jahre (8.Kl.).

signifikant. Schülerinnen und Schüler schätzen mit fortschreitendem Alter die Kompetenzen ihrer Lehrperson tiefer ein. Da nicht anzunehmen ist, dass die Kompetenz der Lehrpersonen in den oberen Schulklassen abnimmt, ist die Ursache der Differenz bei den Lernenden zu suchen. Nach klassischer, entwicklungspsychologischer Konzeption geschieht in der Zeit zwischen der 5. und der 8. Schulklasse eine Reorganisation der Persönlichkeit. Kinder beziehungsweise Jugendliche entwickeln u.a. ein reflektiertes Verhältnis zu sich selbst und zur Welt, sie organisieren auch ihre sozialen Beziehungen neu (Fend, 2000, S. 347; vgl. Neuenschwander, 1996). Ihre Eigenständigkeit und Eigenverantwortung nehmen mit vorgerücktem Alter zu. Sie lösen sich von einer Totalidentifikation mit der Lehrperson und nehmen vermehrt Abstand von der Lenkung durch die Lehrer-/Lehrerinnenautorität (Fend, 2000, S. 350). Durch diese Entwicklung wird ihr Blick auf die Lehrperson kritischer und distanzierter; die Lehrperson wird neu gesehen. Weil sich die Lernenden auch selbst zunehmend autonomer und kompetenter fühlen, wird die Kompetenz der Lehrerinnen und Lehrer grundsätzlich relativiert. Das heisst, sie geben ihnen tiefere Kompetenzwerte. Die tieferen Einschätzungen der älteren Schülerinnen und Schüler sind somit nicht als Disqualifikation der Lehrpersonen zu betrachten, sondern als Ausdruck ihrer Entwicklung zu mehr Autonomie. In diesem Sinne spielt wie auch Damon festhält: „... Erwachsenenautorität eine immer weniger wichtige Rolle in der sozialen Welt des Kindes, je älter es wird" (Damon, 1990, S. 243). Der Alterseffekt verdeutlicht den pädagogisch-genetischen respektive dynamischen Aspekt von Pädagogischer Autorität.

Wie oben erwähnt, unterscheiden sich die Schülerinnen und Schüler der einzelnen Schulklassen in der Beurteilung der Diagnostischen Kompetenz nicht in gleicher Weise. Die Einschätzungen der 11- und 12-Jährigen differieren nur unbedeutend. Das heisst, dass der kritischere und distanziertere Blick für den diagnostischen Bereich erst später, erst nach dem 12. Lebensjahr (nach der 6. Schulklasse) auftritt. Vermutlich ist dafür in intellektueller Hinsicht eine grössere Reife oder die Erfahrung der ersten Selektionsstufe die Voraussetzung.

Der Zeitpunkt des letzten Lehrerwechsels und sein Einfluss
Es lohnt sich einen kurzen Blick auf den Zusammenhang zwischen Kompetenzzuschreibungen und dem Zeitpunkt des letzten Lehrerwechsels zu werfen. Mit der Variable *Wechsel der Lehrperson* wird die seit dem letzten Lehrerinnen-/Lehrerwechsel verflossene Zeitspanne erfasst: entweder drei Monate (Wechsel 1999) oder ein Jahr und drei Monate (Wechsel 1998). Die schwachen Haupteffekte deuten Folgendes an: Schülerinnen und Schüler mit Wechsel 1998 schätzen ihre Lehrpersonen in allen Kompetenzbereichen tendenziell tiefer ein als solche mit Wechsel 1999. Am Anfang der gemeinsamen Schulzeit geben die Lernenden ihren Lehrpersonen höhere Werte als ein Jahr später. Die Ergebnisse können, wie bereits erörtert, mit dem zwischenzeitlichen Älterwerden erklärt werden. Im Laufe des Jahres werden die Kinder und Jugendlichen autonomer und sehen darum ihre Lehrperson in den jeweiligen Bereichen kritischer. Die tieferen Werte könnten auch mit

Abnützungs- und Gewöhnungserscheinungen erklärt werden. Nach einem Jahr und drei Monaten wissen die Schülerinnen und Schüler um die Stärken und Schwächen ihrer Lehrperson; viele Erfahrungen sind gemacht (vgl. v. Saldern, 1987). In Folge einer Bilanzierung der Beziehung (vgl. Nisan, 1993), respektive der Ereignisse, stufen die Lernenden ihre Lehrperson in den Kompetenzbereichen tiefer ein. Diese Ergebnisse verdeutlichen eine weitere Seite des dynamischen Charakters von Pädagogischer Autorität.

Der Einfluss des Wohlbefindens

Das *Wohlbefinden* als subjektives Erleben der Lernenden prägt, wie wir weiter oben bereits gesehen haben, das Autoritätsverhältnis. Je wohler sich Schülerinnen und Schüler in der Schule fühlen, desto kompetenter schätzen sie in allen Bereichen ihre Lehrperson ein. Durch diese positive Wechselwirkung schreiben sie ihren Lehrerinnen und Lehrern mehr Autorität zu, als Schülerinnen und Schüler, die sich weniger wohl fühlen. Im Kompetenzkonzept bestätigt dieser Befund die Hypothese, dass das Wohlbefinden eine wichtige Determinante von Autorität darstellt. Sollen Lehrpersonen in ihrer Autorität bestärkt werden, bietet sich das Wohlbefinden als Ansatz zu Veränderungen an. In dieser Hinsicht ist zu eruieren, was heutige Schüler/-innen brauchen, damit sie sich in der Schule wohlfühlen (vgl. Eder, 1996, S. 14). Zumindest ansatzweise kann die Frage in diesem Rahmen beantwortet werden: Alle acht Kompetenzbereiche geben Hinweise. Sowohl berufs- als auch personbezogene Fähigkeiten von Seiten der Lehrpersonen tragen zu ihrem Wohlbefinden bei. Vermögen Lehrpersonen diese Kompetenzen in ihrer Arbeit zum Ausdruck bringen, ist für eine gute Befindlichkeit der Schüler/-innen schon viel gegeben.

In diesem Zusammenhang lohnt sich ein Blick auf die Kommunikative Kompetenz, bei der ein Interaktionseffekt zwischen dem Wohlbefinden und dem Wechsel der Lehrperson besteht. Die Zeitspanne zum letzten Lehrer-/Lehrerinnenwechsel beeinflusst zusammen mit dem Wohlbefinden die Einschätzung ihrer Lehrperson. Fühlen sich Schüler/-innen sehr wohl, so hat die Variable ‚Wechsel der Lehrperson' keinen Einfluss. Lässt jedoch die Befindlichkeit der Schüler/-innen zu wünschen übrig, liegen die Werte der Kommunikationskompetenz nach einem Jahr und drei Monaten tiefer als nach nur drei Monaten gemeinsamer Schulzeit. Wenn die Beziehung zwischen Schüler/-in und Lehrperson nicht mehr in den Anfängen steckt und die Befindlichkeit der Schüler/-innen weniger gut ist, wird die Kommunikationsfähigkeit nicht mehr genügend wahrgenommen oder sie ist bei der Lehrperson weniger vorhanden. Gesprächsbereitschaft, aufmerksames Zuhören, Verständnis für die Situation und die Fähigkeit, Konflikte anzugehen, könnten einiges in dieser eher schwierigen Beziehungsphase zum Wohlergehen der Schülerin/des Schülers (und vermutlich auch zu demjenigen der Lehrperson) beitragen.

8.2 Formale Voraussetzungen für Pädagogische Autorität

In diesem Abschnitt führt eine mehr formale Zugangsweise zu unserem Untersuchungsgegenstand. Wie in Abschnitt 2.2 angeführt wurde, bilden der *Unterschied* und die *Legitimation* zwei wesentliche Voraussetzungen für Pädagogische Autorität. Der Wandel der Zeit kann ihnen nichts anhaben; sie bleiben als Konstanten bestehen. Wie diese heute gesehen werden, ist aus den Ergebnissen der Untersuchung zu lesen. In Abschnitt 8.2.1 steht der ‚Unterschied' als wichtiges Merkmal Pädagogischer Autorität aus der Sichtweise der Schülerinnen und Schüler sowie Lehrpersonen im Zentrum. Wie Lernende und Lehrpersonen Autorität legitimieren, ist Thema in Abschnitt 8.2.2.

8.2.1 Der ‚Unterschied' als wichtiges Merkmal Pädagogischer Autorität

Autorität kommt durch ein Verhältnis zwischen Ungleichen zustande. Aus der Ungleichheit, die zwischen Schülern/-innen und Lehrpersonen besteht, resultiert ein Unterschied. Da dieser nicht eine statische Grösse ist, unterliegt die Autoritätsbeziehung einem dynamischen Prinzip. Bevor die ‚Unterschiede' genauer betrachtet werden, wenden wir uns dem Gesamtergebnis der Schülerinnen und Schüler zu.

Schülerinnen und Schüler bringen mit ihren Antworten grundsätzlich zum Ausdruck, dass zwischen ihnen und einer Lehrerinnen- und Lehrerautorität ein ‚Unterschied' bestehe. Die überwiegende Mehrheit nennt einen oder mehrere ‚Unterschiede'; nur 1.96% der Lernenden sind gegenteiliger Meinung. Damit bestätigen die Schülerinnen und Schüler die Bedeutung des ‚Unterschieds' für Pädagogische Autorität (Reichwein, 1989; Hättich et al., 1970; Rebel, 1967). Im ‚Unterschied' präsentiert sich eine Grenze, die besagt, dass Lernende und Lehrende im pädagogischen Verhältnis unterschiedliche Rollen und Aufgaben innehaben.

Die Frage nach dem ‚Unterschied' zwischen Erwachsenen und Jugendlichen wurde von verschiedenen Autoren und Autorinnen thematisiert (Mead, 1971; Arendt, 1994; Ziehe, 1996). Sie kommen zu einem Schluss, welcher der vorliegenden Untersuchung entgegensteht. Sie halten mit Besorgnis fest, dass eine Angleichung zwischen den Generationen stattgefunden hat beziehungsweise stattfindet. In ihren Augen hat sich die Grenze – so der ‚Unterschied' – zwischen Jungen und Erwachsenen verwischt, was das Aufwachsen der Kinder und Jugendlichen erschwert. Wie sollen da Jugendliche ihre Identität finden, wenn ihnen Grenzen fehlen?

Aus der Untersuchung geht klar hervor, dass die Schülerinnen und Schüler die Grenze sehen oder erwarten. Die besagte Angleichungstendenz scheint im schulischen Bereich nicht im gleichen Masse zu spielen wie in anderen gesellschaftlichen Einrichtungen. Die Schule vermag die Grenze zwischen Jungen und Erwachsenen noch klarer zu setzen oder zu bewahren als vergleichsweise die

Familie. Die pädagogische Beziehung ist öffentlicher, formeller und in grössere Gruppen eingebettet, was die Grenzsetzung begünstigt. Der ‚Unterschied' bzw. die Grenze zwischen Lernenden und Lehrpersonen wird zudem mit dem Auftrag (z.B. mit der Wissensvermittlung) der Schule unterstützt, wie wir im Nachfolgenden noch sehen werden.

Die Ergebnisse zeigen, dass Kinder und Jugendliche trotz Egalisierungstendenz wie der Angleichung zwischen Erwachsenen und Kindern/Jugendlichen, trotz veränderter Stellung des Kindes in der Familie, einen ‚Unterschied' zwischen sich und einer Lehrerinnen- bzw. Lehrerautorität angeben. Der ‚Unterschied' als Bedingung Pädagogischer Autorität scheint in der Schule durchaus eine Konstante im Wandel der Zeit zu sein.

Im Folgenden wenden wir uns der Frage zu, *wie* Lernende und Lehrpersonen den ‚Unterschied' sehen; bzw. was dieser beinhaltet. Schülerinnen und Schüler sehen den ‚Unterschied' in erster Linie im *Wissen und Können*. Sie geben an, dass die Lehrerin, der Lehrer viel mehr weiss und kann als sie. Damit bestätigen sie die Wichtigkeit der Fachkompetenz[17] für die Pädagogische Autorität. Der Sachaspekt erhält wie in Abschnitt 8.1.2 eine Schlüsselposition. An zweiter Stelle, und deutlich weniger oft, nennen die Lernenden das *Alter* bzw. die *Erfahrung*, die sie von ihrer Lehrperson unterscheidet. Die *Überzeugungskraft* folgt an dritter Stelle.

Die Lehrpersonen beantworten die Frage nach dem ‚Unterschied' primär mit dem Bereich *Haltung und Umgang*. Sie zeichnen sich besonders durch eine konstruktive Haltung und einem entsprechenden Umgang mit den Lernenden aus. Mit ihrer personbezogenen Sichtweise unterstreichen sie wie in anderen Fragestellungen den interaktionistischen Aspekt von Pädagogischer Autorität. Auf Rang zwei folgt die *Überzeugungskraft*. Die Lehrperson muss sich besser durchsetzen können als die Schülerinnen und Schüler. Das *Alter* bzw. die *Erfahrung* nennen sie auf Rang 3.

Wie bei der Begründung der Lehrerinnen- und Lehrerautorität messen Schülerinnen und Schüler wie Lehrpersonen der Überzeugungskraft etwa die gleich wichtige Bedeutung zu. Damit wird auch bei dieser Fragestellung die Bedeutung der Führungskompetenz für Pädagogische Autorität bestätigt (vgl. Abschnitt 8.1). Die Lehrperson kann sich im ‚Unterschied' zu den Lernenden besser durchsetzen und stärker überzeugen.

Bei der Frage nach dem ‚Unterschied' gewinnt ein weiterer Bereich an Bedeutung, nämlich der des *Alters* bzw. der *Erfahrung*. Er tritt bei den Lernenden wie bei den Lehrenden etwa in gleicher Weise in den Vordergrund. Die Schülerinnen und Schüler bringen dies folgendermassen zum Ausdruck: „Die Lehrperson ist älter als ich; sie hat mehr Erfahrung; die Lehrerin ist grösser als ich; der Lehrer ist erwachsen und ich bin noch ein Kind." Die Lehrpersonen sprechen mit dem Alter

---

17 Im Weiteren wird auch die unterschiedliche Sichtweise von autoritätsbejahenden und autoritätsnegierenden Schülern/-innen bestätigt. Autoritätsbejahende nennen die *Fachkompetenz* signifikant häufiger als erwartet, währenddem Autoritätsnegierende häufiger als erwartet mit der Kategorie *Haltung und Umgang* antworten.

und der Erfahrung vor allem die Mündigkeit an. Beide Gruppen thematisieren das *Reifegefälle* zwischen Kindern bzw. Jugendlichen und Erwachsenen. Wie in Kapitel 3 dargelegt, basiert die Erziehung auf einem Reifegefälle zwischen Erzieherinnen bzw. Erziehern und Unmündigen. Kinder und Jugendliche sind auf Erwachsene angewiesen und somit ihrem erzieherischen Einfluss zugänglich (Herzog, 1991a, S. 415). Da Erziehung und Autorität unmittelbar zusammenhängen, gilt dies auch für die Pädagogische Autorität. Durch die Mündigkeit kann die Lehrperson stellvertretend und interimistisch die *Verantwortung* für das Kind beziehungsweise den jugendlichen Menschen übernehmen. Die Antworten der Schülerinnen und Schüler und auch der Lehrpersonen weisen auf die Relevanz des Reifegefälles in der Pädagogischen Autoritätsbeziehung hin und bestätigen damit die theoretischen Überlegungen.

Durch die Ergebnisse haben wir einerseits die Bedeutung des ,Unterschieds' für Pädagogische Autorität bestätigt und andererseits einiges darüber erfahren, wie der ,Unterschied' in der Pädagogischen Autoritätsbeziehung gesehen wird. Im folgenden Abschnitt steht eine weitere Bedingung von Autorität im Mittelpunkt der Erörterungen, nämlich die Frage nach der Legitimation.

8.2.2 Legitimation als wesentliche Voraussetzung für Pädagogische Autorität

Die Legitimation, die zweite Voraussetzung für Pädagogische Autorität (Reichwein, 1989; Hättich, Hättich & Hohmann, 1970; Rebel, 1967), bildet die Grundlage, auf der die Autoritätsbeziehung zwischen Lehrperson und Schülerinnen und Schülern gedeihen kann. Sie beinhaltet die ebenfalls allgemein formulierte Frage, warum eine Lehrperson berechtigt ist, eine Autorität zu sein, oder, wer oder was der Lehrerin oder dem Lehrer Autorität verleiht. Das Thema tritt für Lehrpersonen und Lernenden vor allem dann in Erscheinung, wenn die Autorität in Frage gestellt wird, wenn Lernende die Anweisungen der Lehrperson hinterfragen oder missachten. Äusserungen wie „Sie haben kein Recht, mir dies zu verbieten; sie haben mir nichts zu sagen!" bringen dies zum Ausdruck. Wenden wir uns der Frage zu, wie Autorität von beiden Untersuchungsgruppen legitimiert wird.

Schülerinnen und Schüler nennen mit Abstand am häufigsten den *Beruf*. „Es ist der Beruf des Lehrers; es ist der Auftrag, der die Lehrerin berechtigt, eine Autorität zu sein; es ist die Pflicht." In ihren Augen wird der Lehrperson mit der Einnahme der Berufsrolle Autorität mitgeliefert. Auf Rang zwei und drei stehen das *Lehren* bzw. *Unterrichten* und die *Fachkompetenz*. Wie bei den anderen Fragestellungen rückt bei Schülerinnen und Schülern die *fachspezifische* Argumentationsweise in den Vordergrund. Damit unterstreichen sie auch hinsichtlich Legitimation von Pädagogischer Autorität die zentrale Bedeutung des Sachverhalts. – Auch für die Lehrpersonen impliziert der *Beruf* eine wichtige Quelle Pädagogischer Autorität. Sie stufen jedoch die *Überzeugungskraft* und die *Haltung* bzw. den *Umgang* wichtiger ein als die Schülerinnen und Schüler. Damit argumentieren die Lehrpersonen wieder mehr personbezogen.

Neben den spezifischen Sichtweisen von Schülerinnen und Schülern und Lehrpersonen erhält bei der Legitimationsfrage der *Beruf*, vor allem mit dem Auftrag und der Pflicht, eine Schlüsselfunktion. Er bildet den Boden für die Autorität der Lehrperson. Die Lehrerin, der Lehrer ist aufgrund des Berufsauftrages und der Berufspflicht eine Autorität. Beide Gruppen bringen damit zum Ausdruck, dass in der Schule nicht eine beliebige erwachsene Person gegenüber Heranwachsenden als Pädagogische Autorität auftreten kann, sondern dass sie als Lehrperson ausgezeichnet sein muss (vgl. Hättich et al., 1970).

Da die Frage nach der Legitimation von Autorität für Lernende und Lehrende allgemein gestellt wurde, können die Antworten auch als idealtypische Hinweise verstanden werden. Der Beruf an und für sich ist für die Autorität von Lehrerinnen und Lehrer eine zentrale Legitimationsquelle. Dieser Befund soll Ziehes These gegenübergestellt werden, wonach heutigen Lehrpersonen die eigentliche Bühne fehle, um als Autorität aufzutreten. So müsse die Lehrperson aus persönlicher Kraft, wie durch unsichtbare Beziehungs- und Kulturarbeit, zu Autorität gelangen. Von aussen würden die Lehrpersonen wenig Rückendeckung wie Konstanz und Kraft bekommen. Darum habe die Schule eine eigentümliche Form von Anstrengung erhalten (Ziehe, 1996, S. 89).

Schülerinnen und Schüler stützen mit ihrer berufs- und fachspezifischen Argumentationsweise diese These nicht. Sie sehen im Beruf respektive im Lehrauftrag die eigentliche Legitimationsquelle – oder auch Bühne – für die Autorität der Lehrperson. Hingegen betonen die Lehrpersonen mit ihrer personbezogenen Sichtweise vor allem die Beziehungsebene. Womöglich verbinden sie stärker als die Schülerinnen und Schüler den Beruf mit dem pädagogischen Bezug. Sie führen die Pädagogische Autorität vor allem auf die interaktive Leistung zurück. In diesem Sinne stimmen sie mit Ziehes These überein, die besagt, dass die Lehrperson vor allem aus persönlicher Kraft zu Autorität gelangt.

Im Folgenden geht es um die Frage, welche Anstrengungen unternommen werden müssen, um die Lehrerinnen- und Lehrerautorität durch den Beruf zu stärken. Sowohl die Aussen- als auch die Innenperspektive geben dazu wertvolle Hinweise.

Die Aufmerksamkeit gilt zunächst der *äusseren Berufspflege*. Sie bildet einen wesentlichen Ansatzpunkt für die Legitimation Pädagogischer Autorität. Bei der äusseren Berufspflege können Lehrpersonen nicht alles selber leisten; vielmehr soll der Auftrag durch Repräsentanten der Gesellschaft gestützt und honoriert werden. Diesen ist bewusst, welche zentrale Aufgabe die Schule im Aufwachsen der Kinder und Jugendlichen inne hat. Darin werden die Lehrpersonen und andere Verantwortliche in ihrer Aufgabe, Schülerinnen und Schülern Orientierung, Unterstützung und Perspektiven zu geben, bestärkt. Im Weiteren ist darauf zu achten, dass der *Berufsauftrag nicht überfrachtet* wird. Nehmen die Anforderungen im Lehrberuf auf Kosten der Kernaufgaben zu, verliert der Lehrberuf an Attraktivität (vgl.

Rudow, 1999). Auch die *Arbeitsbedingungen* wie Arbeitsklima, Arbeitszeit, Klassenzusammensetzung, Hilfeleistungen, etc. spielen eine weitere Rolle. Besteht für die Lehrperson grundsätzlich die Möglichkeit, die Berufsanforderungen in guter Weise und mit wertschätzender Unterstützung zu bewältigen, wirkt sich dies positiv auf die Anziehungskraft des Berufs und somit auf die Autorität der Lehrperson aus. Der Lehrerin und dem Lehrer fällt es leichter – der Vorstellung der Schülerinnen und Schüler entsprechend – die Autoritätsrolle aufgrund des Berufes einzunehmen.

Im Weiteren ist auf die *innere Berufspflege* zu achten. Schülerinnen und Schüler sehen das *Unterrichten* und die *Fachkompetenz* als weitere Legitimationsquellen Pädagogischer Autorität. Damit nennen sie zwei Kernbereiche des Schulgeschehens. Ein didaktisch-methodisches Repertoire gibt Lehrpersonen die Möglichkeit, die Schülerinnen und Schüler durch verschiedene Varianten des Lehrens zu erreichen und den Unterricht in mehrkriterialer Weise erfolgreich zu gestalten (vgl. Weinert, 1996). Dies kann nur auf dem Hintergrund einer fundierten Fachkompetenz geschehen, welche den Lehrpersonen die Freiheit gibt, den Unterrichtsfortgang auch dann noch zu steuern, wenn die Lernenden neue Wege gehen, um den Stoff zu bearbeiten (vgl. Bromme, 1997).

Auf zwei weitere Kernbereiche des Lehrberufs machen die Lehrpersonen aufmerksam. Lehrerinnen und Lehrer sehen in den mehr personbezogenen Bereichen *‚Überzeugungskraft'* und *‚Haltung und Umgang'* die primären Legitimationsquellen Pädagogischer Autorität. Für die Legitimation und Stärkung der Pädagogischen Autoritätsbeziehung bietet zum einen die Überzeugungskraft viel Potential. Die Lehrperson vermag durch ihre Führungskompetenz hinsichtlich Einzelner und der Klasse alters- und situationsentsprechend zu handeln; auch vermag sie in ihrer Tätigkeit die Frage nach dem Mass von Lenkung und Freiheit zu beantworten. Neben der Führungskompetenz liegen zum anderen im Bereich ‚Haltung und Umgang' wichtige Ressourcen zur Stärkung der Lehrerinnen- und Lehrerautorität. Im Balanceakt zwischen Selbstbehauptung und Anerkennung des Anderen (Lernenden) sind Pädagogische Autoritäten in der Lage, den Lernenden immer wieder mit Wohlwollen zu begegnen. Der Pädagogischen Autorität ist – wie in Abschnitt 3.2 dargelegt – nicht nur die Ungleichheit eigen; in ihr findet sich auch Gleichheit, denn ein echtes pädagogisches Verhältnis baut auf gegenseitige Anerkennung (vgl. Herzog, 1991a), was vor allem im gegenseitigem Respekt und in der Wertschätzung zum Ausdruck kommt.

8.3 Pädagogische Autorität und die Zuständigkeitsbereiche

Pädagogische Autorität bedingt nicht nur in entwicklungspsychologischer Hinsicht eine Differenzierung, sondern auch hinsichtlich Zuständigkeitsbereiche (vgl. Kap. 3). Nicht in allen Belangen ist die Autorität der Lehrperson gefragt. Lehrerinnen und Lehrer haben zu beachten, wo sie berechtigt sind, Einfluss zu nehmen. Je nach

Bereich wirkt sich ihr Handeln entsprechend auf die Autoritätsbeziehung zu den Schülerinnen und Schülern aus. Im Folgenden wird die Frage diskutiert, in welchen Bereichen die Lehrperson legitimiert ist, einzugreifen. In Anlehnung an die Bereichstheorie von Turiel (1983) und deren Ausdifferenzierung durch Smetana & Bitz (1996) werden fünf Gebiete im Hinblick auf die Ergebnisse erörtert. Zur Diskussion stehen die Bereiche ‚Moral‘, ‚Allgemeine Konventionen‘ und ‚Schulische Konventionen‘, ‚Persönliches‘ und ‚Vernünftiges Handeln‘. Auch hier wird sowohl die Perspektive der Schülerinnen und Schüler als auch diejenige der Lehrpersonen berücksichtigt. Am Schluss des Abschnitts werden einige Gedanken zur Untersuchung der Zuständigkeitsbereiche angebracht.

8.3.1 Der Bereich der Moral

Der Moralische Bereich beinhaltet Vorschriften wie nicht zu stehlen, andere Lernende nicht zu bedrohen oder zu bekämpfen sowie sich nicht über andere lustig zu machen. Ihre Geltung beruht nicht auf persönlichen Vorlieben, sondern auf dem allgemeinen Prinzip, welches Wohlergehen, Gerechtigkeit und die Menschenrechte regelt. Durch die Moralität vermag der Mensch, Leid und Schmerzen anderer zu vermeiden (vgl. Herzog, 1991a).

Lernende und Lehrende sind sich grundsätzlich einig, dass die Lehrperson im Bereich *Moral* legitimiert ist, ihren Einfluss geltend zu machen. Wird in der Schule gestohlen, werden Schülerinnen und Schüler bekämpft oder bedroht, ist die Lehrerin oder der Lehrer berechtigt zu intervenieren. Schülerinnen und Schüler als auch Lehrpersonen verdeutlichen die Wichtigkeit von moralischen Vorschriften; der Einzelne soll in seiner Person und in seinem Wohlergehen geschützt werden. Das Resultat – insbesondere dasjenige der Kinder und Jugendlichen – weist auch auf die hohe Akzeptanz der Lehrerinnen- und Lehrerautorität im Bereich ‚Moral‘ hin.

Im Unterschied zu den Schülerinnen und Schülern vertreten die Lehrpersonen ihre Meinung absoluter, in Fragen der Moral, ihren Einfluss geltend zu machen. Als Pädagogische Autoritätspersonen (als Vorbilder und Indentifikationsfiguren) fühlen sie sich Kindern und Jugendlichen gegenüber verantwortlich und sehen es als ihre Pflicht, sich für das Einhalten von moralischen Vorschriften einzusetzen. Die Lernenden vertreten auch diese Meinung, jedoch nicht mit dieser Konsequenz. Am stärksten zaudern sie, wenn sich Schülerinnen und Schüler über andere lustig machen. Möglicherweise assoziieren sie dieses Verhalten nicht nur mit dem Verletzen anderer, sondern auch mit Humor und Situationskomik.

Mit zunehmendem Alter sprechen die Schülerinnen und Schüler ihrer Lehrperson im Bereich ‚Moral‘ tendenziell etwas weniger Legitimation zu. Die Signifikanz liegt jedoch nur zwischen den 11-Jährigen (5. Klasse) und den 14-Jährigen (8. Klasse). Auch wenn Lernende generell moralische Vorschriften akzeptieren, spielt vermutlich die sich verändernde Beziehung zur Lehrperson mit.

Im Prozess der zunehmenden Ablösung und des entsprechenden Autonom-Werdens wissen sie eigentlich schon, was sich in moralischen Belangen gehört und wollen dies nicht von der Lehrperson verordnet bekommen. Das Resultat kann als Ausdruck zunehmender Mündigkeit von Seiten der Kinder und Jugendlichen gedeutet werden.

8.3.2 Allgemeine Konventionen

Im Unterschied zu den moralischen Vorschriften sind Konventionen nicht universal, sondern von einem Kontext abhängige Vereinbarungen innerhalb eines bestimmten gesellschaftlichen oder kulturellen Systems. Allgemeine Konventionen werden von personalen (Lehrpersonen) oder institutionellen Autoritäten (wie Schulleitung, Konferenz, Gesetzgebung) vertreten und dienen nicht in erster Linie dem Wohlergehen des Einzelnen, sondern dem Zusammenleben in der Schule. Sie sollen das Funktionieren der sozialen Institution gewährleisten. Im Unterschied zu den moralischen Vorschriften haben Konventionen Setzungscharakter und sind veränderbar. Zu den Allgemeinen Konventionen gehören beispielsweise die Vorkommnisse: Herumschreien in den Gängen, zu spät in die Schule kommen, der Lehrperson frech antworten. Die Untersuchung zeigt Folgendes:

Auch beim Bereich ‚Allgemeine Konventionen' sind sich sowohl Schülerinnen und Schüler als auch Lehrpersonen grundsätzlich einig, dass es zur Aufgabe der Lehrpersonen gehört einzugreifen. Damit werden diese allgemeinen Vereinbarungen als beachtenswert und notwendig taxiert; sie gehören wesentlich zum Sozialisierungsprozess von Kindern und Jugendlichen. Die Autorität der Lehrerin/ des Lehrers wird in diesem Bereich generell akzeptiert. Ähnlich wie beim Bereich ‚Moral' schreiben Lehrpersonen sich selbst etwas mehr Legitimation zu als die Lernenden ihnen zugestehen. Auf Grund ihrer Aufgabe sehen sie sich verantwortlich und somit legitimiert, in der entsprechenden Situation Einfluss zu nehmen. Schülerinnen und Schüler stehen nicht in dieser Verantwortlichkeit; vielleicht scheinen bei ihnen gar persönliche Vorlieben durch (welche Kinder und Jugendliche schreien nicht gerne in hallenden Gängen?).

8.3.3 Schulische Konventionen

Schulische Konventionen sind ebenfalls Setzungen, die veränderbar sind. Auch sie sollen das gemeinschaftliche Leben in der Schule regeln. Im Vergleich zu den Allgemeinen Konventionen sind die Schulischen Konventionen in ihrem Geltungsbereich noch kontextabhängiger; d.h., ihre Wirkungskraft hängt mehr von Schulkultur und Lehrperson ab. Zudem verwischt sich in diesem Bereich die Grenze zwischen Konvention und Persönlichem. Die Vereinbarungen enthalten Richtlinien für das Verhalten in folgenden Situationen: ohne Erlaubnis das Schulzimmer verlassen, um auf die Toilette zu gehen; im Gang den Freund oder die Freundin küssen; Nacktbilder im Pult aufbewahren oder in der Klasse Zettel herumgeben.

Im Bereich ‚Schulische Konventionen' sind sich sowohl Lehrpersonen als auch Schülerinnen und Schüler *uneinig*, ob Lehrerinnen und Lehrer berechtigt sind, zu intervenieren. Die Stellungnahmen gestalten sich je nach Frage unterschiedlich. Insgesamt sprechen etwas mehr als die Hälfte der Kinder und Jugendlichen (55.8%) der Lehrperson die Berechtigung ab, einzugreifen; sie betrachten das Intervenieren als Eingriff in die persönliche Sphäre. Entsprechend etwas weniger als die Hälfte (44.2%) akzeptieren in diesen Belangen die Autorität der Lehrperson. Diese Ergebnisse werden von Smetanan & Bitz (1996) bestätigt. Die Schulischen Konventionen sind als Rahmenbedingungen umstritten und es besteht kein Konsens, was zu gelten hat. Was für die einen Schülerinnen und Schüler stimmt, erleben die anderen als Einmischung. Dies bedeutet, dass in diesem Bereich die Autorität der Lehrperson von den Lernenden stärker in Frage gestellt wird als in den Bereichen ‚Moral' und ‚Allgemeine Konventionen'. Bei den Lehrpersonen – auch sie antworten recht verschieden – liegt die Akzeptanz für das eigene Eingreifen in diesem Bereich in allen Fragen höher als bei den Schülern/-innen; sie tendieren dazu, eher einzugreifen (66.5%) als nicht (33.5%). Die Unsicherheit über die Bereichszugehörigkeit schwingt jedoch auch bei ihnen mit.

Verschiedene Analysen mit unabhängigen Variablen zeigen bei den Ergebnissen der Schülerinnen und Schüler leichte Verschiebungen in Abhängigkeit vom Alter (Schulklasse), vom Wechsel der Lehrperson sowie vom Wohlbefinden in der Schule[18]. Diese Befunde unterstreichen die Instabilität des Bereichs ‚Schulische Konventionen'.

Mit zunehmendem *Alter* sehen die Lernenden ihre Lehrperson weniger berechtigt, im Bereich ‚Schulische Konventionen' ihren Einfluss geltend zu machen. 11-Jährige (5. Schulklasse) tendieren eher dazu, die Legitimation der Lehrperson zu bejahen als 14-Jährige (8. Schulklasse). Dieser Alterseffekt kann wiederum mit dem Autonom-Werden der Schülerinnen und Schüler erklärt werden. Besonders in einem Bereich, der nicht so klar geregelt ist, besteht die Möglichkeit für mehr Selbstbestimmung. Die Lernenden sind in der Lage, sich selbst zu deklarieren, Grenzen zu setzen oder diese zu überschreiten. Sowohl im Ablösungsprozess von Autoritäten als auch im Übernehmen von Verantwortung bietet sich dieser Bereich als Tummelfeld (Übungsfeld) für ihre Identitätsfindung an. Dass dies nicht ohne Konflikte und Auseinandersetzungen geht, versteht sich von selbst. Besonders im

---

18 Beim *Schultypus* der 8. Schulklasse (Oberschule, Sekundarschule und Bezirksschule) zeigt sich zwischen den Oberschülern und der Leistung ein schwacher Zusammenhang: Sind ihre Leistungen schwach bis angemessen (Note: 3 bis 4.77), geben sie ihrer Lehrperson im Bereich ‚Schulische Konventionen' mehr Berechtigung einzugreifen, als wenn sie gute bis sehr gute Leistungen aufweisen (Note >4.77 bis 6). Somit erkennen sie ihre Lehrperson eher als Autorität an. Möglicherweise tun sie dies wegen der schulischen Probleme, bei denen sie mehr als andere auf die Hilfe der Lehrperson (Autoritätsperson) angewiesen sind. Zudem könnte es sein, dass ihre schulische Schwierigkeiten sie zu sehr beanspruchen und darum wenig Raum für Fragen der Ablösung bleibt.

Hinblick auf die Veränderungen der Kinder und Jugendlichen ist von den Lehrpersonen ein dynamisches Autoritätsverständnis, sozusagen ein Balanceakt gefragt. Einerseits muss sie mit den Lernenden die Rahmenbedingungen aushandeln und durchsetzen und andererseits soll sie ihnen einen Handlungsspielraum für ihre Selbstfindung gewähren. Und wie die Ergebnisse andeuten, verschiebt sich diese Gratwanderung mit zunehmendem Alter zugunsten der Mündigkeit (Herzog, 1991a, S. 33; Geissler & Wollersheim, 1991, S. 913), d.h., der Handlungsspielraum für die Lernenden wird grösser.

Auch der *Zeitpunkt des Lehrerinnen-/Lehrerwechsels* beeinflusst die Einschätzungen. Sind die Lernenden bereits ein Jahr und drei Monate bei ihrer Lehrperson (Wechsel 1998), erachten sie ihre Lehrperson als weniger berechtigt, in diesem Bereich einzugreifen, als wenn sie erst drei Monate von ihr unterrichtet werden. Schülerinnen und Schüler grenzen mit der Zeit die Legitimation ihrer Lehrperson ein. Im Verlaufe des Jahres sind sie älter und reifer geworden und dadurch autonomer. Sie geben sich selbst bei den Fragen hinsichtlich der Schulischen Konventionen mehr Handlungsfreiheit.

Interessanterweise hat auch das *Wohlbefinden* der Schülerinnen und Schüler einen Einfluss. Je wohler sich Schüler/-innen fühlen, desto mehr Legitimation geben sie der Lehrperson und desto eher anerkennen sie deren Autorität im Bereich ‚Schulische Konventionen'. Dieses Ergebnis untermauert die Überlegungen von Abschnitt 8.1, dass das Wohlbefinden der Schülerinnen ein wichtiger Faktor für die Anerkennung von Autorität ist. Im Bereich ‚Schulische Konventionen' scheint die Befindlichkeit der Lernenden tendenziell eine wichtigere Rolle zu spielen als in anderen Zuständigkeitsbereichen.

Wegen der Unklarheit beinhaltet der Bereich ‚Schulische Konventionen' einiges Konfliktpotential. Die unterschiedlichen Erwartungen in Abhängigkeit vom Alter, Zeitpunkt des letzten Lehrerwechsels sowie Wohlbefinden in der Schule, erfordern insbesondere von den Lehrpersonen immer wieder die Auseinandersetzung mit den Schulischen Konventionen. Gelingt es der Lehrperson im Diskurs die Rahmenbedingungen immer wieder auszuhandeln und zu deklarieren, festigt sie zugleich hinsichtlich der eigenen Autorität ihre Position. Im anderen Fall finden die Lernenden viele Anweisungen als nicht angebracht und als Eingriff in die Privatsphäre, was die Autorität schwächt. Von Lehrerinnen und Lehrern ist für diese Aufgabe viel Differenzierungsarbeit, Verhandlungsgeschick und Durchsetzungsvermögen gefragt.

8.3.4 Der Persönliche Bereich

Der Bereich ‚Persönliches' umfasst die Privatsphäre der Schülerinnen und Schüler und entzieht sich der normativen Autorität der Lehrperson und der Institution. Die Lehrerin/der Lehrer hat somit weder durch moralische Regeln noch durch Konventionen die Berechtigung, Einfluss zu nehmen. Es sind Fragen, die in den persönlichen Bereich gehören wie die Wahl der Frisur, wo und mit wem Schülerinnen und Schüler essen gehen, oder wie sie dabei ihr Geld verwenden[19].

Lernende und Lehrende sind sich im Bereich ‚Persönliches' einig, dass die Lehrperson keine Berechtigung hat, ihren Einfluss geltend zu machen. Beide Gruppen schreiben die aufgeführten Themen der Privatsphäre zu und deklarieren auch, dass diese respektiert werden soll. Die Lehrpersonen tun ihre Meinung wiederum etwas absoluter kund als die Schülerinnen und Schüler, d.h., sie sehen sich in allen drei Fragen weniger berechtigt einzugreifen. In der Schule gibt es also einen Bereich, der deutlich zur Privatsphäre der Lernenden gehört. Darin finden die Kinder und Jugendlichen einen Entscheidungsspielraum für die Entwicklung ihrer persönlichen Verantwortung. Wird nach diesen Einschätzungen gehandelt, geben die persönlichen Themen wenig Anlass zu Konflikten. Die Quelle von Schulkonflikten zwischen Schülern/-innen und Lehrpersonen liegt nicht im Persönlichen Bereich, sondern wie oben besprochen bei den Schulischen Konventionen. Aus den Ergebnissen wird vor allem eines deutlich: Lehrpersonen können ihre Autorität nicht damit stärken, indem sie im persönlichen Bereich Einfluss nehmen. Tun sie es dennoch, müssen sie von Seiten der Schülerinnen und Schüler mit Widerständen rechnen.

Seitens der Schülerinnen und Schüler zeigen sich schwache Zusammenhänge mit den unabhängigen Variablen Alter (Schulklasse), Schultypus der 8. Schulklasse und Wechsel der Lehrperson.

Mit fortschreitendem Alter geben die Schülerinnen und Schüler der Lehrperson tendenziell weniger Berechtigung, im Bereich ‚Persönliches' Einfluss auszuüben. 11-Jährige sprechen ihrer Lehrperson im Persönlichen Bereich deutlich mehr Berechtigung zum Eingreifen zu als 12-Jährige; 14-Jährige geben der Lehrperson praktisch keine Legitimation mehr. Diese Ergebnisse verdeutlichen den dynamischen Aspekt von Pädagogischer Autorität, welcher der Entwicklung der Schülerinnen und Schüler Rechnung trägt. Analog zum Prozess der Selbstfindung, dem Autonomwerden und der parallel laufenden Ablösung, wird der Lehrerin/dem Lehrer immer weniger Berechtigung zugesprochen, Einfluss zu nehmen. Lassen sich Lernende in der Privatsphäre nicht mehr dreinreden, so ist dies als Zeichen zunehmender Mündigkeit zu verstehen. Die Pädagogische Autorität weiss um diese Veränderung und kann durch deren Akzeptanz die Entwicklung der Lernenden begünstigen.

Hinsichtlich des Schultypus des 8. Schuljahres[20] zeigt sich ebenfalls ein schwacher Zusammenhang: Oberschüler/-innen schreiben ihrer Lehrperson mehr

---

19 Die Frage hinsichtlich der Wahl der Banknachbarin, des Banknachbarn, mit einem Ja-Stimmenanteil von 37%, wurde weggelassen, weil sie in den Werten von den anderen Fragen des Bereichs zu stark differiert (vgl. Abschnitt 6.4.2). Die höhere Akzeptanz bei der Wahl der Sitznachbarin/des Sitznachbarn bestätigen auch Hoppe-Graff et al. (1998).

20 In der 8. Schulklasse sind die drei *Schultypen* Ober-, Sekundar- und Bezirksschule zu finden: Die Bezirksschule[20] bereitet die Schüler/-innen auf die weiterführenden Mittelschulen und die anspruchsvollen Berufslehren vor. Die Sekundarschule hat vor allem die breite Vorbereitung auf die Berufswahl zum Ziel. Die Oberschule wird mehr und mehr vor allem

Legitimation zu als Sekundarschüler/-innen, diese wiederum mehr als Bezirks-schüler/-innen. Die Letzteren sprechen ihrer Lehrperson praktisch jede Berechti-gung ab, im Persönlichen Bereich einzugreifen. Berücksichtigt man die Schulprofile, könnte dies heissen, dass mit zunehmender Intellektualisierung des Schultypus die Lernenden ihrer Lehrperson im Persönlichen Bereich immer weniger Legitimation zugestehen. Besonders Lehrpersonen der Bezirksschule haben keine Chance, ihre Autorität im Persönlichen Bereich zu legitimieren.

Der *Wechsel der Lehrperson* hat folgenden Einfluss: Sind die Schüler/-innen bereits ein Jahr und drei Monate bei ihrer Lehrperson (Wechsel 1998), erachten sie diese als weniger berechtigt, im Bereich ‚Persönliches' einzugreifen, als wenn sie erst drei Monate von ihr unterrichtet werden (Wechsel 1999). Dieser Effekt könnte wiederum mit dem zwischenzeitlichen Älterwerden, so mit der Entwicklung der Schüler/-innen erklärt werden. Eine weitere Deutung wäre, dass die Schüler/-innen durch das Vertrautwerden, das innerhalb eines Jahres geschieht, sich noch mehr erlauben, im Persönlichen Bereich abzugrenzen. Am Anfang, wenn die Lehrerin/der Lehrer noch wenig bekannt ist, könnte ihnen dies weniger gut gelingen.

8.3.5 Vernünftiges Handeln: Gesundheit

Mit dem Bereich ‚Vernünftiges Handeln' sind Fragen angesprochen, welche die Gesundheit betreffen wie in den Schultoiletten rauchen, ‚high' oder betrunken in die Schule kommen oder in der Schule Alkohol oder Drogen konsumieren. Voraus-gehend soll bemerkt werden, dass das Thema *Junk Food* (das Essen von Chips, Frits, Coca und Hamburger) nicht berücksichtigt wird. Schüler/-innen wie Lehr-personen bringen im Unterschied zur Stichprobe von Smetana & Bitz (1996) zum Ausdruck, dass bei dieser Frage die Lehrerin/der Lehrer nicht berechtigt ist ein-zugreifen. Vermutlich wird bei diesem Thema eine kulturelle Differenz sichtbar. Ein kulturell unterschiedliches Verständnis von Autorität könnte darin bestehen, dass in den USA Ernährungsfragen grundsätzlich in den Zuständigkeitsbereich von Lehrpersonen gehören. In der Schweiz, repräsentiert durch die Schüler/-innen und Lehrpersonen des Kantons Solothurn, wird eine andere Haltung sichtbar. Laut Ergebnissen ist beim Thema ‚Junk Food' die Einflussnahme der Lehrperson unerwünscht; auch Lehrerinnen und Lehrer erachten es nicht als ihre Aufgabe zu intervenieren. Ob in dieser Hinsicht Aufklärungsarbeit ansteht, wäre zu prüfen.

Hingegen sind sich Schülerinnen und Schüler wie Lehrpersonen einig, dass die Fragen hinsichtlich Gesundheit (Rauchen, Alkohol und anderer Drogen) zum Zuständigkeitsbereich der Lehrerinnen und Lehrer gehören. Wiederum nehmen die Lehrpersonen eine konsequentere Haltung ein als die Schüler/-innen. Wegen der Unmündigkeit der Lernenden gehört es zur Pflicht und Verantwortung der Lehr-

---

von fremdsprachigen Kindern besucht; die Vorbereitung auf die Berufswahl steht ebenfalls im Mittelpunkt der Ausbildung.

person bei entsprechendem Verhalten einzugreifen (vgl. Hoppe-Graff et al., 1998, S. 154). Die Autorität der Lehrperson wird in diesem Bereich akzeptiert.

Die Bereiche ‚Vernünftiges Handeln‘, ‚Moral‘ und ‚Allgemeine Konventionen‘ werden in dieser Untersuchung ähnlich beantwortet. Vielleicht stehen sie auch in Zusammenhang. Gesundheitliche Fragen hinsichtlich Rauchen, Alkohol und anderer Drogen könnten durchaus etwas mit dem Bereich Moral zu tun haben, da es letztendlich um das Wohlbefinden und den Schutz von Kindern und Jugendlichen geht. Diese vor Abhängigkeit und Selbstverlust zu bewahren, genügt als moralische Legitimation. Der Konsum von Suchtmitteln berührt auch Fragen des Zusammenlebens und damit den Bereich ‚Allgemeine Konventionen‘.

Im Bereich ‚Vernünftiges Handeln‘ zeigen sich zwischen autoritätsbejahenden und autoritätsnegierenden Schülerinnen und Schülern Unterschiede: Obwohl beide grundsätzlich mit dem Eingreifen der Lehrperson einverstanden sind, geben die Autoritätsablehnenden der Lehrperson etwas weniger Legitimation. Wie bereits erörtert, ist die Beziehung zwischen Lernenden und ihren Lehrpersonen von Schwierigkeiten geprägt. Durch unvernünftiges Handeln – wie Rauchen und Drogenkonsum – deklarieren sie ihre Eigenständigkeit und vor allem, dass ihr Handeln in die Privatsphäre gehört. Themen der Gesundheit bieten sich als gute Bühne für Beziehungskonflikte an.

Auch das Wohlbefinden der Lernenden beeinflusst die Einschätzungen. Lernende, die sich in der Schule ‚eher wohl‘ oder ‚sehr wohl‘ fühlen, geben der Lehrperson im Bereich ‚Vernünftiges Handeln‘ mehr Legitimation als Schülerinnen und Schüler, die sich ‚weder wohl noch unwohl‘, ‚eher unwohl‘ oder ‚sehr unwohl‘ fühlen. In diesem Sinne beeinflusst das Wohlbefinden – wie weiter oben erörtert – die Zuschreibung von Autorität positiv.

8.3.6 Allgemeine Bemerkungen zu den Zuständigkeitsbereichen

Die Untersuchung der Zuständigkeitsbereiche von Pädagogischer Autorität gibt weitere Hinweise darüber, wie sich die Autoritätsbeziehung zwischen Schülerinnen und Schülern sowie Lehrpersonen gestaltet. Kinder und Jugendliche liefern Anhaltspunkte dafür, dass im schulischen Kontext moralische Normen, allgemeine Konventionen und Vorschriften hinsichtlich Gesundheit akzeptiert und dass deren Funktionen verstanden werden (vgl. Hoppe-Graff et al., 1998, S. 159). Schülerinnen und Schüler verfügen über ein differenziertes moralisches und soziales Wissen, welches sie bei der Beurteilung der Legitimation Pädagogischer Autorität hinsichtlich der Bereiche zur Anwendung bringen.

Auch Lehrpersonen orientieren sich an der Bereichstheorie: Sie tun ihre Meinung in allen Bereichen konsequenter kund als die Schülerinnen und Schüler. In den Unterschieden könnten sich die unterschiedlichen Rollen in Aufgabe und Verantwortung von Lehrenden und Lernenden manifestieren. Will die Lehrperson hinsichtlich Autorität ihre Position stärken, orientiert sie sich am besten an der

Bereichstheorie, die ihr ermöglicht, die Zuständigkeitsbereiche auseinander zu halten, so dass sie adäquat reagieren sowie Grenzen setzen kann. Besondere Beachtung verdient der Bereich ‚Schulische Konventionen', der sich als uneinheitliches Feld mit einigem Konfliktpotential zeigt; ein Thema kann sowohl dem konventionellen als auch dem persönlichen Bereich zugeordnet werden.

Die Ergebnisse bestätigen die Befunde von Smetana & Bitz (1996) und einige von Hoppe-Graff et al. (1998), welche die Fragen in ihrer Interviewstudie differenzierter behandeln. Bestätigt wird auch der Alterseffekt von Semtana & Bitz, dass Schüler/-innen des 5. Schuljahres – die 11-Jährigen – der Lehrperson *in allen Bereichen* mehr Legitimation zugestehen als die Älteren. Die Signifikanzen liegen in dieser Studie nur in den Bereichen *‚Moral', ‚Schulische Konventionen' und ‚Persönliches'*; bei den letzten beiden unterscheiden sich die Mittelwerte zwischen 5., 6. und 8. Schulklasse. Die Unterschiede zur Studie von Smetana & Bitz könnten durch die verschiedenen Stichprobengrössen erklärt werden. Insgesamt verdeutlichen jedoch die Ergebnisse, dass der dynamische Aspekt von Pädagogischer Autorität auch in den Zuständigkeitsbereichen durchscheint.

Abschliessend soll noch ein kritischer Hinweis erfolgen: Negieren die Schülerinnen und Schüler die Legitimation der Lehrerinnen- oder Lehrerautorität, bedeutet dies nicht zwingend, dass sie die entsprechenden Vorschriften nicht akzeptieren. Da in der Befragung zwischen der *Situation an und für sich* und den Angaben der Schüler/-innen über die *Zuständigkeit der Lehrperson hinsichtlich der Situation* nicht unterschieden wurde, kann zwischen beiden Dimensionen keine Differenzierung erfolgen.

8.4 Zusammenfassung und Hinweise

Aus den vorhergehenden Überlegungen sollen nun zusammenfassend einige Gedanken formuliert werden. In Abschnitt 8.4.1 wird versucht, auf Grund von Theorie und Empirie ein idealtypisches Bild von ‚Pädagogischer Autorität' zu zeichnen. Den besonderen Sichtweisen von Schülerinnen und Schülern sowie Lehrpersonen, respektive deren Argumentationsmuster, widmet sich Abschnitt 8.4.2. Abschnitt 8.4.3 beinhaltet einige Bemerkungen zum Thema ‚Autoritätsverlust'.

8.4.1 Ein idealtypisches Bild von Pädagogischer Autorität

Mit den Ergebnissen aus den qualitativen wie quantitativen Analysen soll im Folgenden ein idealtypisches Bild von Pädagogischer Autorität unter Bezugnahme auf die theoretischen Überlegungen des 3. Kapitels gezeichnet werden. Sowohl die Sichtweise der Schülerinnen und Schüler als auch diejenige der Lehrpersonen bieten dazu wertvolle Impulse.

Die Pädagogische Autoritätsbeziehung konstituiert sich durch die *Ungleichheit* zwischen Lernenden und Lehrenden. Ausdruck davon ist der Vorsprung der Lehrerinnen und Lehrer an Alter respektive Erfahrung und verschiedener Kompetenzen. Die Lehrperson verfügt für die Wissensvermittlung über viel Fachkompetenz und weiss um die objektivierende Rolle des Sachaspekts für die Autoritätsbeziehung in der Entwicklung der Kinder und Jugendlichen zu Autonomie und Mündigkeit. Auch die Überzeugungskraft bildet für die Lehrperson eine zentrale Stütze in der Autoritätsbeziehung. Mit Geschick versteht sie Einzelne wie Gruppen zu führen und weiss, wann Lenkung oder Gewährenlassen angebracht ist. Zudem begegnet sie den Lernenden mit einer konstruktiven Haltung. Trotz der Unterschiede ist sich die Lehrperson bewusst, dass die pädagogische Beziehung auch ein *Verhältnis unter Gleichen* ist, in dem die gegenseitige Anerkennung ausschlaggebend für Aufmerksamkeit, Respekt und Vertrauen ist. Die Pädagogische Autoritätsperson reagiert darin *dynamisch*; d.h., sie reagiert alters- und situationsspezifisch. Sie trägt der Tatsache Rechnung, dass sich die Lernenden mit dem Älterwerden von ihr loslösen und sie kritischer betrachten. Der dynamische Aspekt von Pädagogischer Autorität beinhaltet auch, dass die Lehrperson weiss, wo sie Einfluss nehmen darf und wo nicht. Sie orientiert sich an der Bereichstheorie. Die Lehrperson versteht auch mit autoritätsnegierenden Schülerinnen und Schülern umzugehen. Sie kann in *Ablehnungsbeziehungen* wichtige Hinweise lesen und selbstreflexiv damit umgehen; Kritik und Infragestellung können durchaus positiv gewertet werden (vgl. Herzka, 1995). Lehrerinnen und Lehrer wissen um die Bedeutung des *Wohlbefindens* der Lernenden in der Schule. Vermag die Lehrperson zum Wohlbefinden der Schülerinnen und Schüler beitragen, stärkt dies die Pädagogische Autoritätsbeziehung. Lehrerinnen- und Lehrerautorität legitimiert sich sowohl von aussen wie von innen. Wichtige Legitimationsquellen sind der Beruf an und für sich wie der Auftrag und die Pflicht, das Lehren bzw. Unterrichten sowie die Fachkompetenz. Lehrerinnen- und Lehrer legitimieren ihre Autoritäten auch durch die personbezogenen Kompetenzen ‚Überzeugungskraft‘ und ‚Haltung und Umgang‘.

In diesem idealtypisch gezeichneten Bild wird die Komplexität von Pädagogischer Autorität gut ersichtlich. Verschiedene Facetten greifen ineinander und erwirken erst durch das Zusammenspiel das Fördernde von Pädagogischer Autorität. Im folgenden Abschnitt wenden wir uns nochmals den spezifischen Sichtweisen der Schülerinnen bzw. Schüler und Lehrpersonen zu.

8.4.2 Verschiedene Sichtweisen

Aus den Ergebnissen der verschiedenen Fragestellungen scheinen immer wieder zwei Argumentationsmuster durch. Schülerinnen und Schüler beantworten die Fragen hinsichtlich Autorität in erster Linie fachspezifisch, Lehrpersonen personbezogen. In diesem Abschnitt soll nun versucht werden, die beiden Sichtweisen auf dem Hintergrund der theoretischen Struktur von Pädagogischer Autorität wie dem pädagogisch-genetischen und dem interaktionistischen Aspekt sowie dem Sachverhalt einzuordnen.

Schülerinnen und Schüler betonen sowohl bei ihrer Autoritätsperson als auch allgemein hinsichtlich Pädagogischer Autorität die Wichtigkeit des *Sachaspektes*. Sie führen in erster Linie das Wissen und Können (Fachkompetenz) und je nach Fragestellung auch das Lehren bzw. Unterrichten an. Damit bekräftigen sie die Bedeutung der Sachebene für Pädagogische Autorität. Der Sachaspekt erhält für Pädagogische Autorität in der Schule eine Schlüsselfunktion. Für die autoritätsanerkennenden Schülerinnen und Schüler ist der Beziehungsaspekt eher zweitrangig. Möglicherweise tritt er erst dann ins Feld ihrer gedanklichen Auseinandersetzung, wenn es in dieser Hinsicht Ungereimtheiten gibt. Die autoritätsablehnenden Schülerinnen und Schüler geben Hinweise dazu: Als Grund für die ,Nichtautorität' ihrer Lehrperson nennen sie in erster Linie die fehlende Überzeugungskraft, die schlechte Haltung und den schlechten Umgang. Die Kritik dreht sich vor allem um personbezogene Kompetenzbereiche und fachspezifische rücken in den Hintergrund.

Mehr Anlass zur Diskussion gibt *die stark personbezogene Sichtweise der Lehrpersonen*. Sie nennen primär die Bereiche ,Haltung und Umgang' und Überzeugungskraft und verbinden Pädagogische Autorität mehr mit dem Beziehungsaspekt. Die theoretischen Überlegungen in Kapitel 3 bestätigen die Wichtigkeit des *Interaktionistischen* für Pädagogische Autorität. Eine einseitig allzu interaktionistische Sichtweise der Lehrerinnen und Lehrer ist jedoch nicht unproblematisch. Denn das pädagogische Verhältnis ist ein fragiles und immer von der Gefahr bedroht zu scheitern (Herzog, 1991a; Hättich et al., 1970). Es beinhaltet alters- und situationsspezifisch viel Dynamik und entsprechende Momente der Krise. Wenn dem so ist, gründen Lehrpersonen Pädagogische Autorität in erster Linie in einem Bereich, der besonders krisenanfällig ist. Zudem messen die Lehrpersonen dem Sachaspekt hinsichtlich Pädagogischer Autorität wenig Bedeutung bei. Fehlt jedoch der pädagogischen Beziehung eine übergeordnete Komponente, das sogenannte Dritte (die Sache), findet keine Öffnung hin zu einem fruchtbaren Erziehungsgeschehen statt. Das pädagogische Verhältnis kann sich nicht objektivieren. Möglicherweise setzen Lehrpersonen die Fachkompetenz einfach voraus. Oder ihnen ist die befruchtende Wirkung des Fachlichen für Pädagogische Autorität wenig bewusst. Vielleicht rückt das Fachliche – wie bereits formuliert – im Getriebe des Alltags, im Bewältigen der alltäglichen Herausforderungen wie durch das schwierige Schülerinnen- und Schülerverhalten in den Hintergrund. Oder wird der Beziehungsaspekt mehr als die Sache mit dem Pädagogischen konnotiert? – Wie dem auch sei, in einer einseitigen Fokussierung auf Personbezogenes liegt die Gefahr, dass die Fachkompetenz als wichtige Quelle Pädagogischer Autorität nicht genutzt wird. Die pädagogische Beziehung, die den Lehrpersonen so am Herzen liegt, erhält erst mit dem Sachaspekt den Boden. Indem Lehrpersonen den Schülerinnen und Schülern mit Interesse und Engagement Wissen oder Wissenszugänge vermitteln und zugleich dem dynamischen Aspekt Rechnung tragen, unterstützen sie den Entwicklungsprozess der Kinder und Jugendlichen und loten damit weitere Dimensionen von Pädagogischer Autorität aus.

Die drei Aspekte von Pädagogischer Autorität (pädagogisch-genetische, der interaktionistische sowie der Sachverhalt) können Lehrpersonen in ihrer anspruchsvollen Aufgabe durchaus als Orientierung dienen und entdecken helfen, in welchen Bereichen ihrer Autorität Potentiale für weitere Entwicklungsschritte liegen.

8.4.3 Abschliessende Bemerkungen

Die Bedeutung von Pädagogischer Autorität ist in der Untersuchung aus theoretischer wie aus empirischer Sicht hervorgegangen. Die Ergebnisse zeigen vor allem, dass Autorität in der Schule durchaus wahrgenommen wird. Der hohe Prozentsatz der autoritätsanerkennenden Schülerinnen und Schüler weist darauf hin, dass Lehrpersonen auch heute Mittel und Wege finden, damit sie von den Lernenden als Autoritätsperson anerkannt werden. Die Ergebnisse weisen keineswegs auf einen Autoritätsverlust hin. Trotzdem könnten gewisse Anzeichen den Eindruck eines Autoritätsschwundes erwecken. Dazu einige Bemerkungen:

Pädagogische Autorität trägt mit ihrem pädagogisch-genetischen Aspekt das Thema ‚Autoritätsverlust' in sich selbst. Indem die Lehrperson den Prozess der Mündigkeit fördert, macht sie sich in dem Masse überflüssig wie sie ihr Ziel erreicht (vgl. Herzog, 1991a, S. 33). Die Autorität ist herausgefordert, sich in angemessenen Schritten und zur rechten Zeit entbehrlich zu machen. In diesem Ablösungsprozess vollzieht sich ein natürlicher Autoritätsschwund. Zudem kann die Tatsache, dass die Autorität der Lehrperson nicht überall erwünscht ist (was pädagogisch durchaus Sinn macht), weiteren Anlass zur Annahme bieten, dass sich ein Autoritätsverlust breit macht. Ihre Autorität erstreckt sich, wie wir gesehen haben, nur auf bestimmte Zuständigkeitsbereiche.

Die Herausforderungen unserer Zeit könnten das ihre zum Thema Autoritätsverlust beitragen. Durch Probleme in Gesellschaft und Familie leben viele Schülerinnen und Schüler in speziellen Situationen, die durch Drogen, Gewalt, Vereinsamung u.a. geprägt sind; ihr Aufwachsen ist mit besonderen Risiken verbunden. Im Bewältigen dieser Probleme sind Kinder und Jugendliche auf besondere Unterstützung, Orientierung und Perspektiven angewiesen. Bieten Lehrpersonen ihnen diese Hilfestellungen an, sind Erstere in den diversen Auseinandersetzungen in grösserem Masse gefordert, was den Eindruck erwecken könnte, ihre Autorität sei in besonderer Weise auf Probe gestellt.

Die Stimmen zum Thema ‚Autoritätsverlust' könnten auch grundsätzlich als Sorge um Pädagogische Autorität verstanden werden, die sich in jeder Zeit neu zu manifestieren hat. Kinder und Jugendliche sind auf dem Weg des Aufwachsens zu Autonomie und Mündigkeit in jeder Generation neu auf Autoritätspersonen angewiesen. Und Lehrpersonen haben immer wieder neu Wege und Mittel zu finden, um den Schülerinnen und Schülern als Autorität zu begegnen. Hoffen wir, dass jede Gesellschaft auf die leisen und lauten, provokativen aber auch verweigernden Stimmen der Kinder und Jugendlichen zu antworten vermag.

Gelingt es den Repräsentantinnen der Schule, sich immer wieder auf das Wesentliche von Pädagogischer Autorität zu besinnen, werden sie eher in der Lage sein, ihren gesellschaftlichen Auftrag zu erfüllen. Denn in jeder Generation gehört Pädagogische Autorität existenziell zum Aufwachsen der Kinder und Jugendlichen, und wie Damon es ausdrückt: „So wesentlich Freundschaft für die sozialen Beziehungen zwischen Gleichaltrigen ist, so prägend ist das Autoritätsverhältnis für die sozialen Beziehungen zwischen Kindern und Erwachsenen" (Damon, 1990, S. 198).

Literatur

Adorno, Theodor W. (1999). Studien zum autoritären Charakter. Frankfurt/M.: Suhrkamp (3. Auflage).

Arendt, Hannah (1994). Zwischen Vergangenheit und Zukunft. Übungen im politischen Denken I. München: Piper (Original 1968).

Baumrind, Diana (1973). The Development of Instrumental Competence through Socialization. In: A.D. Pick (ed.), Minnesota Symposia on Child Psychology, Vol. 7. Minneapolis: University of Minnesota Press, p. 3-46.

Baumrind, Diana (1989). Rearing Competent Children. In: W. Damon (ed.), Child Development Today and Tomorrow. San Francisco: Jossey-Bass, p. 349-378.

Benjamin, Jessica (1994). Die Fesseln der Liebe. Psychoanalyse, Feminismus und das Problem der Macht. Basel: Stroemfeld/Roter Stern.

Berg, Detlef; Imhof, Margarete; Kollera, Suska; Schmidt, Ursula & Ulber, Daniela (1998). Häufigkeiten von Verhaltensauffälligkeiten in der Grundschule aus der Sicht der Klassenlehrer. In: Psychologie in Erziehung und Unterricht, S. 280-290.

Bochenski, Joseph M. (1974). Was ist Autorität? Einführung in die Logik der Autorität. Freiburg im Breisgau: Verlag Herder.

Böhm, Winfried (2000). Wörterbuch der Pädagogik. Stuttgart: Alfred Kröner Verlag (15. überarb. Auflage).

Braunmühl, Ekkehard v. (1980). Antipädagogik. Studien zur Abschaffung der Erziehung. Weinheim: Beltz (3. Auflage).

Bromme, Rainer (1997). Kompetenzen, Funktionen und unterrichtliches Handeln des Lehrers. In: F.-E. Weinert, Psychologie des Unterrichts in der Schule. Göttingen: Hogrefe, S. 177-212.

Büchner, Peter (1989). Individualisierte Kindheit „jenseits von Klasse und Schicht"? In: D. Geulen (Hrsg.), Kindheit. Neue Realitäten und Aspekte. Weinheim: Beltz.

Carr, Martha & Kurtz-Costes, Beth E. (1994). Is Being Smart Everything? The Influence of Student Achievement on Teachers' Perceptions. In: British Journal of Educational Psychology (64), p. 263-276.

Cohn, Ruth (1997). Von der Psychoanalyse zur themenzentrierten Interaktion. Von der Behandlung einzelner zu einer Pädagogik für alle. Stuttgart: Klett-Cotta (13. Auflage).

The Concise Oxford Dictionary of Current English (1990). Oxford: Clarendon Press.

Criblez, Lucien (1998). Überprüfung des Ausbaus der Schulen im Kanton Solothurn. Schlussbericht Teil 3: Sekundarstufe I. Solothurn: Erziehungsdepartement des Kantons Solothurn.

Damon, William (1990). Die soziale Welt des Kindes. Frankfurt/M.: Suhrkamp (erste Auflage 1984).

Dechmann, Birgit & Ryffel, Christiane (1997). Soziologie im Alltag. Eine Einführung. Weinheim: Beltz (10. Auflage).

Doyle, Walter (1986). Classroom Organization and Management. In: M.C. Wittrock (ed.), Handbook of Research on Teaching. New York: Macmillan 1986, P. 392-441.

Eder, Ferdinand (1996). Schul- und Klassenklima: Ausprägung, Determinanten und Wirkungen des Klimas an höheren Schulen. Innsbruck: Studienverlag.

Erikson, Erik H. (1973). Identität und Lebenszyklus. Frankfurt/M.: Suhrkamp.

Fend, Helmut (1994). Lehrerfortbildung in Nordrhein-Westfalen. Sozialer Wandel, Lehrerleitbilder und Lehreraus- und Fortbildung. Hrsg: Landesinstitut für Schule und Weiterbildung.

Fend, Helmut (1998). Qualität im Bildungswesen. Schulforschung zu Systembedingungen, Schulprofilen und Lehrerleistung. Weinheim: Juventa.

Fend, Helmut (2000). Entwicklungspsychologie des Jugendalters. Ein Lehrbuch für pädagogische und psychologische Berufe. Opladen: Leske + Budrich.

Flammer, August (1996). Entwicklungstheorien. Psychologische Theorien der menschlichen Entwicklung. Bern: Hans Huber (2. Auflage).

Fleischer, Thomas (1990). Zur Verbesserung der sozialen Kompetenz von Lehrern und Schulleitern. Kommunikationskompetenz und Interaktionskultur als Systemanforderung in der Schule. Hohengehren: Schneider.

Frei, Bernadette (1996). Belastungen im Lehrberuf. Pädagogisches Institut der Universität Zürich: Stiftung Zentralstelle der Studentenschaft.

Gasser, Peter (1995). Neue Lernkultur. Eine integrative Didaktik. Gerlafingen: Peter Gasser.

Geissler, Erich E. (1967). Autorität. In: A. Flitner & H. Scheuerl (Hrsg.), Einführung in das pädagogische Sehen und Denken. München: Piper 1993 (13. Auflage).

Geissler, Erich E. (1970). Autorität. Bad Heilbrunn: Verlag Julius Klinkhardt.

Geissler, Erich E. & Wollersheim, Heinz-W. (1991). Autorität und Disziplin. In: L. Roth (Hrsg.), Pädagogik. Handbuch für Studium und Praxis. München: Ehrenwirth.

Gerstenmaier, Jochen (1975). Urteile von Schülern über Lehrer. Weinheim: Beltz.

Gerwing, Christa (1994). Stress in der Schule – Belastungswahrnehmung von Lehrerinnen und Lehrern. In: Zeitschrift für Pädagogische Psychologie, 8, (1), S. 41-53.

Gesetzessammlung zur Volksschule (1998). Zürich: Lehrmittelverlag.

Geulen, Dieter (1989). Kindheit. Neue Realitäten und Aspekte. Weinheim: Deutscher Studien Verlag.

Giddens, Anthony (1991). Modernity and Self-Identity. Self and Society in the Late Modern Age. Cambridge: Polity Press.

Giesecke, Hermann (1998). Mehr Autorität für den Lehrer? In: Zeitschrift zur politischen Bildung, 35, (1), S. 69-75.

Gruehn, Sabine (1995). Vereinbarkeit kognitiver und nichtkognitiver Ziele im Unterricht. In: Zeitschrift für Pädagogik, 41 (4), S. 531-553.

Habermas, Jürgen (1971). Vorbereitende Bemerkungen zu einer Theorie der kommunikativen Kompetenz. In: J. Habermas & N. Luhmann, Niklas (Hrsg.), Theorie der Gesellschaft oder Sozialtechnologie – Was leistet die Systemforschung? Frankfurt/M.: Suhrkamp.

Haenisch, H. (1992). Lehrerarbeit und Lehrerfortbildung. Eine empirische Untersuchung zu Fortbildungseinstellung, -aktivitäten und -präferenzen sowie zu den Bedingungen des Zugangs zu und der Information über Lehrerfortbildung. Soest: Soester Verlagskontor, Landesinstitut für Schule und Weiterbildung.

Hagenbüchle, Walter (2001). Die Schule ist keine Sozialberatungsstelle. EDK-Massnahmen zur Imagekorrektur des Lehrberufs. In: Neue Zürcher Zeitung, Nr. 139, 19.6.2001.

Hager, Fritz-Peter (1989). Wesen, Freiheit und Bildung des Menschen. Philosophie und Erziehung in Antike, Aufklärung und Gegenwart. Bern: Haupt.

Hättich, Edgar; Hättich, Manfred; Hohmann, Manfred (1970). Autorität. In: J. Speck & G. Wehle (Hrsg.), Handbuch pädagogischer Grundbegriffe. Band I. München: Kösel-Verlag.

Heidbrink, Horst & Lück, Helmut E. (1989). Erziehungs- / Unterrichtsstil. In: D. Lenzen (Hrsg.), Pädagogische Grundbegriffe. Bd. 1. Reinbeck bei Hamburg: Rowohlts Enzyklopädie.

Herzka, Heinz, Stefan (1995). Die neue Kindheit. Dialogische Entwicklung – autoritätskritische Erziehung. Basel: Schwabe & Co.AG.

Herzog, Walter (1991a). Das moralische Objekt. Pädagogische Intuition und psychologische Theorie. Bern: Verlag Hans Huber.

Herzog, Walter (1991b). Der „Coping Man" – ein Menschenbild für die Entwicklungspsychologie. In: Zeitschrift für Psychologie 50 (1), S. 9-23.

Herzog, Walter; Böni, Edi & Guldimann Joana (1997). Partnerschaft und Elternschaft. Die Modernisierung der Familie. Bern: Haupt.

Heursen, Gerd (1989). Kompetenz – Performanz. In: D. Lenzen (Hrsg.), Pädagogische Grundbegriffe. Bd. 2. Reinbeck bei Hamburg: Rowohlts Enzyklopädie.

Hirsch, Gertrude, Ganguillet, Gilbert & Trier, Uri P. (Hrsg.), (1990). Wege und Erfahrungen im Lehrerberuf. Eine lebensgeschichtliche Untersuchung über Einstellungen, Engagement und Belastungen bei Zürcher Oberstufenlehrern. Bern: Haupt.

Hobmair, Hermann (Hrsg.), (1996). Pädagogik. Köln: Verlag H. Stam GmbH (2. Auflage).

Hofer, Manfred (1997). Lehrer-Schüler-Interaktion. In: F.-E. Weinert, Psychologie des Unterrichts in der Schule. Göttingen: Hogrefe, S. 213-252.

Hoppe-Graff, Sigfried; Latzko, Brigitte; Engel, Irma; Hesse, Ingrid; Mainka, Anne; Waller, Manfred (1998). Lehrerautorität – aus Sicht der Schüler. In: N. Seibert (Hrsg.), Erziehungsschwierigkeiten in Schule und Unterricht. Bad Heilbrunn: Klinkhardt.

Horkheimer, Max (1968). Autorität und Familie. In: A. Schmidt, A. (Hrsg.), Kritische Theorie. Eine Dokumentation, Bd. 1. Frankfurt/M.: Fischer Verlag.

Ipfling, Heinz-Jürgen (1974). Autorität. In: H.-J. Ipfling, Heinz-Jürgen (Hrsg.), Grundbegriffe der pädagogischen Fachsprache. München: Ehrenwirth.

Jerusalem, Matthias (1997). Schulklasseneffekte. In: F.-E. Weinert, Psychologie des Unterrichts in der Schule. Göttingen: Hogrefe, S. 251-278.

Jirasko, Marco (1994). Was Lehrer für wichtig halten: Rollenorientierte Zielvorstellungen von Lehrern unterschiedlicher Schularten. In: J. Mayr (Hrsg.), Lehrer/in werden. Innsbruck: Österreichischer Studien Verlag.

Kegan, Robert (1986). Die Entwicklungsstufen des Selbst. Fortschritte und Krisen im menschlichen Leben. München: Peter Kindt Verlag.

Klose, Peter (1971). Das Rollenkonzept als Untersuchungsansatz für die Berufssituation des Lehrers. In: Kölner Zeitschrift für Soziologie und Sozialpsychologie, S. 78-97.

Köck, Peter (1994). Autorität. In: P. Köck & H. Ott, Wörterbuch für Erziehung und Unterricht. Donauwörth: Verlag Ludwig Auer (5. Auflage).

Kounin, Jacob S. (1976). Techniken der Klassenführung. Bern: Huber.

Krapf, Bruno (1993). Aufbruch zu einer neuen Lernkultur. Erhebungen, Experimente, Analysen und Berichte zu pädagogischen Denkfiguren. Bern: Haupt.

Laabs, Hans-Joachim (Hrsg.), (1987). Pädagogisches Wörterbuch. Berlin: Volk und Wissen, Volkseigener Verlag.

Lippitt, Ronald & White, Ralph K. (1973). Eine experimentelle Untersuchung über Führungsstil und Gruppenverhalten. In: G.F. Graumann & H. Heckhausen (Hrsg.), Pädagogische Psychologie. Reader zum Funk-Kolleg, Bd. 1: Entwicklung und Sozialisation. Frankfurt/M.: Fischer, S. 324-347 (Org. 1947).

Luhmann, Niklas (1990). Die Wissenschaft der Gesellschaft. Frankfurt/M.: Suhrkamp.

Luhmann, Niklas (1992). Beobachtungen der Moderne. Opladen: Westdeutscher Verlag.

Mayr, Johannes; Eder, Ferdinand & Fartacek, Walter (1987). Ein Fragebogen zur Erfassung der Einstellung zu disziplinbezogenen Handlungsstrategien von Lehrern. In: Diagnostica, 33, 2, S. 133-143.

Mayr, Johannes; Eder, Ferdinand & Fartacek, Walter (1991). Mitarbeit und Störung im Unterricht: Strategien pädagogischen Handelns. In: Zeitschrift für Pädagogische Psychologie, 5, S. 43-55.

Mead, Margaret (1971). Der Konflikt der Generationen. Jugend ohne Vorbild. Olten: Walter.

Mendel, Gérard (1973). Plädoyer für die Entkolonisierung des Kindes. Soziopsychoanalyse der Autorität. Olten: Walter-Verlag.

Menze, Clemens (1989). Identität. In: D. Lenzen (Hrsg.), Pädagogische Grundbegriffe. Bd. 1. Reinbeck bei Hamburg: Rowohlts Enzyklopädie.

Miller, Alice (1979). Das Drama des begabten Kindes und die Suche nach dem wahren Selbst. Frankfurt/M.: Suhrkamp.

Myhre, Reidar (1991). Autorität und Freiheit in der Erziehung. Stuttgart: Kohlhammer.

Neuhäuser, Heike (1993). Autorität und Partnerschaft. Wie Kinder ihre Eltern sehen. Weinheim: Deutscher Studien Verlag.

Neill, Alexander S. (1972). Summerhill. Harmondsworth, England: Penguin (erste Auflage 1962).

Neill, Alexander S. (1998). Theorie und Praxis der antiautoritären Erziehung. Das Beispiel Summerhill. Reinbek bei Hamburg: Rowohlt (erste Auflage 1960).

Neuenschwander, Markus P. (1996). Entwicklung und Identität im Jugendalter. Bern: Haupt.

The New Oxford Dictionary of English (1998). Oxford: Clarendon Press.

Nisan, Mordecai (1993). Bilanzierte Identität. Moralität und andere Identitätswerte. In: W. Edelstein (Hrsg.), Moral und Person. Frankfurt/M.: Suhrkamp.

Nolting, Hans-Peter & Knopf, Hartmut (1998). Gewaltverminderung in der Schule: Viele Vorschläge – wenig Studien. In: Psychologie in Erziehung und Unterricht, S. 249-260.

Oelkers, Jürgen & Lehmann, Thomas (1990). Antipädagogik: Herausforderung und Kritik. Weinheim: Beltz Verlag.

Olweus, Dan (1996). Gewalt in der Schule. Was Lehrer und Eltern wissen sollten – und tun können. Bern: Huber Verlag (2. Auflage).

Petillon, Hanns (1993). Soziales Lernen in der Grundschule. Anspruch und Wirklichkeit. Frankfurt/M.: Verlag Moritz Diesterweg.

Pfeifer, Wolfgang (2000). Etymologisches Wörterbuch des Deutschen. München: Deutscher Taschenbuch Verlag GmbH.

Pieren, Franziska & Schärer, Arlette (1994). Lehrer- und Lehrerinnenbelastungen. Eine Untersuchung an Erst- und Viertklasslehrkräften im Kanton Bern. In: Bildungsforschung und Bildungspraxis, 2.

Postman, Neil (1990). Das Verschwinden der Kindheit. Frankfurt/M.: Fischer.

Preuss-Lausitz, Ulf; Zeiher, Helga & Geulen, Dieter (1983). Arbeitsgruppe „Wandel der Sozialisationsbedingungen seit dem Zweiten Weltkrieg". In: U. Preuss-Lausitz et al., Kriegskinder, Konsumkinder, Krisenkinder. Weinheim: Beltz Verlag.

Rebel, Karlheinz (1967). Zwang – Autorität – Freiheit in der Erziehung. Texte zum Autoritätsproblem. Weinheim: Verlag Julius Beltz.

Reichwein, Roland (1989). Autorität. In: D. Lenzen (Hrsg.), Pädagogische Grundbegriffe. Bd. 1. Reinbeck bei Hamburg: Rowohlts Enzyklopädie.

Reusser, Kurt (1995). Allgemeine Didaktik I: Grundlagen und Grundformen des Unterrichtens. Vorlesung des Wintersemesters 1994/95. Lehrstuhl für Pädagogische Psychologie II/Didaktik, Universität Zürich.

Roeder, Peter (1967). Untersuchungen zum Problem der Autorität. Ein Literaturbericht. In: K. Rebel (Hrsg.), Zwang – Autorität – Freiheit in der Erziehung. Weinheim: Beltz.

Rombach, Heinrich & Heinisch, Franz (1970). Autorität. In: H. Rombach (Hrsg.), Lexikon der Pädagogik. Erster Band. Freiburg: Herder.

Rombach, Heinrich & Krüger, Heinz-Hermann (1977). Autorität. In: H. Rombach (Hrsg.), Wörterbuch der Pädagogik. Erster Band. Freiburg: Herder.

Rosenbaum, Heidi (1982). Formen der Familie. Frankfurt/M.: Suhrkamp.

Rosenberg, Marshall B. (1999). Nonviolent Communication. A Language of Compassion. Del Mar: Puddel Dancer Press.

Rudow, Bernd (1994). Die Arbeit des Lehrers. Zur Psychologie der Lehrertätigkeit, Lehrerbelastung und Lehrergesundheit. Bern: Huber.

Rudow, Bernd (1999). Der Arbeits- und Gesundheitsschutz im Lehrerberuf. Gefährdungsbeurteilung der Arbeit von Lehrerinnen und Lehrern. Ludwigsburg: Süddeutscher Pädagogischer Verlag GmbH.

Saldern, Matthias v. (1987). Sozialklima von Schulklassen. Überlegungen und mehrebenen-analytische Untersuchungen zur subjektiven Wahrnehmung von Lernumwelten. Frankfurt/M.: Peter Lang.

Schäfer, Karl-Hermann & Schaller, Klaus (1973). Kritische Erziehungswissenschaft und kommunikative Didaktik. Heidelberg: Quelle & Meyer.

Scheuerl, Hans (1970). Autorität. In: W. Horney; J. Ruppert; W. Schultze (Hrsg.), Pädagogisches Lexikon. Erster Band. Gütersloh: Bertelsmann Fachverlag.

Schmidt, Günter R. (1975). Autorität in der Erziehung. Freiburg im Breisgau: Verlag Herder.

Schmitt, Hanno (1999). Erziehungshistorische Blicke auf vernünftige Autorität. In: Respektpersonen. Wandlungen autoritären Verhaltens in Elternhaus und Schule. Berlin: Ausstellungskatalog der Gemeinschaftsausstellung Staatsbibliothek zu Berlin – Preussischer Kulturbesitz.

Schröder, Hartwig (1992). Grundwortschatz Erziehungswissenschaft. München: Ehrenwirth Verlag (2. Auflage).

Sennett, Richard (1990). Autorität. Frankfurt/M.: Fischer.

Sennett, Richard (1998). Der flexible Mensch. Die Kultur des neuen Kapitalismus. Berlin: Berlin Verlag (7. Auflage).

Smetana, Judith G. & Asquith, Pamela (1994). Adolescents' and Parents' Conceptions of Parental Authority and Personal Autonomy. In: Child Development (65), p. 1147-1162.

Smetana, Judith G. (1995). Parenting Styles and Conceptions of Parental Authority during Adolescence. In: Child Development (66), p. 299-316.

Smetana, Judith G. & Bitz, Bruce (1996). Adolescents' Conceptions of Teachers' Authority and Their Relations to Rule Violations in Scool. In: Child Development (67), p. 1153-1172.

Statistisches Jahrbuch der Schweiz (1998). Bundesamt für Statistik (Hrsg.). Zürich: Verlag Neue Zürcher Zeitung.

Stierlin, Helm (1976). Das Tun des Einen ist das Tun des Anderen. Eine Dynamik menschlicher Beziehungen. Frankfurt/M.: Suhrkamp.

Storch, Maja (1995). Situative Kompetenz im Umgang mit aggressiven Prozessen in der Schule. In: J. Vontobel (Hrsg.), Und bist du nicht willig... Ein neuer Umgang mit alltäglicher Gewalt (S. 206-210). Zürich: Werd.

Strzelewicz, Willy (1961). Der Autoritätswandel in Gesellschaft und Erziehung. In: E. Geissler (1970), (Hrsg.), Autorität und Freiheit. Bad Heilbrunn: Verlag Julius Klinkhardt.

Szaday, Christofer; Kummer, Annemarie; Pool, Silvia & Mettauer, Belinda (1998). Disziplinschwierigkeiten gehen uns alle an! Ein Handweiser zum Umgang mit Disziplinschwierigkeiten in der Schule. Zürich: Dachverband Schweizer Lehrerinnen und Lehrer.

Tausch, Anne-Marie & Tausch, Reinhard (1971). Erziehungspsychologie. Göttingen: Hogrefe.

Tausch, Reinhard (1999). Achtung und Einfühlung. Kompass für didaktische und erzieherische Handlungen von Lehrerinnen und Lehrern. In: Pädagogik, 51, 11, S. 38-41.

Turiel, Elliot (1983). The Development of Social Knowledge. Morality and Convention. Cambridge: Cambridge University Press.

Urban, Wilhelm (1994). Wechselwirkung zwischen Unterrichtskompetenz und Copingverhalten bei künftigen Hauptschullehrern. In: J. Mayr (Hrsg.), Lehrer/in werden. Innsbruck: Oesterreichischer Studien Verlag.

Volmer, Gerda (1990). Autorität und Erziehung. Studien zur Komplementarität in pädagogischen Interaktionen. Weinheim: Deutscher Studien Verlag.

Wahl, Diethelm (1991). Handeln unter Druck. Der weite Weg vom Wissen zum Handeln bei Lehrern, Hochschullehrern und Erwachsenenbildnern. Weinheim: Deutscher Studien Verlag.

Watzlawick, Paul; Beavin, Janet H. & Jackson, Don D. (1993). Menschliche Kommunikation. Bern: Verlag Hans Huber (8. Auflage).

Weber, Erich (1974). Autorität im Wandel. Autoritäre, antiautoritäre und emanzipatorische Erziehung. Donauwörth: Ludwig Auer Verlag.

Wehle, Gerhard (1973). Autorität. In: G. Wehle (Hrsg.), Pädagogik aktuell. Lexikon pädagogischer Schlagworte und Begriffe. Band 1. München: Kösel-Verlag.

Weinert, Franz-E. (1996). „Der gute Lehrer", „die gute Lehrerin" im Spiegel der Wissenschaft. Was macht Lehrende wirksam und was führt zu ihrer Wirksamkeit? Beiträge zur Lehrerbildung, 14 (2), 141-151.

Weinert, Franz-E.; Schrader, F.W. & Helmke, Andreas (1990). Unterrichtsexpertise – ein Konzept zur Verringerung der Kluft zwischen zwei theoretischen Paradigmen. In: L.M. Alisch, J. Baumert & K. Beck (Hrsg.), Professionswissen und Professionalisierung. (Braunschweiger Studien zur Erziehungs- und Sozialarbeitswissenschaft: Bd. 28, S. 173-206). Braunschweig: Copy-Center Colmsee.

Ziechmann, Jürgen (1976). Autorität. In: L. Roth (Hrsg.), Handlexikon zur Erziehungswissenschaft. München: Ehrenwirth.

Ziehe, Thomas (1996). Zeitvergleiche. Jugend in kulturellen Modernisierungen. Weinheim: Juventa (2. Auflage)

Anhang

Tabelle A1
Kategoriensystem und dazugehörende Beispiele

Oberkategorien	Unterkategorien	Beispiele
Gehorsam		
	keine Unterkategorien	Person, der ich folgen muss ich muss gehorchen ich höre auf den Lehrer, die Lehrerin zuhören können
Überzeugungskraft		
	Überzeugungskraft	Person mit Überzeugungskraft Person mit Durchsetzungsvermögen Lehrperson hat die Klasse im Griff Person mit Macht, Führungsperson Person, die leiten muss die Lehrerin ist die Chefin der Lehrer ist der Chef die Lehrperson hat Einfluss er ist der Boss befehlen
	Strafen	Person, die strafen kann Person, die Sanktionen verteilen kann Lehrperson, die Strafen verteilt Lehrerin/Lehrer darf meckern schimpfen
	Fordern	Lehrerin, Lehrer darf fordern fordern Forderungen stellen Aufgaben verteilen Anweisungen geben
	Streng sein	Lehrperson ist streng ist ernst
	Stark sein	Lehrperson ist stark starke Person
	Disziplin schaffen	Lehrperson schaut, dass wir keinen Blödsinn machen schaut, dass wir keinen Seich machen

Ansehen		
	Ansehen	Person mit Ansehen Ehrenperson Person mit viel Anerkennung Person, die bewundert wird Person mit guter Akzeptanz Person mit höherer Persönlichkeit als ich jemanden, den man liebt jemanden, den man achtet, jemand, der berühmt ist wird von den Schülern/-innen geachtet
	Vorbild	ist ein Vorbild muss ein Vorbild sein ist ein Idol man kann, man muss hinaufschauen
	Schüler/-innen wollen Autorität	Schüler/-innen wollen Autorität Schüler/-innen brauchen Autorität Lehrperson muss eine Autorität sein, damit Unterricht möglich wird
	Ausstrahlung	Person mit Ausstrahlung Würde einer Person
	Position	Person hat eine andere Position Stellung Position
Fachkompetenz		
	Wissen und Können	Wissen und Können eine Person, die viel weiss Person mit grossem Fachwissen weiss viel gescheite Person eine Person, die viel kann
	Fachbegeisterung	Fachbegeisterung Begeisterung Lehrperson erzählt begeistert
	Interesse	Lehrperson hat Interesse Person zeigt Interesse am Fach
Didaktisch-methodische Kompetenz		
	Didaktisch-methodisches	Lehrperson gestaltet den Unterricht gut Person mit didaktisch-methodischem Geschick Methodik Didaktik ihr/sein Unterricht ist kurzweilig
	Lehren/Unterrichten	Person, die uns etwas beibringt lehrt uns unterrichtet und bringt uns Gutes bei hilft, dass wir etwas lernen

	Begleiten	Begleiten Lehrperson begleitet uns beim Lernen
	Kontrolle	Lehrperson kontrolliert uns Kontrolle korrigiert uns Korrekturen muss die Arbeiten korrigieren
	Beurteilen	Person, die uns beurteilt Person kann Noten machen bewerten
Erzieherische Kompetenz		
	Erziehen	Person, die uns erzieht erzieherische Aufgabe Erziehungsperson ist beauftragt, aus uns etwas Gutes zu machen
	Haltung und Umgang	Lehrperson nimmt Rücksicht ist hilfsbereit, ist gerecht, ist humorvoll ist wohlwollend ist verständnisvoll Lehrperson, auf die man sich verlassen kann gibt Mut
	Vertrauen	Person, der man vertrauen kann vertrauenswürdige Person ich habe Vertrauen zu meiner Lehrperson Mensch, der dir sehr zu Herzen kommt ich kann mich auf die Person verlassen
	Verantwortung	Person übernimmt Verantwortung verantwortlich sein Entscheidungen treffen
Alter und Erfahrung		
	Alter	Person ist älter als wir das Alter ist wichtig
	Erfahrung	Person mit Erfahrung weiss mehr vom Leben ist weiser
	Grösse	Person, die grösser ist Person, die körperlich viel grösser ist
	Erwachsensein	Person, die erwachsen ist erwachsen sein Selbstständigkeit alleine alles tun können
	Schüler/-in	ich bin noch in der Schule ich bin noch Schüler/-in ich bin noch ein Kind
	Freiheit	Person kann machen, was sie will hat mehr Rechte Lehrperson darf zu spät kommen, ich nicht

Ausbildung		
	Ausbildung	Person ist schon ganz ausgebildet hat eine spezielle Ausbildung gemacht hat den Beruf gelernt
	Weiterbildung	Person bildet sich stets weiter wichtig ist die Weiterbildung sie/er muss sich weiterbilden
Beruf		
	Beruf	weil sie Lehrerin ist es ist ihr/sein Beruf Berufsrolle Lehrperson verdient so sein Geld von Berufes wegen
	Auftrag und Pflicht	es ist seine/ihre Pflicht seine/ihre Aufgabe staatlicher Beamter weil es die Aufgabe ist
	Liebe zum Beruf	Lehrperson muss den Beruf lieben aus Liebe zum Beruf sie/er mag den Beruf
Persönliche Kompetenz		
	Persönliches	Lehrperson ist eine Persönlichkeit eine richtige Persönlichkeit
	Jeder Mensch ist eine Autorität	jeder Mensch ist eine Autorität alle Menschen haben Autorität
	Selbstreflexion	Selbstreflexion Lehrperson muss über sich selbst nachdenken ist selbstkritisch kritische Selbsteinschätzung
	Selbstvertrauen	Person muss viel Selbstvertrauen haben von sich überzeugt sein vertraut sich selbst
	Andersartigkeit	Person ist anders hat anderes Denken andere Meinung andere Themen anderer Kleidungsstil
Diagnostische Kompetenz		
	Diagnostisches	Lehrperson kann die Schüler/-innen gut erfassen schätzt mich gut ein weiss über Leute gut Bescheid
	Arbeitsbereich	erfasst meine Leistungen gut weiss meine Begabungen kennt meine Arbeitsweise
	Sozialbereich	kennt unsere Klassenprobleme weiss über die Klasse Bescheid

	Persönlichkeits-bereich	weiss über meine Person Bescheid kennt mich gut
Kommunikative Kompetenz		
	Kommunikation	mit der Lehrperson kann ich gut reden sie/er ist persönlich ansprechbar kann gut zuhören
	Konfliktfähigkeit	Lehrperson muss konfliktfähig sein muss Konflikte lösen können verliert bei Konflikten nicht die Nerven
	Kooperation	man kann gut mit der Lehrperson zusammenarbeiten Kooperationsfähigkeit
Sozio-emotionale Kompetenz		
	Gemeinschaftliches	Lehrperson hat Sinn für Gemeinschaft soziale Fähigkeiten
	Gruppenentwicklung fördern	Lehrperson schaut für die Klasse sorgt für die Weiterentwicklung der Klasse
	Klassenklima fördern	Lehrperson schaut für eine gute Atmosphäre ist um ein gutes Klassenklima besorgt ist besorgt, dass wir uns wohl fühlen
	Soziales Wissen	Soziales Wissen weiss vieles über das Lernen in Gruppen
	Gesellschaftliches Engagement	Lehrperson setzt sich gesellschaftlich ein hat ein grösseres Engagement als andere
Handlungskompetenz		
	Handlungskompetenz	Lehrperson ist fähig zu handeln Handlungskompetenz
	Überblick bewahren	Lehrperson kann den Überblick bewahren
	Simultaneität	Lehrperson kann vieles gleichzeitig beachten
	Schnelles Reagieren	Lehrperson kann schnell reagieren
	Unvorhergesehenes	Lehrperson kann mit Unvorhergesehenem gut umgehen
Antwort unklar		
Ich weiss nicht		
Keine Antwort		
Andere		

Tabellen zu den qualitativen Auswertungen

Abkürzungen: Oberkat = Oberkategorien; S. = Schüler/-innen;
A. = Autorität; K. = Kompetenz

Tabelle A2
Antworten der Schüler/-innen auf die Frage: „Was verstehst du unter Autorität?"

Oberkategorien	Anzahl	% aller Oberkat.	Unterkategorien	Anzahl	% der Oberkat.
Gehorsam	**419**	**11.76**			
			keine Unterkategorien		
Überzeugungskraft	**638**	**17.91**			
			Überzeugungskraft	526	82.45
			Strafen	18	2.82
			Fordern	3	0.47
			Streng sein	77	12.07
			Stark sein	6	0.94
			Disziplin schaffen	8	1.25
Ansehen	**921**	**25.85**			
			Ansehen	323	35.07
			Vorbild	60	6.51
			Konkrete Person	528	57.33
			S. wollen Autorität	0	—
			Ausstrahlung	2	0.22
			Position	8	0.87
Fachkompetenz	**838**	**23.52**			
			Wissen, Können	837	99.88
			Fachbegeisterung	1	0.12
			Interesse	0	—
Didaktisch-method. K.	**63**	**1.77**			
			Didaktisches	2	3.17
			Lehren, Unterrichten	59	93.65
			Begleiten	1	1.59
			Kontrolle	0	—
			Beurteilen	1	1.59
Erzieherische K.	**382**	**10.72**			
			Erziehung	7	1.83
			Haltung, Umgang	279	73.04
			Vertrauen	79	20.68
			Verantwortung	17	4.45
Alter/Erfahrung	**22**	**0.62**			
			Alter	7	31.82
			Erfahrung	2	9.09
			Grösse	5	22.73
			Erwachsensein	7	31.82
			SchülerIn	0	—

			Freiheit	1	4.54
Ausbildung	2	0.05			
			Ausbildung	2	100.00
			Weiterbildung	0	—
Beruf	11	0.31			
			Beruf	8	—
			Auftrag, Pflicht	3	—
			Liebe zum Beruf	0	—
Persönliche K.	27	0.76			
			Persönliches	11	40.74
			Jeder Mensch ist eine A.	6	22.23
			Selbstreflexion	1	3.70
			Selbstvertrauen	8	29.63
			Andersartigkeit	1	3.70
Diagnostische K.	1	0.02			
			Diagnostisches	1	100.00
			Arbeitsbereich	0	—
			Sozialbereich	0	—
			Persönlichkeits- bereich	0	—
Kommunikative K.	14	0.40			
			Kommunikation	6	42.86
			Konfliktfähigkeit	2	14.28
			Kooperation	0	—
			Beziehungsfähigkeit	6	42.86
Sozio-emotionale K.	1	0.02			
			Gemeinschaftliches	1	100.00
			Gruppenentwickl. förd.	0	—
			Klassenklima fördern	0	—
			Soziales Wissen	0	—
			Gesellsch. Engagem.	0	—
Handlungskompetenz	0	—			
			Handlungskompetenz	0	—
			Überblick bewahren	0	—
			Simultaneität	0	—
			Schnelles Reagieren	0	—
			Unvorhergesehenes	0	—
Antwort unklar	125	3.51			
Ich weiss nicht	20	0.56			
Keine Antwort	25	0.70			
Andere	54	1.52			

Tabelle A3
Antworten der Schüler/-innen auf die Frage: „Ist deine Lehrperson eine Autoritätsperson?
— Ja, weil ...“

Oberkategorien	Anzahl	% aller Oberkat.	Unterkategorien	Anzahl	% der Oberkat.
Gehorsam	**239**	**9.00**			
			keine Unterkategorien		
Überzeugungskraft	**491**	**18.49**			
			Überzeugungskraft	293	59.67
			Strafen	67	13.65
			Fordern	18	3.67
			Streng sein	96	19.55
			Stark sein	4	0.81
			Disziplin schaffen	13	2.65
Ansehen	**127**	**4.78**			
			Ansehen	107	84.25
			Vorbild	10	7.87
			Konkrete Person	5	3.94
			S. wollen Autorität	2	1.57
			Ausstrahlung	0	—
			Position	3	2.36
Fachkompetenz	**601**	**22.63**			
			Wissen, Können	600	99.83
			Fachbegeisterung	0	—
			Interesse	1	0.17
Didaktisch-method. K.	**342**	**12.88**			
			Didaktisches	15	4.39
			Lehren, Unterrichten	319	93.27
			Begleiten	1	0.29
			Kontrolle	2	0.58
			Beurteilen	5	1.46
Erzieherische K.	**464**	**17.47**			
			Erziehung	4	0.86
			Haltung, Umgang	415	89.44
			Vertrauen	34	7.33
			Verantwortung	11	2.37
Alter/Erfahrung	**55**	**2.07**			
			Alter	19	34.55
			Erfahrung	14	25.45
			Grösse	3	5.45
			Erwachsensein	17	30.91
			SchülerIn	2	3.63
			Freiheit	0	—
Ausbildung	**13**	**0.49**			
			Ausbildung	12	92.31
			Weiterbildung	1	7.69

Beruf	133	5.01			
			Beruf	118	88.72
			Auftrag, Pflicht	13	9.77
			Liebe zum Beruf	2	1.50
Persönliche K.	3	0.11			
			Persönliches	1	33.33
			Jeder Mensch ist eine A.	2	66.67
			Selbstreflexion	0	—
			Selbstvertrauen	0	—
			Andersartigkeit	0	—
Diagnostische K.	0	—			
			Diagnostisches	0	—
			Arbeitsbereich	0	—
			Sozialbereich	0	—
			Persönlichkeits-bereich	0	—
Kommunikative K.	26	0.98			
			Kommunikation	18	69.23
			Konfliktfähigkeit	1	3.85
			Kooperation	0	—
			Beziehungsfähigkeit	7	26.92
Sozio-emotionale K.	1	0.04			
			Gemeinschaftliches	0	—
			Gruppenentwickl. förd.	0	—
			Klassenklima fördern	1	100.00
			Soziales Wissen	0	—
			Gesellsch. Engagem.	0	—
Handlungskompetenz	2	0.08			
			Handlungskompetenz	0	—
			Überblick bewahren	1	50.00
			Simultaneität	0	—
			Schnelles Reagieren	1	50.00
			Unvorhergesehenes		—
Antwort unklar	107	4.41			
Ich weiss nicht	3	0.11			
Keine Antwort	13	0.49			
Andere	36	1.36			

219

Tabelle A4
Antworten der Schüler/-innen auf die Frage: „Ist deine Lehrerin/dein Lehrer in deinen Augen eine Autoritätsperson? – Nein, weil ..."

Oberkategorien	Anzahl	% aller Oberkat.	Unterkategorien	Anzahl	% der Oberkat.
Gehorsam	**33**	**7.32**			
			keine Unterkategorien		
Überzeugungskraft	**143**	**31.71**			
			Überzeugungskraft	78	54.55
			Strafen	13	9.09
			Fordern	8	5.59
			Streng sein	40	27.97
			Stark sein	0	—
			Disziplin schaffen	4	2.80
Ansehen	**47**	**10.42**			
			Ansehen	33	70.21
			Vorbild	6	12.77
			Konkrete Person	8	17.02
			S. wollen Autorität	0	—
			Ausstrahlung	0	—
			Position	0	—
Fachkompetenz	**20**	**4.43**			
			Wissen, Können	20	100.00
			Fachbegeisterung	0	—
			Interesse	0	—
Didaktisch-method. K.	**26**	**5.76**			
			Didaktisches	2	7.69
			Lehren, Unterrichten	21	80.77
			Begleiten	0	—
			Kontrolle	2	7.69
			Beurteilen	1	3.85
Erzieherische K.	**85**	**18.85**			
			Erziehung	0	—
			Haltung, Umgang	82	96.47
			Vertrauen	3	3.53
			Verantwortung	0	—
Alter/Erfahrung	**3**	**0.67**			
			Alter	0	—
			Erfahrung	2	66.67
			Grösse	0	—
			Erwachsensein	0	—
			SchülerIn	0	—
			Freiheit	1	33.33
Ausbildung	**1**	**0.22**			
			Ausbildung	1	100.00
			Weiterbildung	0	—

Beruf	8	1.77			
			Beruf	8	100.00
			Auftrag, Pflicht	0	—
			Liebe zum Beruf	0	—
Persönliche K.	0	—			
			Persönliches	0	—
			Jeder Mensch ist eine A.	0	—
			Selbstreflexion	0	—
			Selbstvertrauen	0	—
			Andersartigkeit	0	—
Diagnostische K.	0	—			
			Diagnostisches	0	—
			Arbeitsbereich	0	—
			Sozialbereich	0	—
			Persönlichkeitsbereich	0	—
Kommunikative K.	2	0.44			
			Kommunikation	0	—
			Konfliktfähigkeit	0	—
			Kooperation	2	100.00
			Beziehungsfähigkeit	0	—
Sozio-emotionale K.	0	—			
			Gemeinschaftliches	0	—
			Gruppenentwickl. förd.	0	—
			Klassenklima fördern	0	—
			Soziales Wissen	0	—
			Gesellsch. Engagem.	0	—
Handlungskompetenz	0	—			
			Handlungskompetenz	0	—
			Überblick bewahren	0	—
			Simultaneität	0	—
			Schnelles Reagieren	0	—
			Unvorhergesehenes	0	—
Antwort unklar	65	14.41			
Ich weiss nicht	4	0.86			
Keine Antwort	1	0.22			
Andere	13	2.88			

221

Tabelle A5
Antworten der Schüler/-innen auf die Frage: „Was ist der Unterschied zwischen dir und einer Lehrerinnen-/Lehrerautorität?"

Oberkategorien	Anzahl	% aller Oberkat.	Unterkategorien	Anzahl	% der Oberkat.
Gehorsam	**167**	**5.23**			
			keine Unterkategorien		
Überzeugungskraft	**418**	**14.09**			
			Überzeugungskraft	290	69.38
			Strafen	45	10.77
			Fordern	16	3.83
			Streng sein	52	12.44
			Stark sein	7	1.67
			Disziplin schaffen	8	1.91
Ansehen	**111**	**3.74**			
			Ansehen	77	69.37
			Vorbild	15	13.51
			Konkrete Person	11	9.91
			S. wollen Autorität	1	0.90
			Ausstrahlung	0	—
			Position	7	6.31
Fachkompetenz	**773**	**26.06**			
			Wissen, Können	772	99.87
			Fachbegeisterung	1	0.13
			Interesse	0	—
Didaktisch-method. K.	**167**	**5.23**			
			Didaktisches	0	—
			Lehren, Unterrichten	150	89.82
			Begleiten	0	—
			Kontrolle	2	1.20
			Beurteilen	15	8.98
Erzieherische K.	**179**	**6.04**			
			Erziehung	3	1.68
			Haltung, Umgang	145	81.00
			Vertrauen	13	7.26
			Verantwortung	18	10.06
Alter/Erfahrung	**545**	**18.37**			
			Alter	178	32.66
			Erfahrung	79	14.50
			Grösse	45	8.26
			Erwachsensein	112	20.55
			SchülerIn	67	12.29
			Freiheit	64	11.74
Ausbildung	**51**	**1.72**			
			Ausbildung	51	100.00
			Weiterbildung	0	—

Beruf	94	3.17			
			Beruf	70	74.47
			Auftrag, Pflicht	24	25.53
			Liebe zum Beruf	0	—
Persönliche K.	**21**	**0.71**			
			Persönliches	1	4.76
			Jeder Mensch ist eine A.	3	14.28
			Selbstreflexion	0	—
			Selbstvertrauen	3	14.28
			Andersartigkeit	14	66.67
Diagnostische K.	**0**	**—**			
			Diagnostisches	0	—
			Arbeitsbereich	0	—
			Sozialbereich	0	—
			Persönlich-keitsbereich	0	—
Kommunikative K.	**13**	**0.44**			
			Kommunikation	3	23.08
			Konfliktfähigkeit	5	38046 0
			Kooperation	0	—
			Beziehungsfähigkeit	5	38.46
Sozio-emotionale K.	**0**	**—**			
			Gemeinschaftliches	0	—
			Gruppenentwickl. förd.	0	—
			Klassenklima fördern	0	—
			Soziales Wissen	0	—
			Gesellsch. Engagem.	0	—
Handlungskompetenz	**2**	**0.07**			
			Handlungskompetenz	0	—
			Überblick bewahren	0	—
			Simultaneität	0	—
			Schnelles Reagieren	2	100.00
			Unvorhergesehenes	0	—
Kein Unterschied	**58**	**1.96**			
Antwort unklar	**197**	**6.64**			
Ich weiss nicht	**76**	**2.56**			
Keine Antwort	**38**	**1.28**			
Andere	**56**	**1.89**			

Tabelle A6
Antworten der Schüler/-innen auf die Frage: „ Warum ist eine Lehrerin/ein Lehrer berechtigt, eine Autorität zu sein?"

Oberkategorien	Anzahl	% aller Oberkat.	Unterkategorien	Anzahl	% der Oberkat.
Gehorsam	**102**	**3.67**			
			keine Unterkategorien		
Überzeugungskraft	**310**	**11.14**			
			Überzeugungskraft	171	55.16
			Strafen	22	7.10
			Fordern	21	6.78
			Streng sein	23	7.42
			Stark sein	2	0.64
			Disziplin schaffen	71	22.90
Ansehen	**92**	**3.31**			
			Ansehen	36	39.13
			Vorbild	31	33.69
			Konkrete Person	7	7.61
			S. wollen Autorität	14	15.22
			Ausstrahlung	0	—
			Position	4	4.35
Fachkompetenz	**392**	**14.09**			
			Wissen, Können	392	100.00
			Fachbegeisterung	0	—
			Interesse	0	—
Didaktisch-method. K.	**413**	**14.85**			
			Didaktisches	5	1.21
			Lehren, Unterrichten	397	96.12
			Begleiten	5	1.21
			Kontrolle	3	0.73
			Beurteilen	3	0.73
Erzieherische K.	**191**	**6.87**			
			Erziehung	24	12.57
			Haltung, Umgang	116	60.73
			Vertrauen	9	4.71
			Verantwortung	42	21.99
Alter/Erfahrung	**214**	**7.69**			
			Alter	74	34.58
			Erfahrung	30	14.02
			Grösse	7	3.27
			Erwachsensein	85	39.72
			SchülerIn	14	6.54
			Freiheit	4	1.87
Ausbildung	**116**	**4.17**			
			Ausbildung	116	100.00
			Weiterbildung	0	—

Beruf	528	18.98			
			Beruf	318	60.23
			Auftrag, Pflicht	209	39.58
			Liebe zum Beruf	1	0.19
Persönliche K.	28	1.01			
			Persönliches	1	3.57
			Jeder Mensch ist eine A.	23	82.14
			Selbstreflexion	0	—
			Selbstvertrauen	0	—
			Andersartigkeit	4	14.29
Diagnostische K.	0	—			
			Diagnostisches	0	—
			Arbeitsbereich	0	—
			Sozialbereich	0	—
			Persönlichkeitsbereich	0	—
Kommunikative K.	7	0.25			
			Kommunikation	3	42.86
			Konfliktfähigkeit	0	—
			Kooperation	1	14.28
			Beziehungsfähigkeit	3	42.86
Sozio-emotionale K.	2	0.07			
			Gemeinschaftliches	1	50.00
			Gruppenentwickl. förd.	0	—
			Klassenklima fördern	1	50.00
			Soziales Wissen	0	—
			Gesellsch. Engagem.	0	—
Handlungskompetenz	1	0.04			
			Handlungskompetenz	0	—
			Überblick bewahren	0	—
			Simultaneität	0	—
			Schnelles Reagieren	1	100.00
			Unvorhergesehenes	0	—
kein Unterschied	1	0.04			
Antwort unklar	173	6.22			
Ich weiss nicht	85	3.06			
Keine Antwort	76	2.73			
Andere	51	1.83			

Tabelle A7
Antworten der Lehrpersonen auf die Frage: „Betrachten Sie sich als Autoritätsperson? –
Ja, weil ..."

Oberkategorien	Anzahl	% aller Oberkat.	Unterkategorien	Anzahl	% der Oberkat.
Gehorsam	**3**	**0.78**			
			keine Unterkategorien		
Überzeugungskraft	**78**	**20.26**			
			Überzeugungskraft	66	84.62
			Strafen	3	3.85
			Fordern	4	5.13
			Streng sein	2	2.56
			Stark sein	0	—
			Disziplin schaffen	3	3.85
Ansehen	**46**	**11.95**			
			Ansehen	30	65.22
			Vorbild	11	23.91
			Konkrete Person	0	—
			S. wollen Autorität	2	4.35
			Ausstrahlung	0	—
			Position	3	6.52
Fachkompetenz	**35**	**9.09**			
			Wissen, Können	35	100.00
			Fachbegeisterung	0	—
			Interesse	0	—
Didaktisch-method. K.	**27**	**7.01**			
			Didaktisches	3	11.11
			Lehren, Unterrichten	19	70.37
			Begleiten	1	3.70
			Kontrolle	1	3.70
			Beurteilen	3	11.11
Erzieherische K.	**100**	**25.97**			
			Erziehung	5	5.00
			Haltung, Umgang	84	84.00
			Vertrauen	5	5.00
			Verantwortung	6	6.00
Alter/Erfahrung	**10**	**2.60**			
			Alter	2	20.00
			Erfahrung	7	70.00
			Grösse	0	—
			Erwachsensein	1	10.00
			SchülerIn	0	—
			Freiheit	0	—
Ausbildung	**5**	**1.30**			
			Ausbildung	4	80.00
			Weiterbildung	1	20.00

Beruf	20	5.19			
			Beruf	2	10.00
			Auftrag, Pflicht	18	80.00
			Liebe zum Beruf	2	10.00
Persönliche K.	15	3.90			
			Persönliches	6	40.00
			Jeder Mensch ist eine A.	0	—
			Selbstreflexion	7	46.67
			Selbstvertrauen	2	13.33
			Andersartigkeit	0	—
Diagnostische K.	1	0.26			
			Diagnostisches	1	100.00
			Arbeitsbereich	0	—
			Sozialbereich	0	—
			Persönlich-keitsbereich	0	—
Kommunikative K.	13	3.38			
			Kommunikation	7	53.85
			Konfliktfähigkeit	4	30.77
			Kooperation	1	7.69
			Beziehungsfähigkeit	1	7.69
Sozio-emotionale K.	4	1.04			
			Gemeinschaftliches	2	50.00
			Gruppenentwickl. förd.	0	—
			Klassenklima fördern	1	25.00
			Soziales Wissen	1	25.00
			Gesellsch. Engagem.	0	—
Handlungskompetenz	0	—			
			Handlungskompetenz	0	—
			Überblick bewahren	0	—
			Simultaneität	0	—
			Schnelles Reagieren	0	—
			Unvorhergesehenes	0	—
Antwort unklar	20	5.19			
Ich weiss nicht	0	0			
Keine Antwort	1	0.26			
Andere	7	1.82			

227

Tabelle A8
Antworten der Lehrpersonen auf die Frage: „Was ist der Unterschied zwischen den
Schülern/-innen und einer Lehrerinnen-/Lehrerautorität?"

Oberkategorien	Anzahl	% aller Oberkat.	Unterkategorien	Anzahl	% der Oberkat.
Gehorsam	**3**	**0.99**			
			keine Unterkategorien		
Überzeugungskraft	**38**	**12.50**			
			Überzeugungskraft	37	97.37
			Strafen	0	—
			Fordern	0	—
			Streng sein	0	—
			Stark sein	1	2.63
			Disziplin schaffen	0	—
Ansehen	**19**	**6.25**			
			Ansehen	7	36.84
			Vorbild	5	26.32
			Konkrete Person	0	—
			S. wollen Autorität	3	15.79
			Ausstrahlung	0	—
			Position	4	21.05
Fachkompetenz	**27**	**8.88**			
			Wissen, Können	27	100.00
			Fachbegeisterung	0	—
			Interesse	0	—
Didaktisch-method. K.	**29**	**9.53**			
			Didaktisches	2	6.90
			Lehren, Unterrichten	21	72.41
			Begleiten	3	10.34
			Kontrolle	1	3.45
			Beurteilen	2	6.90
Erzieherische K.	**43**	**14.14**			
			Erziehung	3	3.98
			Haltung, Umgang	29	67.44
			Vertrauen	2	4.65
			Verantwortung	9	20.93
Alter/Erfahrung	**38**	**12.50**			
			Alter	8	21.05
			Erfahrung	22	57.90
			Grösse	2	5.26
			Erwachsensein	3	7.90
			SchülerIn	1	2.63
			Freiheit	2	5.26
Ausbildung	**2**	**0.66**			
			Ausbildung	2	100.00
			Weiterbildung	0	—

Beruf	12	3.95			
			Beruf	3	25.00
			Auftrag, Pflicht	9	75.00
			Liebe zum Beruf	0	—
Persönliche K.	7	2.30			
			Persönliches	5	71.42
			Jeder Mensch ist eine A.	1	14.29
			Selbstreflexion	0	—
			Selbstvertrauen	1	14.29
			Andersartigkeit	0	—
Diagnostische K.	0	—			
			Diagnostisches	0	—
			Arbeitsbereich	0	—
			Sozialbereich	0	—
			Persönlichkeits-bereich	0	—
Kommunikative K.	6	1.97			
			Kommunikation	1	16.67
			Konfliktfähigkeit	4	66.66
			Kooperation	1	16.67
			Beziehungsfähigkeit	0	—
Sozio-emotionale K.	11	3.62			
			Gemeinschaftliches	7	63.64
			Gruppenentwickl. förd.	2	18.18
			Klassenklima fördern	0	—
			Soziales Wissen	2	18.18
			Gesellsch. Engagem.	0	—
Handlungskompetenz	1	0.33			
			Handlungskompetenz	0	—
			Überblick bewahren	1	100.00
			Simultaneität	0	—
			Schnelles Reagieren	0	—
			Unvorhergesehenes	0	—
Antwort unklar	53	17.43			
Ich weiss nicht	1	0.33			
Kein Unterschied	2	0.66			
Keine Antwort	8	2.63			
Andere	4	1.32			

Tabelle A9
Antworten der Lehrpersonen auf die Frage: „Warum ist eine Lehrperson berechtigt, eine Autorität zu sein?"

Oberkategorien	Anzahl	% aller Oberkat.	Unterkategorien	Anzahl	% der Oberkat.
Gehorsam	**2**	**0.55**			
			keine Unterkategorien		
Überzeugungskraft	**66**	**18.08**			
			Überzeugungskraft	57	86.36
			Strafen	0	—
			Fordern	2	3.03
			Streng sein	2	3.03
			Stark sein	0	—
			Disziplin schaffen	5	7.58
Ansehen	**28**	**7.67**			
			Ansehen	14	50.00
			Vorbild	8	28.57
			Konkrete Person	0	—
			S. wollen Autorität	6	21.43
			Ausstrahlung	0	—
			Position	0	—
Fachkompetenz	**19**	**5.21**			
			Wissen, Können	19	100.00
			Fachbegeisterung	0	—
			Interesse	0	—
Didaktisch-method. K.	**37**	**10.14**			
			Didaktisches	2	5.41
			Lehren, Unterrichten	30	81.08
			Begleiten	5	13.51
			Kontrolle	0	—
			Beurteilen	0	—
Erzieherische K.	**61**	**16.71**			
			Erziehung	19	31.15
			Haltung, Umgang	23	37.70
			Vertrauen	4	6.56
			Verantwortung	15	24.59
Alter/Erfahrung	**9**	**2.47**			
			Alter	1	11.11
			Erfahrung	7	77.78
			Grösse	0	—
			Erwachsensein	1	11.11
			SchülerIn	0	—
			Freiheit	0	—
Ausbildung	**4**	**1.10**			
			Ausbildung	4	100.00
			Weiterbildung	0	—

Beruf	**60**	**16.44**			
			Beruf	5	8.33
			Auftrag, Pflicht	55	91.67
			Liebe zum Beruf	0	—
Persönliche K.	**5**	**1.37**			
			Persönliches	5	100.00
			Jeder Mensch ist eine A.	0	—
			Selbstreflexion	0	—
			Selbstvertrauen	0	—
			Andersartigkeit	0	—
Diagnostische K.	**0**	**—**			
			Diagnostisches	0	—
			Arbeitsbereich	0	—
			Sozialbereich	0	—
			Persönlichkeitsbereich	0	—
Kommunikative K.	**1**	**0.27**			
			Kommunikation	0	—
			Konfliktfähigkeit	0	—
			Kooperation	1	100.00
			Beziehungsfähigkeit	0	—
Sozio-emotionale K.	**15**	**4.11**			
			Gemeinschaftliches	5	33.33
			Gruppenentwickl. förd.	4	26.67
			Klassenklima fördern	2	13.33
			Soziales Wissen	3	20.00
			Gesellsch. Engagem.	1	6.67
Handlungskompetenz	**1**	**0.27**			
			Handlungskompetenz	1	100.00
			Überblick bewahren	0	—
			Simultaneität	0	—
			Schnelles Reagieren	0	—
			Unvorhergesehenes	0	—
Antwort unklar	**44**	**12.05**			
Ich weiss nicht	**0**	**—**			
Keine Antwort	**1**	**0.27**			
Andere	**12**	**3.29**			

Tabellen zu den quantitativen Auswertungen

Tabelle A10
Interkorrelationswerte der acht Kompetenz-Skalen

Skalen	Fachk.	Didakt. K.	Erzieh. K.	Diagn. K.	Sozio. K.	Komm. K.	Persön. K.	Handlungsk..
Fachk.		.76***	.71***	.70***	.69***	.74***	.72***	.75***
Didakt. K			.71***	.75***	.71***	.76***	.72***	.76***
Erzieh. K.				.76***	.72***	.82***	.73***	.75***
Diagn. K					.70***	.79***	.68***	.75***
Sozio. K.						.77***	.73***	.70***
Komm. K							.81***	.78***
Persön. K								.72***

Signifikanz: *** p<.001

Merkblatt: Ablauf der Untersuchung

1. Sich kurz vorstellen, warum ich in die Klasse gekommen bin.
Bezug zum **Projekt von B. Frei, UNI Bern**: Forschungsarbeit
„Ich bin daran interessiert, was Kinder und Jugendliche denken und fühlen.
Ich untersuche das Thema Autorität und möchte wissen, was ihr dazu denkt."

2. Es ist **keine Prüfung**. – Es ist eine wissenschaftliche Untersuchung.
Es ist wichtig, dass die Lehrperson nicht die SchülerInnen beeinflusst und
umgekehrt. Darum bitte ich Frau ..., Herr ... den Fragebogen im LehrerInnen-
Zimmer auszufüllen.

   Für die Lehrperson: „Bitte Reihenfolge der Fragen einhalten!"
Was können die SchülerInnen tun, die mit dem Fragebogen fertig sind?
(Aufgaben etc.)
Lehrer/-in weist die SchülerInnen darauf hin (Lehrperson geht).

3. Fragebogen den SchülerInnen verteilen,
Klassen-Nummer und **Jahrgang des Klassen-LehrerInnen-Wechsels** für die
Titelseite an die Wandtafel schreiben.
Die Umfrage ist anonym; ihr braucht keinen Namen anzugeben.
Die Lehrperson liest den Fragebogen nicht.

4. **Gemeinsam den Vorspann lesen**. – Fragen beantworten (bitte keine Inhalts-
fragen beantworten).

5. **Teil A ausfüllen** lassen.

6. **Instruktion für Teil B**: Frage 1 gemeinsam lesen, dann Einführung geben:

„Autorität" ist ein schwieriges Wort. Ich helfe euch nun auf die
Spur zu kommen, was das Wort „Autorität" bedeuten könnte.
Autorität kann Verschiedenes bedeuten:

- Ist das eine Person, der man folgen muss?
- Eine Person mit Überzeugungskraft?
- Eine Person mit grossem Ansehen?
- Eine Person, die viel kann (weiss)?

„Das Wort kann aber auch noch anderes bedeuten.
Was versteht ihr unter Autorität?– Was heisst Autorität für dich?"

Offen formulieren; Interesse an einer Definition der SchülerInnen bekunden.

7. Weitere Teile ausfüllen lassen und Fragen beantworten.

8. Wer mit Ausfüllen fertig ist, schaut nach, ob alle Fragen beantwortet sind und lässt den Fragebogen auf dem eigenen Pult liegen. **Die Untersuchungsperson kommt vorbei und kontrolliert kurz, ob alle Fragen beantwortet worden sind.**

9. Arbeit gemäss Auftrag der Lehrperson.

10. Wenn alle fertig sind, Fragen, Bemerkungen von Seiten der SchülerInnen zur Untersuchung entgegennehmen (evtl. Gespräch).

11. **Dank** und Verabschiedung. **Fragebogen der Lehrperson nicht vergessen!**